Fiskalische Beurteilung der Staatsverschuldung
mit ökonometrischen Methoden

# SCHRIFTEN ZUR EMPIRISCHEN WIRTSCHAFTSFORSCHUNG

Herausgegeben von Peter M. Schulze

Band 2

PETER LANG
Frankfurt am Main · Berlin · Bern · Bruxelles · New York · Wien

Daniel Porath

# Fiskalische Beurteilung der Staatsverschuldung mit ökonometrischen Methoden

## Eine empirische Studie für die Bundesrepublik Deutschland

PETER LANG
Europäischer Verlag der Wissenschaften

Die Deutsche Bibliothek - CIP-Einheitsaufnahme

Porath, Daniel:

Fiskalische Beurteilung der Staatsverschuldung mit ökonometrischen Methoden : eine empirische Studie für die Bundesrepublik Deutschland / Daniel Porath. - Frankfurt am Main ; Berlin ; Bern ; Bruxelles ; New York ; Wien : Lang, 1999
(Schriften zur empirischen Wirtschaftsforschung ; Bd. 2)
Zugl.: Mainz, Univ., Diss., 1999
ISBN 3-631-35750-8

D 77
ISSN 1437-0697
ISBN 3-631-35750-8

# Vorwort

Die vorliegende Arbeit ist während meiner Tätigkeit als wissenschaftlicher Mitarbeiter am Institut für Statistik und Ökonometrie der Mainzer Universität entstanden. Dabei habe ich von vielen Seiten Unterstützung erhalten.

An erster Stelle möchte ich meinem Betreuer, Herrn Prof. Dr. Peter M. Schulze, danken. Er hat für mich den erdenklich besten Studienrahmen geschaffen. Herrn Prof. Dr. Aloys Prinz danke ich für die Übernahme des Zweitgutachtens.

Die Arbeit hat außerdem von den Anregungen vieler Kollegen profitiert. Hier sind besonders die konstruktiv-kritischen Hinweise von Herrn Dr. Christoph Balz und Herrn Diplom-Volkswirt Christoph Fischer zu erwähnen. Mathematischen Beistand leistete Herr Dr. Günter Schmidt. Nicht zuletzt hat auch die moralische Unterstützung meiner Frau und der Mitarbeiter des Instituts einen nicht zu vernachlässigenden Beitrag geleistet.

Mainz, im August 1999 Daniel Porath

# Inhaltsverzeichnis

# Verzeichnis der wichtigsten Symbole und Abkürzungen

## Lateinische Symbole

| | |
|---|---|
| $A_t$ | Staatsausgaben ohne Zinsausgaben ( $A_t^{(r)}$ oder $a_t$) |
| $A_t^{(r)}$ | Reale Staatsausgaben (ohne Zinsausgaben) |
| $a_t$ | Staatsausgabenquote (ohne Zinsausgaben) |
| $B_t$ | Schuldenstand ( $B_t^{(r)}$ oder $b_t$) |
| $B_t^{(n)}$ | Nominaler Schuldenstand |
| $B_t^{(r)}$ | Realer Schuldenstand |
| $\Delta B_t^{(s)}$ | Strukturelles reales Defizit |
| $\Delta B_t^{(k)}$ | Konjunkturelles reales Defizit |
| $b_t$ | Schuldenstandsquote |
| $BIP_t$ | Reales Bruttoinlandsprodukt |
| c(1) | Persistenzmaß bei unendlichem Horizont |
| $C_k$ | Persistenzmaß bei einem Horizont von k |
| Cov | Kovarianz |
| $D_{LT}$ | Niveau-Dummyvariable |
| $D_{Tt}$ | Trend-Dummyvariable |
| $D_{Pt}$ | Impuls-Dummyvariable |
| $D_t$ | Defizitquote |
| d | Differenzenordnung/ Integrationsgrad |
| E | Unbedingter Erwartungswert |
| $E_t$ | Bedingter Erwartungswert der Periode t |
| $F_t$ | Finanzierungssaldo des öffentlichen Gesamthaushaltes ohne ERP-Sondervermögen |
| $F_t^{(r)}$ | Reales $F_t$ |
| $F_y$, $F_{ARMA}$ bzw. $F_d$ | Fouriertransformierte der Reihe $y_t$, eines ARMA- bzw. Differenzenfilters |
| $f_{ARMA}$, $f_{ARFIMA}$, $f_\varepsilon$ | (Quasi-) Spektrum eines ARMA-, ARFIMA- bzw. White-Noise-Prozesses |
| $f_y$ | (Quasi-) Spektrum der Reihe y |
| $g_t^{(r)}$ | Wachstumsrate von $BIP_t$ |
| $H_t$ | Ordentliche Staatseinnahmen ( $H_t^{(r)}$ oder $h_t$) |

| | |
|---|---|
| $H_t^{(r)}$ | Reale ordentliche Staatseinnahmen |
| $h_t$ | Staatseinnahmenquote |
| $\mathcal{H}_0$ | Nullhypothese |
| $\mathcal{H}_1$, $\mathcal{H}_1^l$, $\mathcal{H}_1^r$ | Alternativhypothese (linksseitig bzw. rechtsseitig) |
| $I_y(\lambda)$ | Periodogramm der Reihe $y_t$ bei der Frequenz $\lambda$ |
| $Ig(\lambda)$ | Geglättetes Periodogramm bei der Frequenz $\lambda$ |
| I | Integration; ~I(d): integriert von der Ordnung d |
| **I** | Einheitsmatrix |
| $I_{ARFIMA}$ | Periodogramm eines ARFIMA-Prozesses |
| K | Konsolidierungsmaß bei einem unendlichen Horizont |
| $K_k$ | Konsolidierungsmaß bei einem Horizont von k |
| L | Lag-Operator |
| $\widetilde{L}$ | Likelihood-Funktion |
| $l$ | Dichtefunktion |
| $O_p$ | Landau'sches Symbol |
| Pr | Wahrscheinlichkeit |
| pv | Überschreitungswahrscheinlichkeit |
| $P_t$ | Deflator des Bruttoinlandsproduktes |
| p | Ordnung eines autoregressiven Terms (ADF-Term, ARMA-Modell, VAR-Modell usw.) |
| $p_s$ | Ordnung eines saisonalen AR-Terms |
| q | Ordnung eines MA-Terms |
| $q_s$ | Ordnung eines saisonalen MA-Terms |
| R | Spannweite |
| $R^2$ | Determinationskoeffizient |
| $r_t$ | Diskontfaktor ( $r_t^{(r)}$ oder $r_t^{(r)} - g_t^{(r)}$) |
| r | Erwartungswert von $r_t$ |
| $r_t^{(r)}$ | Realer Zins |
| **R** | Menge der reellen Zahlen |
| $SD_{it}$ | saisonale Dummyvariable |
| $t_\mu$ | t-Wert des Driftterms im ADF-Test |
| $t_\beta$ | t-Wert des Trends im ADF-Test |
| T | Stichprobenumfang |
| Var | Varianz |
| **Z** | Menge der ganzen Zahlen |

## Griechische Symbole

| | |
|---|---|
| $\alpha$ | Signifikanzniveau |
| $\overline{\alpha}$ | Koeffizient zur Beschränkung des Stichprobenumfangs bei der GPH-Methode |
| $\Delta$ | Differenzenoperator; $\Delta^d$: Differenz der Ordnung d |
| $\varphi$ | Größter Eigenwert des charakteristischen Polynoms |
| $\kappa$ | Anzahl der Werte, die in die Regressionsschätzung der GPH-Methode einfließen |
| $\lambda$ | Frequenz |
| $\lambda_j$ | Fourierfrequenz |
| $\sigma_{c_k}$ | Standardfehler von $\hat{C}_k$ |
| $\sigma_\varepsilon^2$ | Varianz eines White-Noise-Prozesses |
| $\sigma_d$ | Standardfehler von $\hat{d}$ |
| $\sigma_\eta$ | Standardfehler der Schätzung bei GPH |
| $\tau$ | t-Wert des ADF-Koeffizienten |
| $\hat{\tau}_\tau$ | Kritischer Wert der DFV für das Modell mit Trend |
| $\hat{\tau}_\mu$ | Kritischer Wert der DFV für das Modell mit Drift |
| $\hat{\tau}$ | Kritischer Wert der DFV für das Modell ohne deterministische Variablen |

## Abkürzungen

| | |
|---|---|
| Abb. | Abbildung |
| AIC | Akaikes Informationskriterium |
| ARCH | Autoregressiv bedingte Heteroskedastie |
| ARFIMA(p, d, q)-Modell | wie ARIMA; F steht für fraktionell |
| ARIMA(p, d, q)-Modell | Autoregressives integriertes Moving-Average-Modell der Ordnung (p, d, q) |
| cab | Cyclical adjusted budget |
| CLS | Bedingte Methode der kleinsten Quadrate |
| DFV | Verteilung nach Fuller [1976], S. 373 |
| DH-Test | Test auf Normalverteilung nach Doornik/Hansen [1994] |
| EV | Verteilung nach Dickey/Fuller [1981], S. 1062 |
| Exp | Exponentialverteilung |

| | |
|---|---|
| FS | Finanzierungssaldo |
| GPH-Methode | Geweke/Porter-Hudak-Methode |
| IRF | Impulse-Response-Funktion |
| KS-Test | Kolmogorov-Smirnov-Test |
| LM-Test | Lagrange-Multiplikator-Test |
| LR-Test | Likelihood-Ratio-Test |
| ML-Methode | Maximum-Likelihood-Methode |
| MSE | Mittlere quadratische Abweichung |
| NAIRU | Non Accelerating Inflation Rate of Unemployment |
| NPG-Bedingung | No-Ponzi-Game-Bedingung |
| NV | Normalverteilung |
| OECD | Organisation for Economic Co-operation and Development |
| OLS | Methode der kleinsten Quadrate |
| SBC | Informationskriterium nach Schwarz |
| SVAR-Modell | Strukturelles vektorautoregressives Modell |
| SVR | Sachverständigenrat zur Begutachtung der gesamtwirtschaftlichen Entwicklung |
| Tab. | Tabelle |
| ULS | Unbedingte Methode der kleinsten Quadrate |
| VAR | Vektorautoregressives Modell |
| VGR | Volkswirtschaftliche Gesamtrechnung |

# Abbildungsverzeichnis

## Tabellenverzeichnis

# 1 Einleitung

Eine Beurteilung der staatlichen Schuldenpolitik unter fiskalischen Gesichtspunkten kann entweder von Zielen oder Problemen fiskalischer Natur geleitet sein. Fiskalische Ziele betreffen die Schuldenstrukturpolitik und bestehen etwa in der möglichst billigen Beschaffung eines gewünschten Schuldenbetrags durch Variation von Laufzeit, Gläubigerstruktur oder Schuldform.[1] Die vorliegende Untersuchung befaßt sich statt dessen allein mit einer Beurteilung hinsichtlich möglicher Probleme, d. h. es wird ausschließlich die Schuldenniveaupolitik angesprochen. Fiskalische Probleme sind solche, die sich aus der Schuldenaufnahme für den Haushalt selbst ergeben. Sie liegen in der Eigenart dieser Finanzierungsform begründet, daß künftige Haushalte durch eine gegenwärtige Maßnahme belastet werden. Im folgenden ist, wenn von (fiskalischer) Beurteilung der Staatsverschuldung die Rede ist, lediglich dieser Teilaspekt gemeint.

Üblicherweise vollzieht sich eine solche Beurteilung der Staatsverschuldung mit Hilfe von Budgetgrößen oder daraus abgeleiteten Kennzahlen. Ökonometrische Methoden werden dagegen nur selten und außerdem i. d. R. nur zur Untersuchung der langfristigen Durchführbarkeit einer Politik (Tragbarkeit[2]) eingesetzt. Bei diesem Teilaspekt handelt es sich zwar um eine Grundvoraussetzung der Haushaltspolitik, seine empirische Evaluierung ermöglicht aber keinesfalls eine umfassende Beurteilung. Neben der konkreten Analyse der bundesdeutschen Schuldenpolitik ist daher ein Hauptanliegen dieser Arbeit die Präsentation eines umfassenderen ökonometrischen Beurteilungsrahmens. Denn es wird die Auffassung vertreten, daß der Ökonometrie zu Unrecht ein so geringes Gewicht bei dieser bedeutenden Thematik zukommt, kann sie doch das bestehende Bild ergänzen und abrunden. Zunächst sei in einem Überblick skizziert, mit welchen Methoden dieses Ziel verfolgt wird:

Zu Beginn der Analyse (Kapitel 4) wird der Aspekt der Tragbarkeit wegen seines grundlegenden Charakters aufgegriffen. Für die empirische Überprüfung werden rechtsseitige Einheitswurzeltests vorgeschlagen, weil sie dem theoretischen Konzept besser gerecht werden als die in den bisherigen Untersuchungen benutzten Methoden. Anschließend findet die Frage Beachtung, wie eine tragbare Haushaltspolitik weitergehend ökonometrisch beurteilt werden kann. Da es dazu keine Referenzuntersuchungen gibt, nimmt auch hier die Auswahl eines geeigneten

[1] Vgl. Hansmeyer [1984], S. 104ff.

[2] Eine Definition dieses Begriffs findet sich in Abschnitt 2.2.

Instrumentariums einen breiten Raum ein. Es werden Kennzahlen herangezogen, die aus den zeitreihenanalytischen Persistenzmaßen hervorgehen (Kapitel 5 bis 9). Schließlich wird mit Hilfe von ökonometrischen Dekompositionsmethoden untersucht, welchen Einfluß konjunkturelle Schwankungen auf die zuvor berechneten Beurteilungskennzahlen haben (Kapitel 10). Der eigentlichen Analyse vorangestellt ist jedoch in den beiden folgenden Kapiteln eine Diskussion einiger grundlegender theoretischer und empirischer Aspekte.

Auf eine Einschränkung soll noch vor Beginn der Arbeit hingewiesen werden. Da die Staatsverschuldung nicht nur die öffentlichen Haushalte selbst, sondern auch andere ökonomische Größen beeinflussen kann, erschöpft sich die finanzwissenschaftliche Diskussion nicht in der Betrachtung nur fiskalischer Probleme. Folgt man z. B. der klassischen Einteilung von Musgrave/Musgrave[1], läßt sich eine Beurteilung vor dem Hintergrund distributiver, allokativer und stabilitäts- bzw. wachstumsorientierter Faktoren vornehmen. Derartige Aspekte werden aus dieser Untersuchung aber vollständig ausgeblendet. Daher werden auch die Wirkungen, die von der Staatsverschuldung auf die Ökonomie ausgehen, nicht thematisiert. Sämtliche nichtbudgetäre Größen, wie Zinssätze oder das Sozialprodukt, sind in den folgenden Analysen exogen. Die Modellierung von Rückwirkungen, die sich von solchen Größen auf das Budget ergeben können, muß damit - wie im überwiegenden Teil der theoretischen und empirischen Ansätze zur fiskalischen Beurteilung - auch hier unterbleiben.

---

[1] Vgl. Musgrave/Musgrave [1984], S. 6ff.

# 2 Theoretische Aspekte einer fiskalischen Beurteilung

Die Gemeinsamkeiten der verschiedenen theoretischen Ansätze zur fiskalischen Beurteilung einer Schuldenpolitik bestehen darin, daß Probleme in der Haushaltsbelastung gesehen werden, die sich aus einer zukünftigen Zins- und Tilgungsverpflichtung ergibt. Um diese Belastung zu quantifizieren, wird üblicherweise zunächst die sogenannte dynamische Budgetrestriktion

$$r_t B_{t-1} + A_t = H_t + B_t - B_{t-1} \qquad (2.1)$$

herangezogen, deren Größen als reale Werte (Ansatz 1) oder Verhältnisse zum realen Bruttoinlandsprodukt, $BIP_t$, (Ansatz 2) aufgefaßt werden können:

Ansatz 1

$r_t = r_t^{(r)}$ (realer Zins[1] der Periode t)

$B_t = B_t^{(r)}$ (realer Schuldenstand der Periode t)

$A_t = A_t^{(r)}$ (reale Staatsausgaben der Periode t ohne Zinsausgaben)

$H_t = H_t^{(r)}$ (reale ordentliche Staatseinnahmen[2] der Periode t)

Ansatz 2

$r_t = r_t^{(r)} - g_t^{(r)}$ ($g_t^{(r)}$ = Wachstumsrate von $BIP_t$ der Periode t)

$B_t = b_t = B_t^{(r)}/BIP_t$ (Schuldenstandsquote der Periode t)

$A_t = a_t = A_t^{(r)}/BIP_t$ (Staatsausgabenquote der Periode t ohne Zinsausgaben)

$H_t = h_t = H_t^{(r)}/BIP_t$ (Staatseinnahmenquote der Periode t)

---

[1] Soll der Zinssatz $r_t^{(r)}$ den realen Kapitalmarktzins darstellen, so muß für $B_t^{(r)}$ der Marktwert der Schuld herangezogen werden, vgl. Hamilton/Flavin [1986], S. 810ff. Andernfalls wäre die unrealistische Annahme zu treffen, die gesamte Staatsschuld habe eine Laufzeit von einer Periode, vgl. Hakkio/Rush [1991], S. 430. Die spätere empirische Untersuchung verwendet Daten zur Staatsschuld zum Nennwert. Daher ist $r_t^{(r)}$ dann als durchschnittlicher Zinssatz auf die gesamte Staatsschuld zum Nennwert aufzufassen. Die Unterscheidung zwischen Netto- und Bruttozinssatz (also nach bzw. vor Steuer, vgl. Bispham [1987], S. 42) wird hier, wie allgemein üblich, vernachlässigt.

[2] Die Größe umfaßt nicht die Kreditaufnahme, wohl aber die Einnahmen aus Seignorage (also die realen Einnahmen aus dem Notenbankmonopol). Für die Bundesrepublik ist die letztere Komponente so gering, daß sie nicht gesondert ausgewiesen werden braucht, vgl. Duwendag [1991], S. 236, und Abschnitt 3.4.

Mit der Annahme eines geometrischen Wachstums des realen Bruttoinlandsproduktes und der Näherung[1] $(1 + r_t^{(r)})/(1 + g_t^{(r)}) \approx 1 + r_t^{(r)} - g_t^{(r)}$ sind beide Ansätze äquivalent zueinander. Trotz der üblichen Bezeichnung als Restriktion ist Gleichung (2.1) lediglich eine saldentechnische Identität, d. h. sie besagt, daß die Gesamtausgaben des Staates in einer Periode t den Einnahmen zuzüglich Kreditaufnahmen dieser Periode entsprechen müssen. Die Umformung der dynamischen Budgetrestriktion zu

$$B_t = (1 + r_t)B_{t-1} + A_t - H_t \qquad (2.2)$$

verdeutlicht, daß die fiskalischen Konsequenzen einer Schuldaufnahme zu einem bestimmten Zeitpunkt durch entsprechende Auflösung einer Differenzengleichung bestimmt werden können. Aus diesem Grund stellt (2.2) die gemeinsame Grundlage vieler verschiedener theoretischer Ansätze dar.

Die Unterschiede der Ansätze zeigen sich in den Annahmen, die bei der Auflösung von (2.2) getroffen werden und sich jeweils aus dem konkreten Untersuchungsziel ergeben. Schlesinger, Weber und Ziebarth[2] gliedern die theoretische Literatur danach, welche Haushaltskomponente für die Belastung im Vordergrund steht. Es lassen sich damit drei Gruppen unterscheiden, je nachdem ob Einnahmen, Ausgaben oder Schuldaufnahmen zur Begleichung des Zinsdienstes und der Tilgung herangezogen werden sollen. Im folgenden Überblick wird, stellvertretend für jede Gruppe, je ein Ansatz vorgestellt. Da damit lediglich das im Anschluß diskutierte Konzept der Tragbarkeit (Kapitel 4) in die theoretische Literatur eingeordnet werden soll, genügt eine Darstellung in Grundzügen unter Verzicht auf kritische Würdigungen.

## 2.1 Theoretische Fragestellungen

Der für die gesamte Literatur zur fiskalischen Beurteilung der Staatsverschuldung grundlegende Ansatz von Domar[3] betrachtet die steuerliche Belastung, die durch eine fortgesetzte Schuldaufnahme entsteht. Die Analyse unterliegt daher der Annahme, daß der Zinsdienst (von Tilgungen wird abgesehen) ausschließlich durch Steuern finanziert

---

[1] Die Näherung ist möglich, da $r_t^{(r)}$ und $g_t^{(r)}$ typischerweise kleine Werte aufweisen, vgl. Duwendag [1991], S. 236.

[2] Vgl. Schlesinger/Weber/Ziebarth [1993], S. 24f.

[3] Vgl. Domar [1944].

wird. Als Last der Verschuldung gilt der durchschnittliche Steuersatz, $\bar{h}_t$, der erhoben werden muß, um den Zinsverpflichtungen nachzukommen, also der Quotient aus Zinsverpflichtungen und steuerbarem Einkommen (Volkseinkommen zuzüglich Zinszahlungen). Die Zinsverpflichtungen wiederum sind das Produkt aus dem (als konstant angenommenen) Zinssatz und der Staatsschuld, so daß[1]

$$\bar{h}_t = \frac{r^{(r)} B_{t-1}^{(r)}}{BIP_t + r^{(r)} B_{t-1}^{(r)}}.$$

Zur Bestimmung der Last ist die Kenntnis des Schuldenstandes zu verschiedenen Zeitpunkten nötig. Diese Kenntnis ergibt sich aus Gleichung (2.1), die sich unter Zugrundelegung von Ansatz 1 bei Annahme einer konstanten Defizitquote D zu

$$D = \frac{B_t^{(r)} - B_{t-1}^{(r)}}{BIP_t} \qquad \text{mit } D = D_t$$

$$\text{und } D_t = \frac{r^{(r)} B_{t-1}^{(r)} + A_t^{(r)} - H_t^{(r)}}{BIP_t}$$

vereinfacht. Den langfristigen Wert für die Schuldenstandsquote erhält man aus der Auflösung dieser Differenzengleichung. Nimmt man des weiteren eine konstante positive Wachstumsrate des Volkseinkommens an[2], so ergibt sich eine Quote von

$$\lim_{t \to \infty} b_t = \frac{D}{g^{(r)}} + D. \tag{2.3}$$

Einsetzen von (2.3) in die Formel für $\bar{h}_t$ ergibt die langfristige Belastung, also den durchschnittlichen Steuersatz bei unendlichem Horizont:

---

[1] Das Symbol $BIP_t$, das sonst das reale Bruttoinlandsprodukt bezeichnet, steht hier für das reale Volkseinkommen. Da Preisstabilität unterstellt wird, ist eine Unterscheidung zwischen realen und nominalen Größen unnötig.

[2] Domar untersucht neben dem geometrischen Wachstum mit konstanter Rate auch abnehmende Wachstumsraten, Nullwachstum und konstante absolute Zuwächse des Volkseinkommens. Außerdem werden auch periodisch schwankende Defizitquoten betrachtet. Vgl. Domar [1944], S. 821, S. 806ff., S. 812ff.

$$\lim_{t\to\infty} \bar{h}_t = \frac{r^{(r)}}{(g^{(r)}/D)+r^{(r)}} 100\%. \tag{2.4}$$

Der Ausdruck (2.4) läßt erkennen, daß neben dem Realzins die Wachstumsrate des Volkseinkommens die Schlüsselgröße für die Belastung ist. Bei Nullwachstum ergibt sich ein Steuersatz von 100%. Da das Nettoeinkommen der Nichteigentümer von Anleihen im Zeitverlauf damit auf null absinkt, markiert dieser Steuersatz eine Grenze der Schuldenpolitik. Eine Senkung des Steuersatzes hängt bei einer gewünschten Defizitquote D allein vom Verhältnis zwischen dem Realzins $r^{(r)}$ und der Höhe der Wachstumsrate $g^{(r)}$ ab. Domar resümiert daher, daß das Staatsschuldenproblem im Kern ein Wachstumsproblem ist.[1]

Stehen anstelle der Steuereinnahmen die Staatsausgaben im Mittelpunkt der Betrachtung, so läßt sich das Modell Domars dahingehend erweitern, daß die Annahme, die Zinsen seien durch Steuern aufzubringen, aufgegeben wird. In einem solchen Rahmen kann die Frage beantwortet werden, welche Konsequenzen eine fortgesetzte Schuldaufnahme für den staatlichen Ausgabenspielraum hat.[2] Der Ausgabenspielraum in einer Periode wird durch zwei Komponenten bestimmt: die expansiv wirkenden Zuflüsse aus der Neuverschuldung der jeweiligen Periode und die belastend wirkenden Zinszahlungen aufgrund von Krediten vergangener Perioden. Der Vergleich der Neuverschuldung und Zinsbelastung vollzieht sich meist anhand der jeweiligen Quoten, d. h. im Verhältnis zum Volkseinkommen. Dabei wird die expansive Komponente, also die Neuverschuldungsquote[3] mit D konstant angenommen. Zur Berechnung der Zinsbelastungsquote, $\bar{r}_t$, mit

$$\bar{r}_t = \frac{r^{(r)} B_{t-1}^{(r)}}{BIP_t},$$

benötigt man wiederum die Kenntnis des Schuldenstandes, die man auch hier aus der Auflösung der Differenzengleichung (2.1) erhält. In der langen Frist ergibt sich

---

1 Vgl. Domar [1944], S. 816f.

2 Vgl. für derartige Untersuchungen Barth [1979], S. 60ff., Rürup [1982], S. 614ff., Ziffzer [1980], S. 128 ff.

3 Von der Unterscheidung zwischen Defizit und Neuverschuldung wird in diesem Kapitel abstrahiert. Da von Tilgungen abgesehen wird, braucht auch nicht zwischen Brutto- und Nettoverschuldung unterschieden zu werden.

$$\lim_{t\to\infty} \bar{r}_t = \frac{Dr^{(r)}}{g^{(r)}} . \tag{2.5}$$

Gleichung (2.5) zeigt, daß die Grenze, an der langfristig gerade kein erhöhter Ausgabenspielraum durch fortgesetzte Verschuldung vorhanden ist, bei Übereinstimmung der Größen $r^{(r)}$ und $g^{(r)}$ erreicht wird. Übersteigt der reale Zins die Wachstumsrate des Volkseinkommens, so vermindert sich der Ausgabenspielraum sogar durch die Schuldaufnahme. Lediglich im Fall $g^{(r)} > r^{(r)}$ kann mit einem erhöhten Spielraum gerechnet werden. Auch für den Ausgabenspielraum ist also die Relation zwischen Zins und Wachstum von erheblicher Bedeutung.

In den bisherigen Ansätzen war die Schuldenstandsquote langfristig konstant (mit dem Wert aus (2.3)). Fragt man sich, unter welcher Voraussetzung sie langfristig ansteigt, müssen die bisher betrachteten Ansätze dahingehend erweitert werden, daß zur Erfüllung der Zinsverpflichtungen auch Schuldaufnahmen möglich sind. Ein derartiges Untersuchungsziel verfolgen z. B. Mückl[1], Bispham[2], Schlesinger, Weber und Ziebarth[3], Boskin[4] oder Penner[5]. Zwei unterschiedliche Triebkräfte bestimmen dann das Defizit: das sogenannte Primärdefizit $(A_t - H_t)$, das sich aus den Ausgaben ohne Zinszahlungen ergibt, und das durch die Zinsverpflichtungen bestimmte Sekundärdefizit $(r_t B_{t-1})$. Die Unterscheidung ist deswegen von Bedeutung, weil die Höhe des Sekundärdefizits in einer Periode keiner Gestaltungsfreiheit unterliegt. Um den Unterschied zu den bislang vorgestellten Konzepten deutlich herauszuarbeiten, sei weiter unterstellt, daß weder eine Zinssteuer erhoben wird, noch der Ausgabenspielraum eingeschränkt werden soll[6]. Unter der Annahme einer konstanten Primärdefizitquote $a - h = a_t - h_t$ ergibt die Auflösung von (2.2) mit Ansatz 2, daß die Schuldenstandsquote langfristig durch

$$\lim_{j\to\infty} b_{t+j} = \frac{a-h}{g^{(r)} - r^{(r)}}$$

[1] Vgl. Mückl [1981].
[2] Vgl. Bispham [1987], S. 42ff.
[3] Vgl. Schlesinger/Weber/Ziebarth [1993], S. 35ff.
[4] Vgl. Boskin [1987], S. 262f.
[5] Vgl. Penner [1988], S. 50ff.
[6] Für eine ähnliche Beschränkung vgl. Schlesinger/Weber/Ziebarth [1993], S. 37ff. oder Heller [1996], S. 219ff. Damit wird die Betrachtung zu einem Spezialfall des Modells von Mückl [1981].

begrenzt ist, sofern $g^{(r)} > r^{(r)}$. Auch hier erweist sich die Beziehung zwischen Zins und Wachstumsrate als entscheidend, da bei $r^{(r)} \geq g^{(r)}$ die Schuldenstandsquote ohne Grenze wächst. Das Wachstum ist explosiv, wenn $r^{(r)} > g^{(r)}$. Bispham[1] stellt fest, daß die Geschwindigkeit der Explosion bei einem gegebenen Anfangswert der Schuldenstandsquote von der Höhe der Differenz zwischen Zins und Wachstumsrate abhängt.

Zusammenfassend läßt sich festhalten, daß alle drei skizzierten Ansätze die Situation $r^{(r)} > g^{(r)}$ mit fiskalischen Problemen in Verbindung bringen; sei es aufgrund der hohen Steuerbelastung, des geringen Ausgabenspielraumes oder der unbegrenzt wachsenden Schuldenstandsquote. An diese Überlegungen schließt sich die Frage nach der theoretischen und empirischen Bedeutung des Falles $r^{(r)} > g^{(r)}$ an. Im Rahmen der Wachstumstheorie spricht man bei einer negativen Zins-Wachstums-Differenz von dynamischer Ineffizienz, denn durch die Reduktion des Kapitalstocks wäre eine Pareto-Verbesserung zu erreichen.[2] Soweit diese Situation nicht theoretisch auszuschließen ist[3], wird sie zumindest nicht als typisch angesehen[4]. Empirische Untersuchungen zur dynamischen Effizienz sind besonders aufgrund der Auswahl des Zinssatzes nicht unproblematisch.[5] Trotzdem überwiegen auch hier die Stimmen, die dynamische Effizienz bzw. eine mittel- bis langfristige Dominanz des Zinssatzes über die Wachstumsrate feststellen.[6]

Die in allen angesprochenen Ansätzen drohende Gefahr der Situation $r^{(r)} > g^{(r)}$, ihre empirische und theoretische Relevanz im Zusammenhang mit der Beobachtung, daß öffentliche Kredite tatsächlich zur Bedienung des Zins- und Tilgungsdienstes aufgenommen werden, bildet den Ansatzpunkt für die Untersuchungen zur Tragbarkeit. Der Begriff Tragbarkeit beschreibt eine bestimmte fiskalisch wünschenswerte Gestaltung der Schuldenpolitik. Um eine Gestaltungsfreiheit überhaupt erst zu ermöglichen, muß daher von nun an auf die Annahme einer konstanten Defizitquote verzichtet werden. Statt dessen finden die folgenden Analysen unter der Voraussetzung einer positiven Zins-Wachstumsdifferenz statt.

---

[1] Vgl. Bispham [1987], S. 44ff.

[2] Vgl. Blanchard/Fischer [1989], S. 103f. und 329, Romer [1996], S. 81ff.

[3] Zu einem solchen Ergebnis kommt z. B. Homburg [1992], S. 39ff.

[4] Vgl. Blanchard/Fischer [1989], S. 103f.

[5] Vgl. ebenda, S. 329.

[6] Zu diesem Urteil kommen Blanchard/Chouraqui/Hagemann/Sartor [1990], S. 15. Zu empirischen Untersuchungen vgl. Abel/Mankiw/Summers/Zeckhauser [1989], Bispham [1987], S. 53ff., und speziell für die Bundesrepublik Schlesinger/Weber/Ziebarth [1993], S. 42ff.

## 2.2 Tragbarkeit

Unter den Kreditnachfragern nimmt der Staat eine Sonderstellung ein. Dies verdeutlicht die Beobachtung, daß Staaten zur Finanzierung von Ausgaben des laufenden Jahres und zur Rückzahlung bestehender Schulden regelmäßig weitere Schulden aufnehmen, so daß der Schuldenstand ohne Aussicht auf eine (gesamtwirtschaftliche) Rückzahlung ständig anwächst - eine für Privathaushalte undenkbare Situation. Sie ist auf die besondere Kreditwürdigkeit zurückzuführen, die eine prinzipiell unendliche Lebensdauer und die Steuerhoheit dem Staat verleihen. Bei der Untersuchung der Tragbarkeit geht es um die Frage, inwieweit trotz dieser außergewöhnlichen Fähigkeit zur Mittelbeschaffung einer fortgesetzten Schuldaufnahme eine fiskalische Grenze gesetzt ist. Eine solche Grenze markiert die Zahlungsunfähigkeit des öffentlichen Haushalts. Sie tritt in einer Situation, in der die Erfüllung von Zins- und Tilgungsverpflichtungen nur durch erneute Kreditaufnahme möglich ist, unweigerlich dann ein, wenn die Bereitschaft der Anleger endet, dem Staat weitere Kredite zur Verfügung zu stellen.[1] Bei einer Weigerung der Anleger zur Kreditgewährung spielen Erwartungen über die zukünftigen Zahlungsströme der öffentlichen Hand eine wichtige Rolle. Die Erwartungsbildung wiederum ist vermutlich wesentlich von psychologischen Faktoren bestimmt. Abstrahiert man zunächst jedoch davon und unterstellt vollkommene Voraussicht, läßt sich auf einfachem Wege eine entsprechende Grenze formulieren. Werden an den öffentlichen Haushalt die gleichen Kreditwürdigkeitskriterien wie an jeden Haushalt gestellt, so wäre er zahlungsunfähig, wenn die (gesamtwirtschaftliche) Tilgung der Schuld aus künftigen (Primär-) Überschüssen nicht möglich ist. Zahlungsfähigkeit ist dagegen gegeben, wenn die gegenwärtige Schuld höchstens dem Barwert aller künftigen (Primär-) Überschüsse entspricht. Nimmt man des weiteren an, daß die Zahlungsströme so gestaltet werden, daß sich beide Größen genau entsprechen, so läßt sich die Bedingung mit

$$B_t = \sum_{j=1}^{\infty} \gamma_j (H_{t+j} - A_{t+j}) \qquad \text{mit } \gamma_j = \prod_{s=1}^{j} \frac{1}{1+r_s} \tag{2.6}$$

---

[1] Vgl. Boskin [1987], S. 256 und S. 263, Cassel [1982], S. 669f.

angeben[1]. Eine Gegenüberstellung dieser Forderung mit der tatsächlichen Entwicklung der Größen

$$B_t = \sum_{j=1}^{\infty} \gamma_j (H_{t+j} - A_{t+j}) + \lim_{j \to \infty} \gamma_j B_{t+j}, \tag{2.7}$$

die sich durch Fortschreibung der dynamischen Budgetgleichung (2.2) ergibt, führt zu der alternativen Formulierung[2]

$$\lim_{j \to \infty} \gamma_j B_{t+j} = 0. \tag{2.8}$$

Die zueinander äquivalenten Forderungen nach Zahlungsfähigkeit (2.6) und (2.8) stellen die intertemporale Budgetbedingung des öffentlichen Haushaltes dar. In Analogie zur intertemporalen Vermögensrestriktion eines privaten Haushaltes werden der Term auf der linken Seite von (2.8) auch als spekulative Blase und die Ausdrücke (2.6) und (2.8) als No-Ponzi-Game-(NPG-) oder Transversalitätsbedingung bezeichnet: Eine Haushaltspolitik, die dieser Bedingung entspricht, gilt als tragbar. Die Zahlungsfähigkeit eines öffentlichen Haushalts kann somit auch mit einer ständig anwachsenden Schuldenstandsquote vereinbar sein; das Wachstum muß sich nur langsamer als der Anstieg des Parameters $\gamma_j$ vollziehen, so daß die diskontierte Schuldenstandsquote null wird.

Um die beiden Einsatzmöglichkeiten der Überlegungen zur Tragbarkeit zu veranschaulichen, bietet sich eine isolierte Betrachtung der beiden Formulierungen (2.6) und (2.8) an. Der Ausdruck (2.6) illustriert die Möglichkeit der Umsetzung im Sinne einer normativen Theorie. Dann stellen die Ausgaben- und Einnahmenströme ($A_t$ und $H_t$) Sollgrößen dar, und das Untersuchungsziel ist die Frage, wie eine tragbare Politik zu realisieren ist. Der hierfür stellvertretend genannte Ansatz von Blanchard[3] ermittelt konkrete Handlungsempfehlungen für die Haushaltspolitik, die mit der Bedingung der Tragbarkeit vereinbar sind. Im Ergebnis werden für verschiedene Zeithorizonte Einnahmen- oder Ausgabenquoten berechnet, bei denen die

---

[1] Vgl. Blanchard/Fisher [1989] und S. 127, Blanchard/Chouraqui/Hagemann/Sartor [1990], S. 11f.

Tragbarkeit ist auch gegeben, wenn $B_t < \sum_{j=1}^{\infty} \gamma_j (H_{t+j} - A_{t+j})$. Dieser unwahrscheinliche Fall, in dem der Staat Kreditor wäre, wird i.d.R. nicht betrachtet.

[2] Vgl. ebenda.

[3] Vgl. Blanchard [1990], S. 12ff. und Blanchard/Chouraqui/Hagemann/Sartor [1990].

Schuldenstandsquote konstant bleibt. Ob ein Konsolidierungsbedarf besteht, ergibt sich durch einen Vergleich mit den tatsächlichen Einnahmen- und Steuerquoten. Eine konsequente Umsetzung des Konzeptes ist damit nicht erreicht, da eine auf Dauer stabile Schuldenstandsquote für die Einhaltung der NPG-Bedingung nur hinreichend ist. Der Vorteil von Blanchards Ansatz liegt neben seiner einfachen Handhabbarkeit aber darin, daß zukünftige Entwicklungen, wie z. B. absehbare Budgetbelastungen durch demographische Veränderungen, berücksichtigt werden können. Allerdings sind die Ergebnisse aufgrund der benötigten Prognosen über Zinssätze und Wachstumsraten mit Unsicherheit behaftet, die sich besonders in der langen Frist bemerkbar macht.

Der Ausdruck (2.8) veranschaulicht die Einsatzmöglichkeit im Rahmen einer positiven Theorie, bei der untersucht wird, ob eine gegebene haushaltspolitische Entwicklung als tragbar einzustufen ist. Die Werte von $B_{t+j}$ sind dann keine Sollgrößen mehr, sondern tatsächliche oder erwartete Größen. Damit bildet (2.8) auch die Grundlage für die empirische Untersuchung der vergangenen Schuldenpolitik der Bundesrepublik in Kapitel 4. An dieser Stelle sei lediglich darauf hingewiesen, daß gemäß (2.8) bei Konstanz von $r_t$ ($r_t = r$) nur eine explosive Entwicklung des Schuldenstandes mit einer Rate größer als r nicht tragbar ist.

# 3 Empirische Aspekte einer fiskalischen Beurteilung

## 3.1 Schuldenpolitik in der Bundesrepublik Deutschland

Seit dem Bestehen der Bundesrepublik wurde keineswegs kontinuierlich eine einheitliche Budgetpolitik betrieben. Zwar ist es überhaupt schwierig, diesen Begriff mit Inhalt zu füllen, da stets viele unterschiedliche Kräfte auf die Staatsverschuldung einwirken.[1] Trotzdem hat ein Wandel der vorherrschenden politischen Meinung über die Finanzierungsform der Schuldaufnahme stattgefunden, so daß sich bestimmte Entwicklungsphasen ausmachen lassen.[2] Zugleich läßt sich feststellen, daß diese Meinungsbildung nicht allein von politischen Aspekten, sondern auch maßgeblich von gesamtwirtschaftlichen und fiskalischen Entwicklungen geprägt ist.

In gesamtwirtschaftlicher und politischer Hinsicht bilden zunächst die Jahre bis 1966 für die Schuldenpolitik eine Einheit. Diese Phase ist durch ein hohes und vergleichsweise kontinuierliches Wirtschaftswachstum gekennzeichnet. Bei der Haushaltsführung war der Grundsatz des Budgetausgleichs vorherrschend,[3] und tatsächlich wurden in einigen Jahren sogar Überschüsse erzielt, die dann u. a. der Rücklagenbildung dienten („Juliusturm"). Lediglich die Ausgabenfreude vor den Bundestagswahlen wird bemängelt („Wahlgeschenke").[4] Die Bedingungen änderten sich 1966/67 durch die erste Rezession in der nicht mehr ganz jungen Bundesrepublik und ein gleichzeitig in die Finanzpolitik eindringendes keynesianisches Gedankengut. Letzteres fand seinen deutlichen Niederschlag in der Neugestaltung des gesetzlichen Rahmens zur Staatsverschuldung: Die antizyklische Fiskalpolitik wurde einerseits durch die Neufassung des Artikels 115 Absatz 1 des Grundgesetzes (1969), andererseits durch das neue Gesetz zur Förderung der Stabilität und des Wachstums der Wirtschaft (1967) gesetzlich sanktioniert und die Schuldaufnahme dadurch ihrem vormaligen Status der Ausnahmemaßnahme enthoben. Antizyklische Maßnahmen praktizierte man in der Rezession 1966/67 und der anschließenden Erholung ab 1968. Mit der Regierungsübernahme der sozialliberalen Koalition 1969 trat abermals ein Wandel der politischen Bewertung einer staatlichen Verschuldung ein. Denn neben der

[1] Ganz gleich in welcher Abgrenzung man die Zahlen zur Staatsverschuldung betrachtet, es handelt sich stets um hochaggregierte Daten, die daher vielen Einflüssen unterliegen.

[2] In ähnlicher Abgrenzung wie hier diskutieren Hansmeyer [1984], S. 52ff., Schlesinger/Weber/Ziebarth [1993], S. 8ff., und Sturm [1993,] S. 33ff., solche Phasen.

[3] Vgl. Sturm [1993], S. 35.

[4] Vgl. ebenda, S. 35f.

Anerkennung der konjunkturellen Bedeutung der Fiskalpolitik bestand der Wunsch nach einer höheren Staatsquote unter bewußter Inkaufnahme einer größeren Nettoverschuldung („Erweiterung des Staatskorridors“).[1] Die günstige wirtschaftliche Entwicklung konnte diese Politik alimentieren, so daß zunächst noch keine Probleme wahrgenommen wurden.

Das änderte sich allerdings mit der durch den ersten Ölpreisschock verursachten Rezession in den Jahren 1974/75. Als nach einer zunächst konjunkturell bedingten expansiven Fiskalpolitik auch in der zweiten Hälfte der 70er Jahre trotz wirtschaftlicher Belebung ungebremste Ausgabenfreude herrschte, sah man die Konsequenzen für den Staatshaushalt zunehmend als problematisch an. Gerade die hohe Zinsbelastung und die Furcht der weiteren Einschränkung des staatlichen Handlungsspielraumes führten zu der allgemeinen Überzeugung, daß eine Konsolidierung notwendig sei.[2] Die anschließenden Bestrebungen in diese Richtung waren aber u. a. wegen der durch den zweiten Ölpreisschock 1979/80 einsetzenden Rezession nicht von Erfolg gekrönt. Mit der darauffolgenden wirtschaftlichen Erholung begann ab 1981 dann eine erfolgreiche Phase der Konsolidierung. In diese Zeit fällt das Bemühen, die Ausweitung des Staatskorridors der 70er Jahre rückgängig zu machen.

Ein jähes Ende der Ausgabenrückführung brachte die deutsch-deutsche Wiedervereinigung 1990. Zwar kam es zu keiner prinzipiellen Neubewertung der Schuldaufnahme als staatliche Finanzierungsform, aber der Wunsch nach einer schnellen sozialen und wirtschaftlichen Integration genoß zeitweise Priorität vor der Rückführung der Defizite. Erneuter Konsolidierungsdruck in einem ganz konkreten Ausmaß war in der Folgezeit durch die Konvergenzkriterien des Maastrichter Vertrags gegeben. Ein vorherrschendes Ziel der Politik läßt sich aus der Begrenzung der Schuldenstandsquote und der Defizitquote auf die dort festgelegten Werte von 60% bzw. 3% ableiten.

Von einer aktiven Schuldenpolitik in der Bundesrepublik kann somit erst seit 1966/67 gesprochen werden, während sich die Ursprünge für das geschärfte Problembewußtsein, das diese Politik auch heute bestimmt, auf die Mitte der 70er Jahre zurückführen lassen.

---

[1] Vgl. Hansmeyer [1984], S. 56f.

[2] Vgl. Sturm [1993], S. 42, Schlesinger [1984], S. 12ff.

## 3.2 Beurteilung mit Kennzahlen und Quoten

Um Aussagen über die fiskalische Belastung durch eine konkrete Schuldenpolitik zu treffen, setzt man i.d.R. Haushaltsgrößen in Beziehung zu anderen Aggregaten.[1] Häufig werden die bereits vorgestellten Kennzahlen, wie realer Schuldenstand bzw. reales Defizit oder Schuldenstands- bzw. Defizitquote, als Maßzahlen für die Haushaltsbelastung benutzt. Denn der nominale Schuldenstand bzw. das nominale Defizit lassen, isoliert betrachtet, nur wenige Schlußfolgerungen zu. Die realen Größen werden besonders für zeitliche Vergleiche vorgeschlagen, da ein Anstieg aufgrund von Preissteigerungen als unbedenklich gilt. Schuldenstands- und Defizitquote werden herangezogen, weil vielfach und nicht zuletzt auch aufgrund Domars[2] Aussagen gefordert wird, Schuldenstand und Defizit in Beziehung zur Leistungskraft einer Volkswirtschaft (gemessen durch das Bruttoinlandsprodukt) zu setzen. Die Schuldenstandsquote ist als Quotient aus einer Bestands- und einer Stromgröße allerdings schwer interpretierbar, bietet sich aber ebenso wie die Defizitquote (oder die Kreditfinanzierungsquote, also die Nettokreditaufnahme im Verhältnis zum Bruttoinlandsprodukt) für einen zeitlichen oder räumlichen Vergleich an. Dahinter steckt die Argumentation, leistungskräftigeren Volkswirtschaften höhere Schulden zuzubilligen, weil das Bruttoinlandsprodukt als eine Art Haftungsmasse aufgefaßt werden kann. Die Defizitquote gibt darüber hinaus an, in welchem Umfang durch staatliche Kreditaufnahmen Ressourcen beansprucht werden.[3] Die Bedeutung derartiger Quoten für die Beurteilung der Fiskalpolitik wird auch durch ihre Aufnahme in das Maastrichter Vertragswerk unterstrichen.

Die zeitliche Entwicklung der entsprechenden Kennzahlen für den öffentlichen Gesamthaushalt der Bundesrepublik in Abgrenzung der Finanzstatistik seit 1950 zeigen die Abbildungen 3.1 - 3.4. Besonders der reale Schuldenstand wirkt im Gesamtbild problematisch: Der fast kontinuierliche Anstieg scheint explosiv zu sein, so daß möglicherweise keine Tragbarkeit gegeben ist. Allerdings kann dieser Eindruck auch dadurch entstehen, daß die im vorhergehenden Abschnitt beschriebenen Phasen unterschiedlicher Budgetpolitik gemeinsam dargestellt sind. Eine getrennte

[1] Die zeitliche Entwicklung verschiedener solcher Kennzahlen für die Bundesrepublik Deutschland beschreiben Schlesinger/Weber/Ziebarth [1993], S. 8ff., Weltring [1997], S. 91ff.

[2] Vgl. Abschnitt 2.1.

[3] Genau genommen sollte zu derartigen Aussagen die Kreditfinanzierungsquote herangezogen werden. Hauptsächlich wird das staatliche Defizit aber durch Nettokreditaufnahmen gedeckt. Vgl. Abschnitt 3.4.

Betrachtung der Abschnitte von 1950 bis 1974, 1975 bis 1990 und 1991 bis 1997 erweckt nicht mehr den Eindruck eines explosiven Verlaufs.

Abb. 3.1: Realer Schuldenstand (in Mio DM; Preise von 1991)

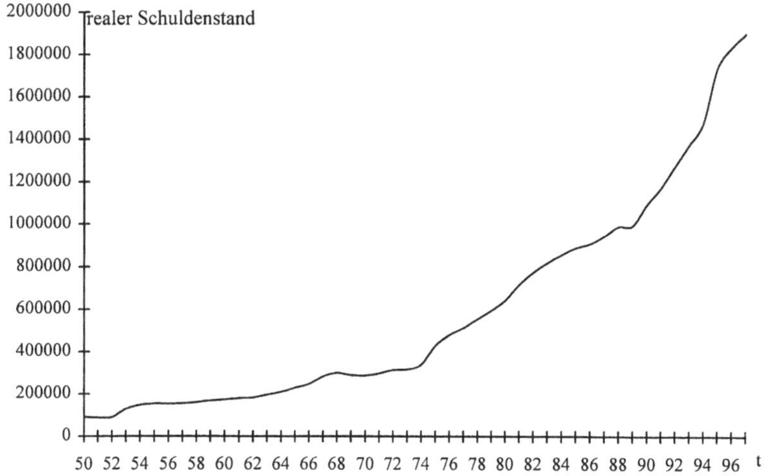


Datenquelle: Deutsche Bundesbank, eigene Berechnungen

Abb. 3.2: Schuldenstandsquote (in %)

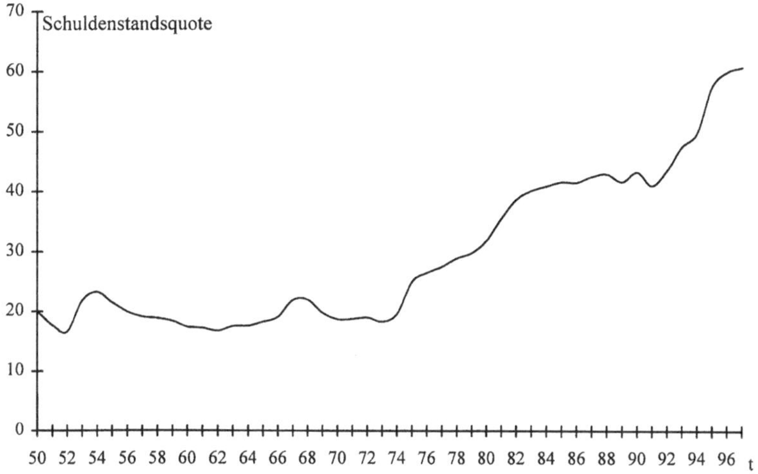


Datenquelle: Deutsche Bundesbank, eigene Berechnungen

Abb. 3.3: Reales Defizit (in Mio DM; Preise von 1991)

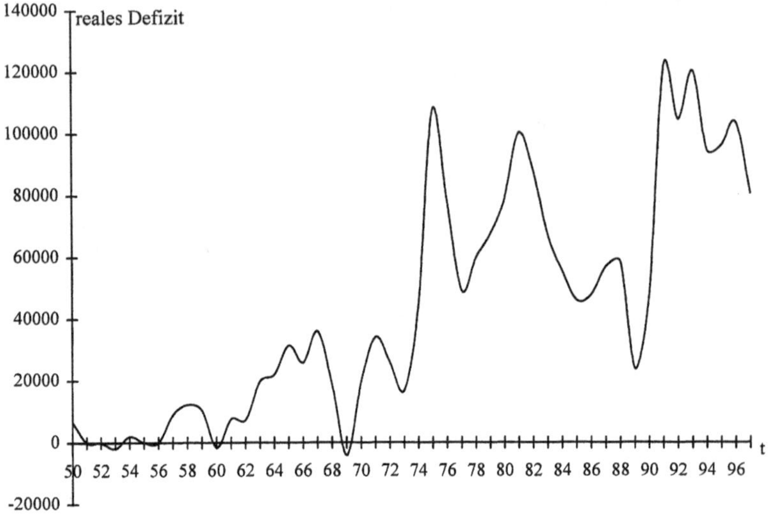


Datenquelle: Deutsche Bundesbank, eigene Berechnungen

Abb. 3.4: Defizitquote (in %)

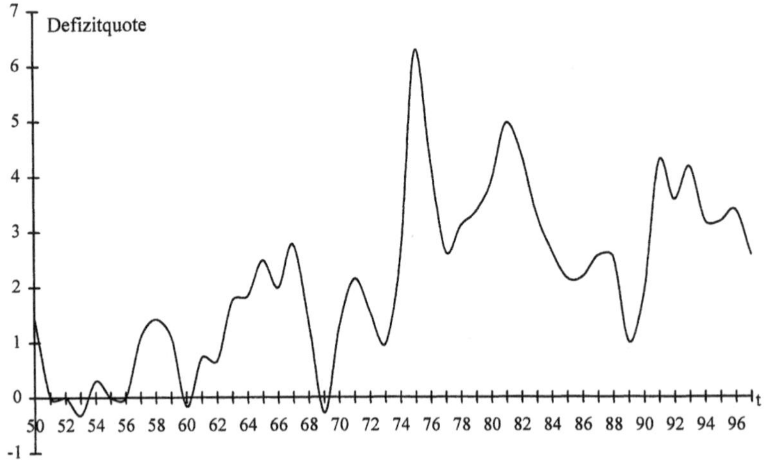


Datenquelle: Deutsche Bundesbank, eigene Berechnungen

Bis Ende 1974 kam es nur zu einem mäßigen Anstieg des Schuldenstands bei nahezu konstantem Verhältnis zum Sozialprodukt. Die Defizite schwanken zwar z. T. recht stark, aber auf einem so niedrigen Niveau, daß eine Rückführung auf null nicht ausgeschlossen zu sein scheint. Der Politikwandel und die Krise der Jahre 1966/67 schlagen sich damit kaum in der Entwicklung der Schuldenstandsgrößen nieder. Demgegenüber zeigt die Rezession 1974/75 die Auswirkungen der Kombination von Antizyklik und politisch erwünschter Mehrverschuldung in einer Rekordhöhe der Defizitquote und einer Spitze des realen Defizits. Von nun an steigt auch die Schuldenstandsquote stetig an, und der Schuldenstand wächst deutlich stärker als zuvor. Auch während der Rezession zu Beginn der 80er zeigen Defizitquote und reales Defizit Ausschläge. Die Konsolidierungsbemühungen im restlichen Verlauf jenes Jahrzehnts sind wiederum in den Daten zum Schuldenstand fast nicht zu erkennen. Dagegen markiert hier die Wiedervereinigung einen klaren Bruch, der ein noch stärkeres Wachstum beider Größen einleitet. Im Jahr 1991 erreicht das reale Defizit seinen Rekordwert und auch danach scheint es trotz tendenziellen Absinkens, das wohl ein Spiegel der Konsolidierungsbemühungen im Zusammenhang mit den Maastrichter Verträgen ist, auf dem erhöhten Niveau zu verbleiben.

Insgesamt zeigen damit die Defizitgrößen klarer politische und gesamtwirtschaftliche Veränderungen als die Niveaus - sie zeichnen das in Abschnitt 3.1 beschriebene Bild relativ gut nach. Dabei lassen auch sie die drei sich in den Schuldenstandsgrößen abzeichnenden Entwicklungsabschnitte erkennen. Von der Schuldenfinanzierung wurde jeweils im folgenden Entwicklungsabschnitt durchschnittlich immer extensiver Gebrauch gemacht.

Die Belastungswirkung hoher Schulden schlägt sich besonders in den Zinsausgaben nieder. Um speziell die fiskalischen Probleme der Schuldenpolitik zu quantifizieren, wird diese Ausgabenkomponente daher oft in Beziehung zu anderen Größen gesetzt. Die daraus resultierenden Kennzahlen - hier mit $Z_1$ bis $Z_4$ bezeichnet - heißen Zinsdienstquoten oder -koeffizienten bzw. Zinsausgabenquoten oder -koeffizienten[1]:

$$Z_{1t} = \frac{\text{Zinsausgaben}_t}{\text{Bruttoinlandsprodukt}_t} 1000$$

$$Z_{2t} = \frac{\text{Zinsausgaben}_t}{\text{ordentliche Staatseinnahmen}_t}$$

[1] Von Zinsausgabenquoten oder -koeffizienten spricht man, wenn bei den Kennzahlen $Z_2$ bis $Z_4$ jeweils die Staatsausgaben anstelle der Staatseinnahmen als Bezug verwendet werden.

$$Z_{3t} = \frac{\text{Zinsausgaben}_t - \text{Zinsausgaben}_{t-1}}{\text{ordentliche Staatseinnahmen}_t - \text{ordentliche Staatseinnahmen}_{t-1}}$$

$$Z_{4t} = \frac{\dfrac{\text{Zinsausgaben}_t - \text{Zinsausgaben}_{t-1}}{\text{Zinsausgaben}_{t-1}}}{\dfrac{\text{ordentliche Staatseinnahmen}_t - \text{ordentliche Staatseinnahmen}_{t-1}}{\text{ordentliche Staatseinnahmen}_{t-1}}}.$$

Tab. 3.1: Entwicklung der Quoten $Z_1$, $Z_2$, $Z_3$ und $Z_4$

| Jahr | $Z_1$ | $Z_2$ | $Z_3$ | $Z_4$ |
|---|---|---|---|---|
| 1975 | 14,42 | 0,05 | | |
| 1976 | 16,06 | 0,05 | 0,10 | 1,99 |
| 1977 | 17,40 | 0,06 | 0,08 | 1,45 |
| 1978 | 17,22 | 0,06 | 0,05 | 0,80 |
| 1979 | 18,08 | 0,06 | 0,10 | 1,78 |
| 1980 | 20,18 | 0,07 | 0,16 | 2,62 |
| 1981 | 23,91 | 0,08 | 0,50 | 7,60 |
| 1982 | 28,46 | 0,09 | 0,33 | 4,15 |
| 1983 | 30,81 | 0,10 | 0,28 | 3,02 |
| 1984 | 30,61 | 0,10 | 0,09 | 0,95 |
| 1985 | 30,72 | 0,10 | 0,09 | 0,91 |
| 1986 | 30,02 | 0,10 | 0,08 | 0,80 |
| 1987 | 29,44 | 0,10 | 0,06 | 0,57 |
| 1988 | 28,82 | 0,10 | 0,10 | 1,01 |
| 1989 | 27,51 | 0,09 | 0,01 | 0,14 |
| 1990 | 26,67 | 0,09 | 0,14 | 1,59 |
| 1991 | 27,09 | 0,09 | 0,09 | 0,93 |
| 1992 | 32,77 | 0,11 | 0,22 | 2,39 |
| 1993 | 32,34 | 0,10 | 0,05 | 0,45 |
| 1994 | 34,31 | 0,11 | 0,17 | 1,66 |
| 1995 | 37,32 | 0,12 | 0,44 | 4,08 |
| 1996 | 36,71 | 0,12 | –0,04 | –0,31 |
| 1997 | 36,38 | 0,12 | 0,17 | 1,41 |

Datenquelle: Deutsche Bundesbank und eigene Berechnungen

Tabelle 3.1 weist die Kennzahlen $Z_1$ bis $Z_4$ für den öffentlichen Gesamthaushalt in Abgrenzung der Finanzstatistik für die Jahre 1975 - 1997 aus. Der Verlauf von $Z_1$ zeigt, daß der Anteil der Zinsen am Volkseinkommen sich in dieser Zeit mehr als verdoppelt hat. Gleichzeitig ist die verzögerte bzw. langfristig belastende Wirkung der Schuldenpolitik erkennbar. So konnten die Konsolidierungsanstrengungen in den 80er

Jahren die Quote allenfalls stabilisieren, nicht aber etwa auf das Niveau der Vorjahre zurückführen.[1]

Die Quote $Z_2$ gibt an, wie groß der Anteil der Zinsausgaben an den ordentlichen Staatseinnahmen, größtenteils also den Steuern, ist. Auch hier zeigt sich am Beispiel der 80er Jahre, daß eine Reduktion der Haushaltsbelastung nur äußerst begrenzt möglich war. Der Anstieg auf das gegenwärtige Niveau scheint maßgeblich auf die expansive Fiskalpolitik der späten 70er Jahre zurückzuführen zu sein.

Die Koeffizienten $Z_3$ und $Z_4$ stellen auf Veränderungen ab.[2] Mit den absoluten Veränderungen ($Z_3$) soll Antwort auf die Frage gegeben werden, inwieweit Steuermehreinnahmen zu Zinsmehrausgaben verwendet werden müssen und daher für andere Mehrausgaben nicht zur Verfügung stehen. Steigt der Wert über eins, so verbraucht sich das gesamte zusätzliche Steueraufkommen in Zinszahlungen. Als Frühwarnindikator für diese unerwünschte Entwicklung wird $Z_4$ herangezogen. Wenn $Z_4$ größer als eins wird, können die Ausgaben (ohne Zinsen) nur weniger wachsen als die Einnahmen. Die Entwicklung beider Kennzahlen für die Bundesrepublik zeigt deutliche Parallelen zu $Z_1$. In den Jahren aktiver Schuldenpolitik überschreitet $Z_4$ regelmäßig den Wert eins. Für eine dennoch akzeptable Entwicklung auch in den Jahren expansiver Fiskalpolitik spricht, daß $Z_3$ auch in diesen Zeiten stets geringer als eins ist.

Kritisch anzumerken ist, daß die Kennzahlen $Z_1$ bis $Z_4$ im Hinblick auf den Handlungsspielraum des Staates interpretiert werden, obwohl die in Abschnitt 2.1 erwähnten theoretischen Untersuchungen dazu zeigen, daß die expansive Wirkung durch die Kreditaufnahme dabei nicht vernachlässigt werden darf.[3] Oft wird auch versucht, Grenzen der Verschuldung aufgrund von Kennziffern zu formulieren. Da sich aber die Auswahl einer Kennziffer theoretisch nicht begründen läßt, verbietet sich eine Interpretation in diesem Sinne.[4] Nachteilig für alle hier betrachteten Maße ist außerdem das völlige Ausblenden konjunktureller Überlegungen. Hält man eine antizyklische Entwicklung der Staatsfinanzen für akzeptabel, so sollten zur Vermeidung eines prozyklischen Verhaltens konjunkturbereinigte Größen verwendet werden. U. a. vor diesem Hintergrund berechnet etwa der Sachverständigenrat zur Begutachtung der gesamtwirtschaftlichen Entwicklung (SVR) mit dem strukturellen

---

[1] Für die Verwendung von $Z_1$ als Zielgröße eines Konsolidierungskonzeptes plädiert Schmidt [1995].
[2] Zur Diskussion vgl. Hansmeyer [1984], S. 149ff., Rürup [1982], S. 606ff.
[3] Vgl. Hansmeyer [1984], S. 150, Rürup [1982], S. 608.
[4] Vgl. Peffekoven [1996], S. 80ff.

Defizit eine um konjunkturelle und andere Einflüsse bereinigte Größe, die als Konsolidierungsbedarf interpretiert wird.[1] Auch die Quoten $Z_1$ bis $Z_4$ können in diesem Sinne modifiziert werden. Man spricht dann von potentialorientierten Kennziffern.[2] Schließlich wird angeführt, daß eine Beurteilung aufgrund von Kennziffern der Dynamik des Schuldenproblems nur unzureichend gerecht wird.[3] Eine zeitverzögerte Belastung durch eine Schulderhöhung ist zwar grob durch die gleichzeitige Betrachtung mehrerer Maßzahlen erkennbar. Von einer genauen Zuordnung von Ursache (Schuldaufnahme) und Wirkung (Belastung) kann jedoch keinesfalls gesprochen werden.

### 3.3 Beurteilung mit Zeitreihenanalysen

Die Literatur zur Beurteilung der Schuldenpolitik mit der Zeitreihenanalyse wird von Ansätzen dominiert, die der Frage der Tragbarkeit nachgehen. Für die empirische Umsetzung dieses Konzepts werden die zukünftigen Größen aus (2.6) bzw. (2.8) als zu erwartende Größen aufgefaßt. Gibt $E_t$ den bedingten Erwartungswert der Periode t an, so ist die Anforderung der Tragbarkeit demnach erfüllt, wenn

$$E_t(\lim_{j\to\infty} \gamma_j B_{t+j}) = 0, \tag{3.1}$$

also wenn die Entwicklung von $B_t$ erwarten läßt, daß die spekulative Blase verschwindet. Spiegelbildlich ist mit der Formulierung

$$B_t = E_t\left(\sum_{j=1}^{\infty} \gamma_j (H_{t+j} - A_{t+j})\right) \tag{3.2}$$

die intertemporale Budgetbedingung eingehalten, wenn aufgrund der vergangenen Entwicklung der Ausgaben und Einnahmen erwartet werden kann, daß die abgezinsten künftigen Primärüberschüsse dem gegenwärtigen Schuldenstand entsprechen. Die Erwartungsbildung erfolgt aufgrund der stochastischen Eigenschaften der relevanten Größen $A_t$, $H_t$ und $B_t$, die mit Hilfe der Zeitreihenanalyse, also vergangenheitsbezogen, ermittelt werden.

---

[1] Vgl. SVR [1994], S. 151ff. und Abschnitt 10.1.1.
[2] Vgl. Hansmeyer [1984], S. 150, Rürup [1982], S. 608.
[3] Vgl. Hansmeyer [1984], S. 151.

Gerade in der Vergangenheitsbezogenheit ist ein gewichtiger Nachteil zu sehen. Einerseits können, im Gegensatz zu Blanchards normativem Ansatz (vgl. Abschnitt 2.2), vorhersehbare strukturelle Veränderungen nicht berücksichtigt werden. Zum anderen benötigen Zeitreihenstudien recht lange Beobachtungszeiträume, die keinen Strukturbruch aufweisen. Dieser jeder Zeitreihenanalyse immanente Nachteil tritt bei Studien zur Fiskalpolitik besonders deutlich hervor. Da Einnahmen und Ausgaben politisch bestimmte Variablen sind, könnte jedes Haushaltsjahr oder zumindest jeder Regierungswechsel einen Bruch verursachen, der die stochastischen Eigenschaften der Untersuchungsreihen verändert. Dann wären nicht nur Aussagen, die über die sehr kurzfristige Zukunft hinausgehen, irrelevant. Der Einsatz von Zeitreihenmethoden verböte sich grundsätzlich, weil über jede Budgetpolitik nur geringe Datenmengen vorliegen. Wie in Abschnitt 3.1 beschrieben, änderte sich allerdings die politische Meinung, die die Schuldenpolitik beherrschte und gestaltete, in der Bundesrepublik Deutschland nicht allzu oft, so daß sich längere Phasen einer doch recht einheitlichen Entwicklung ausmachen lassen. Eine hohe Kontinuität der Entwicklung ergibt sich außerdem dadurch, daß bedeutende Komponenten der Einnahmen und Ausgaben nur schwer manövriert werden können[1]. Eventuell stehen sie gar nicht zur Disposition; sei es durch rechtliche Zwänge (Zinsausgaben), wirtschaftliche Gegebenheiten (automatische Stabilisatoren) oder politische Hemmnisse (Ausgabenkürzungen oder Gesetzesänderungen zur Steuererhöhung sind nur schwer und nur in einem begrenzten Ausmaß durchsetzbar)[2]. In Übereinstimmung mit den später genannten Autoren, die das Instrumentarium der Zeitreihenanalyse für Studien zur Tragbarkeit nutzen, kann daher eingewendet werden, daß die durch den Wechsel eines Haushaltsjahres oder einer Regierung bedingten Änderungen im allgemeinen zu unbedeutend sind, um sie als Brüche aufzufassen.

Die weitaus meisten Untersuchungen zur Tragbarkeit stammen vom Ende der 80er oder Beginn der 90er Jahre und befassen sich mit der damals noch defizitären US-amerikanischen Haushaltspolitik. Sie variieren i. d. R. lediglich bezüglich verschiedener Details, wie Datenbasis, Untersuchungszeitraum, Behandlung von Strukturbrüchen und Schätzmethoden.[3] Die Ergebnisse sind z. T. recht unterschiedlich und ermöglichen zusammen genommen nur die allgemeine Tendenzaussage, daß die

---

[1] Vgl. Schlesinger/Weber/Ziebarth [1993], S. 34.

[2] Die Möglichkeit, politisch einen Bruch herbeizuführen, dürfte sich bei Betrachtung der jeweiligen Quoten (Ansatz 2) als noch schwieriger erweisen, da die Entwicklung zusätzlich auch vom Verlauf von $BIP_t$ abhängt.

[3] Ein Literaturüberblick findet sich in Abschnitt 4.1.

Politik in den 80er Jahren hinsichtlich der Tragbarkeit problematisch gewesen ist.[1] Caporale[2] betrachtet zusammen mit verschiedenen anderen europäischen Ländern auch die Bundesrepublik Deutschland und stellt fest, daß die Haushaltspolitik aufgrund der Wiedervereinigung nicht als tragbar zu bezeichnen ist.

Die Tragbarkeit der deutschen Haushaltspolitik wird auch in dieser Arbeit untersucht. Neben der geringen Aufmerksamkeit, die der Bundesrepublik bislang geschenkt wurde, bilden einige Kritikpunkte am Konzept und Vorgehen der bisherigen Analysen die Motivation zur weiteren Forschung auf diesem Gebiet.

Zur Verdeutlichung der Kritik am Vorgehen muß zunächst der Ansatz der bisherigen Studien detaillierter dargestellt werden (Abschnitt 4.1). Kritisiert werden daraufhin bestimmte einschränkende Annahmen bezüglich des stochastischen Verhaltens der untersuchten Reihen.[3] Denn die in der Ökonometrie übliche Modellierung von Nichtstationaritäten allein durch integrierte Prozesse ist im Zusammenhang mit der vorliegenden Fragestellung nicht zu vertreten (Abschnitt 4.2). Aufgrund dieser Erkenntnis wird ein alternatives Testverfahren vorgeschlagen und durchgeführt (Abschnitt 4.3).

Die konzeptionelle Kritik hingegen betrifft den Aussagewert der Studien zur Tragbarkeit im Rahmen einer umfassenden Beurteilung der Budgetpolitik. Tragbarkeit kann als grundlegende Mindestanforderung gelten, die an eine Haushaltspolitik gestellt wird. Das unterstreicht zwar seine Bedeutung für die Beurteilung, deutet aber gleichzeitig an, daß auch darüber hinausgehende Aussagen von Interesse sind. Eine tragbare Haushaltspolitik muß unter fiskalischen Aspekten nicht unbedingt als zufriedenstellend gelten, wie die Modelle zum Ausgabenspielraum oder Domars in Abschnitt 2.1 erwähntes Modell illustrieren. Denn sie kann etwa den Ausgabenspielraum einschränken oder, allgemeiner, zu einer unerwünscht hohen Belastung künftiger Haushalte führen. Gleichzeitig ist es denkbar, daß die Anleger sich aufgrund von psychologischen Faktoren schon aus der Finanzierung der Staatsschuld zurückziehen, bevor aufgrund von (3.2) Zahlungsunfähigkeit antizipiert wird,[4] und damit eine Schuldenkrise hervorrufen. Schlesinger, Weber und Ziebarth bezweifeln

---

[1] Vgl. Kremers [1989], Hakkio/Rush [1991].

[2] Vgl. Caporale [1995]. Die Möglichkeit, daß die Wiedervereinigung einen Strukturbruch verursachen könnte, wird allerdings nicht in Erwägung gezogen.

[3] Nicht kritisiert wird die Verwendung von (3.1) oder (3.2) zur Überprüfung der Tragbarkeit. Damit wird z. B. Zinsexogenität unterstellt. Einen anderen modelltheoretischen Rahmen für einen Test auf Tragbarkeit schlägt Bohn [1995, 1998] vor.

[4] Gründe hierfür wären eine andere Erwartungsbildung oder Risikoscheue.

aus diesen Gründen die Praxisrelevanz des Tragbarkeitskriteriums für die Finanzpolitik überhaupt.[1] So weit soll hier nicht gegangen werden, jedoch wird die ausschließliche Untersuchung der Tragbarkeit dem Ziel der Arbeit offensichtlich kaum gerecht. In den Kapiteln 5ff. werden daher zeitreihengestützte Maße für die Haushaltsbelastung vorgeschlagen, mit denen auch eine an sich tragbare Haushaltspolitik weitergehend charakterisiert werden kann. Diese Maße sollen der Kritik, die an den in Abschnitt 3.2 dargestellten Kennzahlen geübt wird, gerecht werden. Insbesondere erfolgt auch eine Bereinigung um konjunkturelle Entwicklungen (Kapitel 10). Vor der eigentlichen empirischen Analyse wird jedoch im folgenden Kapitel die Datenauswahl diskutiert.

## 3.4 Daten

Zeitreihenstudien benötigen möglichst viele Beobachtungswerte. Die Ausweitung des Stichprobenumfangs kann prinzipiell durch Erhöhung der Frequenz der Daten und/oder Verlängerung des Zeithorizontes erreicht werden. Soll das langfristige Verhalten einer Größe beurteilt werden, spielt die Frequenz der Daten allerdings nur eine untergeordnete Rolle,[2] so daß auch in der vorliegenden Untersuchung der längstmögliche Zeitraum zu wählen ist. In der Bundesrepublik Deutschland kann erst seit 1966/67 von einer aktiven Schuldenpolitik gesprochen werden. Daher wäre eine Einbeziehung auch der früheren Jahre von nur geringem Interesse und außerdem wegen des grundlegenden Politikwandels auch nicht sinnvoll. Da ferner nicht nur langfristige Aspekte Gegenstand der Betrachtung sind, finden unterjährige Daten (Quartalsdaten) Verwendung. Im einzelnen werden das Bruttoinlandsprodukt, ein Deflator und Daten über die Staatsverschuldung benötigt.

Das reale und nominale Bruttoinlandsprodukt wird seit 1968 vierteljährlich vom Statistischen Bundesamt erhoben. Daher kann die Untersuchung erst mit jenem Jahr beginnen. Aus den realen und nominalen Größen wird auch der Deflator (auf Basis von 1985) berechnet, der dann zur Preisbereinigung der Haushaltsgrößen herangezogen wird. Details finden sich in Anhang 3.

Die Datenauswahl bei der Staatsverschuldung ist im Vergleich zu anderen ökonomischen Größen recht komplex. Hierfür lassen sich besonders drei Ursachen anführen:

---

[1] Vgl. Schlesinger/Weber/Ziebarth [1993], S. 40.
[2] Vgl. Pierse/Snell [1995].

- Es liegen verschiedene Rechenwerke vor.
- Der Begriff des Staates kann unterschiedlich abgegrenzt werden.
- Die Größen Schuldenstandsveränderung ($\Delta B_t$), Finanzierungssaldo (Defizit) und Nettokreditaufnahme, die sich in der Vorstellung der dynamischen Budgetrestriktion (2.2) entsprechen, unterscheiden sich in der Erhebung voneinander.

Die wichtigsten Rechenwerke, die Finanzierungssalden des Staates ausweisen, sind die Finanzstatistik und die Volkswirtschaftliche Gesamtrechnung (VGR). Die grundsätzlichen Unterschiede zwischen diesen Statistiken rühren im wesentlichen daher, daß die VGR im Gegensatz zur Finanzstatistik zwischen Ausgaben und Auszahlungen unterscheidet. Die VGR weist allerdings weder Daten zu Schuldenständen, noch vierteljährliche Daten über den Finanzierungssaldo des Staates aus. Außerdem plädiert der SVR[1] dafür, im Zusammenhang mit Konsolidierungsfragen finanzstatistische Größen heranzuziehen. Somit ist die Finanzstatistik nicht nur die einzig mögliche Datenquelle, sondern auch eine sinnvolle Grundlage für diese Untersuchung. Vierteljahresdaten werden im Rahmen der Schuldenstatistik (Schuldenstände) und Kassenstatistik (Finanzierungssaldo und Nettokreditaufnahme) ermittelt.

Die Abgrenzung des Staatssektors ist von Bedeutung, weil dadurch die Höhe der öffentlichen Verschuldung unmittelbar bestimmt wird. Variationsspielraum ergibt sich hier zum einen wegen des föderativen Aufbaus der Bundesrepublik, wobei die einzelnen Gebietskörperschaften selbständig Schulden aufnehmen können, zum anderen wegen der Existenz verschiedener staatlicher Sonderrechnungen (Nebenhaushalte) und Körperschaften, die dem privaten Sektor zugerechnet werden, obwohl sie auch öffentlichen Charakter haben (Schattenhaushalte). Da in einem solchen Rahmen die Möglichkeit gegeben ist, Schulden zwischen den einzelnen Budgets hin- und herzuübertragen bzw. auch die ordentlichen Einnahmen umzuverteilen, sollte eine breite Abgrenzung der öffentlichen Hand gewählt werden. Das an die Tilgung anknüpfende Konzept der Tragbarkeit erfordert eine Einbeziehung sämtlicher Schulden, für deren Rückzahlung der Staat einsteht. Die weiteste Abgrenzung der Schulden- und Kassenstatistik heißt öffentlicher Gesamthaushalt. Sie umfaßt neben den Gebietskörperschaften auch die Nebenhaushalte und ist um finanzielle Verflechtungen zwischen den einzelnen Rechnungen bereinigt. Die Schattenhaushalte werden allerdings nicht unter diesen Begriff gefaßt und können daher auch nicht in die Untersuchung einbezogen werden. Dies ist besonders

[1] Vgl. SVR [1994], S. 136, und S. 152ff.

hinsichtlich der Sozialversicherung bedauerlich. Aggregierte Finanzdaten der Sozialversicherungen liegen über den gesamten hier betrachteten Zeitraum nur jährlich vor.

In der Finanzstatistik weichen die Größen der nominalen Schuldenstandsveränderung ($\Delta B_t^{(n)}$), Nettokreditaufnahme und Finanzierungssaldo (Defizit) entgegen der bisherigen Sichtweise z. T. stark voneinander ab. Um zu entscheiden, welche der drei Größen der theoretischen Tragbarkeitsbedingung (2.6) bzw. (2.8) am nächsten kommt, müssen die wichtigsten Ursachen für die Abweichungen betrachtet werden. Zum einen wurde bei der Formulierung von (2.1) angenommen, daß die ordentlichen Einnahmen auch alle Einnahmen aus Seignorage umfassen. Die Finanzstatistik rechnet aber die Münzgewinne nicht zu den ordentlichen Staatseinnahmen, weswegen sie bei der Ermittlung des Defizits unberücksichtigt bleiben, obwohl sie die Nettokreditaufnahme bzw. die Schuldenstandserhöhung mindern.[1] Da die theoretische Formulierung der intertemporalen Budgetbedingung eine Berücksichtigung von Seignorage in voller Höhe als Einnahme vorsieht, wäre hier der Nettokreditaufnahme oder $\Delta B_t^{(n)}$ der Vorzug zu geben. Allerdings darf diese Komponente angesichts der geringen quantitativen Bedeutung in der Bundesrepublik bei der Datenauswahl nicht ausschlaggebend sein. Die teilweise erheblichen Unterschiede zwischen dem Finanzierungssaldo einerseits und der Nettokreditaufnahme bzw. der Größe $\Delta B_t^{(n)}$ andererseits kommen nämlich statt dessen durch die besonderen periodenübergreifenden Finanzierungsvorgänge (Rücklagenbewegungen, Abwicklung von Fehlbeträgen/Überschüssen aus Vorjahren und innere Darlehen) zustande. Im Jahr 1996 z. B. betrugen die Einnahmen aus Münzgewinn nur 187 Mio DM, während die Einnahmen aus den besonderen, periodenübergreifenden Vorgängen sich auf rund 50 Mrd DM (Ausgaben: rund 37 Mrd DM) beliefen.

Aber auch hieraus läßt sich keine Auswahl begründen. Denn da die in dieser Arbeit benutzten Beurteilungen auf eher langfristigen Konzepten beruhen, sind solche, sich mittelfristig ausgleichenden Vorgänge, nicht von Belang. Sie betreffen primär die kurzfristige Dynamik einer Zeitreihe, nicht aber deren langfristige Eigenschaften. Der für die Auswahl ausschlaggebende Faktor liegt hingegen in dem wesentlichen Unterschied zwischen den Stromgrößen Nettokreditaufnahme bzw. Defizit und dem auf der Bestandsrechnung basierenden $\Delta B_t^{(n)}$. Die Bestandsgröße umfaßt nämlich im

[1] Der Bundesbankgewinn erhöht zum Teil direkt die Einnahmen des Bundes und dient zum anderen Teil der Schuldentilgung.

Gegensatz zu den Strömen auch Schuldübernahmen. Als Beispiel kann die Übernahme der Schulden der ostdeutschen Wohnungswirtschaft am 01.01.1995 durch den Nebenhaushalt Erblastentilgungsfonds genannt werden (ca. 31 Mrd DM), die sich in $\Delta B_t^{(n)}$ niederschlägt, nicht aber in der Nettokreditaufnahme oder dem Finanzierungssaldo. Die Abweichungen sind oft quantitativ bedeutsam und außerdem auch langfristig relevant, da kein Ausgleich erfolgt. Schuldübernahmen bedeuten letztlich eine zusätzliche Zins- und Rückzahlungsverpflichtung. Da Tragbarkeit die Frage der Rückzahlungsmöglichkeit und nicht die Problematik der Belastung der Kapitalmärkte anspricht, müssen sämtliche Verpflichtungen einbezogen werden, und zwar unabhängig davon, ob sie durch Übernahme oder eigenständige Aufnahme entstanden sind. Daher wird in den folgenden Untersuchungen auf die Bestandsgröße $B_t^{(n)}$ zurückgegriffen. Allerdings sollte auch dieser Unterschied für die Ergebnisse von nicht allzu großer Bedeutung sein. Denn die Schuldübernahmen haben durch ihre Unregelmäßigkeit Zufallscharakter und beeinflussen daher die Schätzkoeffizienten bei Zeitreihenschätzungen nur wenig. Lagen die relevanten Daten vor, so wurden außerdem Schulden, deren Übernahme absehbar war (die Schulden der Treuhandanstalt und der Bundesbahn), zur Vermeidung allzu starker Ausschläge, von dem Zeitpunkt ihres Entstehens an mit einbezogen. Die weiteren Untersuchungen basieren alle auf dem nominalen Schuldenstand $B_t^{(n)}$.

Genaue Angaben zu Quellen und Aufbereitung von $B_t^{(n)}$ sind im Anhang 3 wiedergegeben. Die zeitliche Entwicklung des nominalen Schuldenstandes, besonders aber seiner ersten Differenz, zeigt eine für Quartalsdaten typische, wenngleich nicht besonders stark ausgeprägte, und sich im Zeitverlauf verändernde Saisonfigur (Abb. 3.5 und 3.6). Aus methodischen Gründen wird auf eine Saisonbereinigung vor der eigentlichen Analyse abgesehen, da sich dadurch Verzerrungen ergeben könnten[1].

[1] Vgl. Harvey [1993], S.146f. Auch für die im folgenden benutzten Methoden sind solche Verzerrungen festgestellt worden, wenn mit saisonbereinigten Daten gearbeitet wird: Wenn saisonal geglättete Daten einfließen, akzeptieren Einheitswurzeltests die Nullhypothese der Nichtstationarität zu oft (vgl. Ghysels [1990]), und das in den Kapiteln 6ff. benutzte Persistenzmaß wird zu hoch ausgewiesen (vgl. Jäger/Kunst [1990]). Keine Verzerrungen ergeben sich bei den unten angesprochenen Verfahren der saisonalen Differenzbildung und Regression mit saisonalen Dummies.

Abb. 3.5: Nominaler Schuldenstand (in Mio DM)

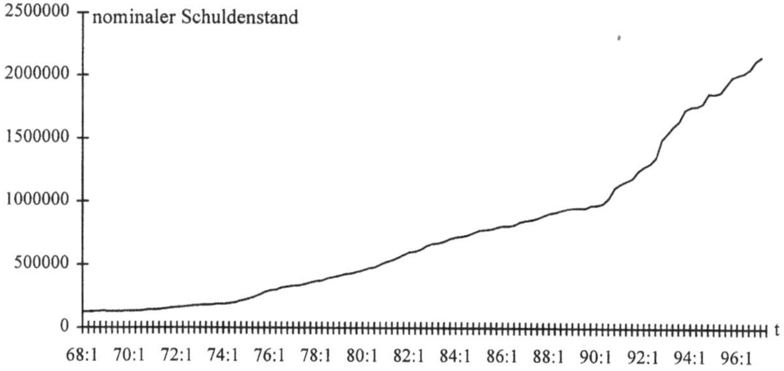


Datenquelle: vgl. Anhang 3.

Abb. 3.6.: Absolute Veränderungen des nominalen Schuldenstandes (in Mio DM)

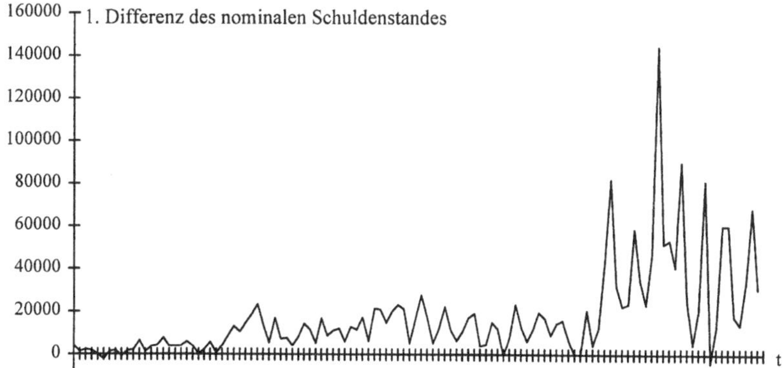


Datenquelle: vgl. Anhang 3.

Daher soll die Saison im Zuge der Zeitreihenschätzung modelliert werden. Einfache Maßnahmen wären saisonale Differenzen, die Aufnahme von Saisondummy-Variablen oder die Berücksichtigung von saisonalen Verzögerungen. Die Methoden sind mit verschiedenen Vorstellungen über den die Saison hervorrufenden Prozeß verbunden, die allerdings nur schwer a priori einer konkreten Zeitreihe zugeordnet werden können, auch weil Kombinationen vorstellbar sind. Dummyvariablen unterstellen über den gesamten Beobachtungszeitraum ein festes saisonales Muster. Saisonale Differenzen und Verzögerungen sind geeignet, wenn Schocks auf dieselbe Subperiode der folgenden Jahre wirken und sich die Saisonfigur im Zeitablauf ändert. Lassen die Nachwirkungen mit der Zeit nach, sollten Verzögerungen gebildet werden. Zeigen sie hingegen Persistenz, sind saisonale Differenzen geeignet. Ein Versuch, eines dieser Modelle auf die Reihe $B_t^{(n)}$ zu übertragen, zeigt die Schwierigkeit einer theoretisch begründeten Entscheidung. Saisonalitäten in den Budgets werden wohl hauptsächlich durch die institutionell bestimmten Zahlungsmodalitäten hervorgerufen. Viele Zahlungen fallen zwar grundsätzlich gleichmäßig über das Jahr verteilt an, wie z. B. Personal-, Zins- und Sozialausgaben oder Güterkäufe und Lohnsteuer bzw. die vierteljährlichen Steuervorauszahlungen. Besonderheiten weist allerdings das 4. Quartal auf, u. a. weil Sonderzahlungen zum Jahresende die Personalausgaben und die Lohnsteuereinnahmen erhöhen. Außerdem ist in dieser Periode eine größere Ausgabenfreude festzustellen, mit der die Budgets möglichst voll ausgeschöpft werden („Dezemberfieber“ oder „window dressing“). Solche institutionellen Faktoren lassen eher für eine deterministische Saisonstruktur und somit die Modellierung mit Saisondummies plädieren. Dagegen spricht aber, daß Abb. 3.6 auf eine sich in ihrem Ausmaß und Muster veränderte Saisonfigur hindeutet. Ob einzelne saisonale Schocks dauerhaft sind, könnte mit saisonalen Einheitswurzeltests[1] untersucht werden. Die Tests sind allerdings oft mit beträchtlichen Verzerrungen hinsichtlich ihrer Niveaus verbunden.[2] Außerdem zeigen die bisherigen Erfahrungen auf diesem Gebiet, daß das Phänomen der saisonalen Nichtstationarität für ökonomische Größen selten ist und allenfalls bei Reihen mit stark ausgeprägtem Saisonmuster vorkommt.[3] Da dies für $B_t^{(n)}$ nicht zutrifft, soll diese Möglichkeit hier von vornherein ausgeschlossen werden.[4]

Heftige Saisonschwankungen weisen aber das reale Bruttoinlandsprodukt und sein Deflator auf, so daß die auf dieser Basis berechneten realen Größen $B_t^{(r)}$ und $b_t$ starken kurzfristigen, nicht der Schuldenpolitik zuzurechnenden Variationen unterlägen. Um daraus erwachsende Probleme zu vermeiden, fließen sie in saisonal geglätteter Form in $B_t^{(r)}$ und $b_t$ ein. Dies läßt sich vertreten, weil die saisonalen (und auch anderen kurzfristigen) Ausschläge des Bruttoinlandsproduktes und des Deflators

---

1 Vgl. Hylleberg/Engle/Granger/Yoo [1990].

2 Vgl. Ghysels/Lee/Noh [1994].

3 Vgl. Osborn [1990].

4 Gegen die Anwendung des Tests spricht außerdem, daß er sich kaum in das in Kapitel 4 vorgeschlagene Testschema einbeziehen läßt.

für die vorliegende Fragestellung völlig uninteressant sind, denn beide Größen dienen lediglich der Normierung für langfristige Vergleiche. Wenn das Bruttoinlandsprodukt explizit in einem Modell verwendet wird (Kapitel 10), werden hingegen - um Verzerrungen durch die Glättung zu vermeiden - saisonbehaftete Größen benutzt.

Die in $B_t^{(r)}$ und $b_t$ verbleibenden Saisonschwankungen sind damit gering und außerdem ausschließlich der Haushaltspolitik zuzurechnen. Zusammengenommen scheint daher eine Kombination aus Dummyvariablen und Verzögerungen dem Problem der Saisonalität angemessen. Um einer Überparametrisierung entgegenzuwirken, sollen die Koeffizienten der saisonalen Variablen jeweils auf ihre Signifikanz getestet und gegebenenfalls restringiert werden. Auch wenn dies im folgenden nicht dargelegt ist, zeigte sich ein Einsatz nur von Verzögerungen anderen Möglichkeiten gegenüber stets überlegen.[1] Die jeweils ausgewiesenen Tests auf Autokorrelation bei den Quartalsfrequenzen lassen sich als Evidenz gegen negative Konsequenzen aus einer möglichen saisonalen Fehlspezifikation interpretieren.

Die ersten Differenzen aus den Schuldenständen ($\Delta B_t^{(n)}$, $\Delta B_t^{(r)}$ und $\Delta b_t$) werden von nun an als Defizit oder Nettokreditaufnahme interpretiert. Damit entspricht der hier verwendete Begriff der Defizitquote

$$\Delta b_t = \frac{B_t^{(r)}}{BIP_t} - \frac{B_{t-1}^{(r)}}{BIP_{t-1}}$$

nicht der üblicherweise verwendeten Größe $D_t = \Delta B_t^{(r)}/BIP_t$. Die weiteren begrifflichen Ungenauigkeiten aus der Gleichsetzung der drei Größen sind, wie die in diesem Abschnitt angesprochenen Ursachen zeigen, zwar quantitativ bedeutend, inhaltlich aber durchaus nicht.

Der Beobachtungszeitraum umfaßt mit 1968:1 bis 1997:1 insgesamt T = 117 Werte.

[1] Eine Ausnahme bildet die Periodogrammschätzung in Abschnitt 7.2.

# 4 Tragbarkeit der Haushaltspolitik

## 4.1 Ansätze in der Literatur

Mit der Idee, daß die Einhaltung der Transversalitätsbedingung bestimmte Anforderungen an die Eigenschaften der Zeitreihen $A_t$, $H_t$ bzw. $B_t$ stellt[1], haben Hamilton und Flavin[2] den Anstoß zur zeitreihengestützten Analyse der Tragbarkeit gegeben. In ihrem Ansatz testen die Autoren, ob die Reihe $B_t$ und die Reihe der Primärüberschüsse $(H_t - A_t)$ vom selben Grad integriert sind. In späteren Analysen wird argumentiert, daß ein solches Vorgehen ungeeignet ist, da ein sich entsprechender Integrationsgrad nicht gewährleistet, daß die NPG-Bedingung erfüllt ist. Dafür müsse darüber hinaus getestet werden, ob $B_t$ und $(H_t - A_t)$ miteinander kointegriert sind.[3] Trehan und Walsh[4] hingegen untersuchen, ob das Defizit $(\Delta B_t)$ stationär[5] ist, bzw. die Gesamtausgaben und Gesamteinnahmen mit einem Kointegrationskoeffizienten von 1 kointegriert sind. Diese Vorgehensweise hat sich, nicht zuletzt aufgrund ihrer unmittelbaren Plausibilität, als herrschender Ansatz durchgesetzt, wie zahlreiche Studien belegen.[6] Denn es liegt nahe, daß eine Haushaltspolitik nur dann langfristig realisierbar ist, wenn die Ausgaben und Einnahmen sich nicht dauerhaft voneinander entfernen.

Die folgende Darstellung des herrschenden Ansatzes basiert auf der Formulierung von Hakkio und Rush[7] und Quintos[8]. Gegenüber früheren Studien ist hier eine zeitliche Variation des Diskontfaktors $1 + r_t$ möglich, wobei allerdings gefordert wird, daß $r_t$ stationär ist mit $E(r_t) = r$. Eine Vorwärtsentwicklung der umformulierten dynamischen Budgetbedingung (2.2)

---

[1] Die Daten zu den Reihen $B_t$, $A_t$ und $H_t$ sind in den unten erwähnten Ansätzen z. T. sehr unterschiedlich abgegrenzt. Außerdem werden meist entweder nur Quoten oder nur reale Größen verwendet.

[2] Vgl. Hamilton/Flavin [1986].

[3] Vgl. Haug [1991], MacDonald [1992], S. 1288.

[4] Vgl. Trehan/Walsh [1988].

[5] Der Begriff der Stationarität umfaßt hier und an späterer Stelle immer auch das Konzept der Trendstationarität.

[6] Vgl. Hakkio/Rush [1991], MacDonald [1992], Quintos [1995], Smith/Zin [1991] und mit Erweiterungen Ahmed/Rogers [1995].

[7] Vgl. Hakkio/Rush [1991].

[8] Vgl. Quintos [1995].

$B_t = (1 + r)B_{t-1} + N_t - H_t$ mit $N_t = A_t + (r_t - r)B_{t-1}$

führt zu

$$B_t = \sum_{j=1}^{\infty} \frac{H_{t+j} - N_{t+j}}{(1+r)^j} + \lim_{j\to\infty} \frac{B_{t+j}}{(1+r)^j}.$$

Die NPG-Bedingung kann auf dieser Basis mit

$$\lim_{j\to\infty} E_t\left(\frac{B_{t+j}}{(1+r)^j}\right) = 0 \tag{4.1}$$

bzw.

$$B_t = E_t\left(\sum_{j=1}^{\infty} \frac{H_{t+j} - N_{t+j}}{(1+r)^j}\right) \tag{4.2}$$

angegeben werden. Trifft man die Annahme, daß $H_t$ und $N_t$ I(1)-Prozessen folgen,[1] kann weiter argumentiert werden, daß zur Einhaltung der intertemporalen Budgetbedingung $B_t$ höchstens vom Grad 1 integriert sein darf (und damit höchstens $\Delta B_t \sim I(0)$), da es sich bei Gültigkeit von (4.2) aus zwei I(1)-Reihen ergibt.[2] Eine Möglichkeit zur Überprüfung der Tragbarkeit wäre demnach mit einem Einheitswurzeltest über das Defizit ($\Delta B_t$) gegeben. Ein dazu äquivalentes Vorgehen überprüft, ob die Reihen der Gesamteinnahmen $H_t$ und Gesamtausgaben $A_t + r_tB_{t-1}$ mit dem Koeffizienten $\psi = 1$ kointegriert sind. Die Langfristbeziehung, die demnach bei Tragbarkeit gelten muß, lautet

$$H_t = \mu + \psi(A_t + r_tB_{t-1}) + \varepsilon_t \quad \text{mit } \varepsilon_t \sim I(0). \tag{4.3}$$

Hakkio/Rush[3] und Quintos[4] wenden sich auch der Frage zu, welche Folgen $0 < \psi < 1$ hat. Quintos ermittelt, daß das Defizit dann I(1) ist und zwar unabhängig davon, ob eine Kointegrationsbeziehung vorliegt oder nicht. Denn aus 4.3 ergibt sich das Defizit mit $A_t + r_tB_{t-1} - H_t = (1 - \psi)(A_t + r_tB_{t-1}) - \mu - \varepsilon_t$. Wenn $\psi < 1$, ist diese Reihe stets

1 Vgl. Hakkio/Rush [1991], S. 431.
2 Vgl. MacDonald [1992], S. 1289 und Hakkio/Rush [1991], S. 432.
3 Vgl. Hakkio/Rush [1991], S. 433.
4 Vgl. Quintos [1995], S. 411.

nichtstationär, ganz gleich ob $\varepsilon_t \sim I(1)$ oder $\varepsilon_t \sim I(0)$. Trotzdem ist auch in diesem Fall Tragbarkeit gegeben, obwohl der Staat aufgrund der im Vergleich zur Kointegration langsameren Konvergenz der spekulativen Blase Probleme bei der Schuldaufnahme haben kann.[1] Zum Beweis dafür wird die Konvergenz der spekulativen Blase in Differenzen, also $E_t(\lim_{j\to\infty} \frac{\Delta B_{t+j}}{(1+r)^j})$ untersucht.[2] Zur Angabe der Konvergenzraten kann man das Landau'sche Symbol $O_p(.)$ verwenden.[3] Da die Konvergenzraten von Prozessen ohne deterministische Komponente der jeweiligen um zeitinvariate Faktoren bereinigten Standardabweichung der Reihe entspricht, gilt für $y_t \sim I(0)$ das Verhalten $y_t = O_p(1)$ und für $y_t \sim I(1)$ das Verhalten $y_t = O_p(\sqrt{t})$.[4] Damit stellt Quintos fest:[5]

Fall a) Liegt eine Kointegrationsbeziehung gemäß (4.3) mit $\psi = 1$ vor, so gilt $\Delta B_t \sim I(0)$ und damit $\Delta B_t = O_p(1)$. Die spekulative Blase (in Differenzen) verhält sich wie $\frac{1}{(1+r)^j}$ mit $E_t(\lim_{j\to\infty} \frac{1}{(1+r)^j}) = 0$.

Fall b) Ist $0 < \psi < 1$, so gilt (unabhängig davon, ob eine Kointegrationsbeziehung gemäß (4.3) vorliegt) wegen $H_t \sim I(1)$ und $(A_t + r_t B_{t-1}) \sim I(1)$, daß $\Delta B_t \sim I(1)$ und damit $\Delta B_t = O_p(\sqrt{t})$. Die spekulative Blase (in Differenzen) verhält sich dann wie $\frac{\sqrt{j}}{(1+r)^j}$ mit $E_t(\lim_{j\to\infty} \frac{\sqrt{j}}{(1+r)^j}) = 0$, sie konvergiert also langsamer als im Fall a).

Zu diesen Erkenntnissen sei hier ergänzend angemerkt, daß Fall b) nur eintritt, wenn der Prozeß $\Delta B_t$ keinen Driftterm enthält. Ein I(1)-Prozeß mit Drift läßt sich nach Auflösung als Summe aus einem stochastischen Teil, $y_t$, mit $y_t = O_p(\sqrt{t})$ und einem Trendterm, $x_t$, mit $x_t = O_p(t)$ darstellen. Nach den Rechenregeln für das Landau'sche

[1] Vgl. Quintos [1995], S. 410.
[2] Aufgrund der Kenntnis des Verhaltens der Differenzen ist ein eindeutiger Rückschluß auf die Konvergenz der Niveaus möglich. Vgl. Quintos [1995], S. 410.
[3] $O_p(.)$ läßt sich folgendermaßen definieren: Wenn $\{y_t\}$ eine Folge von Zufallsvariablen und $\{w_t\}$ eine Folge reeller Zahlen mit t = 1, ...., T und $T \to \infty$ ist, so gilt $y_t = O_p(w_t)$, wenn für jedes $\nu > 0$ eine positive reelle Zahl $M_\nu$ existiert, so daß $\Pr\{|y_t| \geq M_\nu w_t\} \leq \nu$ für alle t. Vgl. z. B. Banerjee/Dolado/Galbraith/Hendry [1993], S. 14, und zu Rechenregeln dort, S. 15f.
[4] Vgl. ebenda, S. 14f.
[5] Vgl. Quintos [1995], S. 411f.

Symbol ergibt sich dann $y_t + x_t = \max[O_p(\sqrt{t}),\ O_p(t)] = O_p(t)$. Somit kann Fall c) formuliert werden:

Fall c) Liegen die Voraussetzungen des Falles b) vor, und enthält der Prozeß $\Delta B_t$ einen Driftterm, so gilt $\Delta B_t = O_p(t)$, und die spekulative Blase (in Differenzen) verhält sich wie $\frac{j}{(1+r)^j}$ mit $E_t(\lim_{j\to\infty} \frac{j}{(1+r)^j}) = 0$, d. h. sie konvergiert noch langsamer als im Fall b).

## 4.2 Kritik und Erweiterung

Damit ergibt sich die Konstellation, daß die NPG-Bedingung bei den gegebenen Annahmen immer eingehalten wird. Die bisherigen Untersuchungen laufen daher alle auf eine Überprüfung eines nur hinreichenden Kriteriums hinaus, sei es die ursprüngliche Formulierung von Hamilton und Flavin oder der zuvor vorgestellte Ansatz in seinen verschiedenen Ausformulierungen. Da die Nullhypothese der Tragbarkeit bei keinem Test gegen die Alternative der Verletzung der NPG-Bedingung verworfen werden kann, ist der Sinn der gesamten Vorgehensweise in Frage gestellt. Zugespitzt ausgedrückt, ergibt sich für die bislang entwickelten Tests zur Tragbarkeit eine Macht von null.

Die Ursache für die Unzulänglichkeiten liegt in der allzu restriktiven Annahme, daß Einnahmen und Gesamtausgaben I(1)-Prozessen folgen, sofern sie nicht stationär sind.[1] Da sich das Defizit linear aus den Einnahmen und Ausgaben ergibt, ist das stochastische Verhalten des Schuldenstandes auf die Fälle I(1) oder I(2) - je nachdem, ob Kointegration vorliegt oder nicht - festgelegt. Damit ist a priori angenommen, daß die Transversalitätsbedingung erfüllt ist, und die bisherigen Untersuchungen verfehlen ihr Ziel. Mit Einheitswurzeltests oder Kointegrationsanalysen kann dann lediglich eine Aussage über die Geschwindigkeit der Konvergenz der spekulativen Blase gewonnen und somit eine an sich tragbare Politik weitergehend beurteilt werden. Diese Idee wird in Kapitel 5 aufgegriffen.

---

[1] Eine explizite Erwähnung dieser Annahme findet sich bei Quintos [1995], S. 411 und MacDonald [1992], S. 1288. Die in Haugs Ansatz getroffene Annahme $B_t \sim I(1)$ führt zu demselben Problem, vgl. Haug [1991], S. 98.

Da der Integrationsgrad nur Einfluß auf die Geschwindigkeit der Konvergenz der spekulativen Blase hat, muß für einen brauchbaren Test die Beschränkung der Modellierung von Nichtstationaritäten durch integrierte Prozesse aufgegeben werden. Hinweise auf die Frage, welche alternative Klasse von Prozessen der Fragestellung besser gerecht wird, geben die in Abschnitt 2.1 genannten theoretischen Erwägungen zum ständigen Ansteigen der Schuldenstandsquote bei $r > g$, wie etwa die Studie von Bispham[1]. Dadurch, daß zusätzliche Kreditaufnahmen mit ihren Zinsverpflichtungen in der Zukunft noch höhere Kreditaufnahmen nach sich ziehen, ergibt sich ein explosionsartiges Verhalten der Gesamtausgaben, des Schuldenstandes und des Defizits. Ein derartiges Verhalten kann nicht durch Einheitswurzelprozesse modelliert werden, sondern nur durch Prozesse, deren dominierende Wurzel eins überschreitet. Bezeichnet man den größten Eigenwert des charakteristischen Polynoms eines Prozesses $y_t$ mit $\varphi$, so läßt sich das langfristige Verhalten für $\varphi > 1$ mit $y_t = O_p(\varphi^t)$ angeben. Wenn man diese Erweiterung berücksichtigt, kann auch der Fall der Verletzung der Transversalitätsbedingung formuliert werden:[2]

$$B_t = O_p(\varphi^t) \quad \text{mit } \varphi > 1 + r.$$

Aus der Theorie der Differenzengleichungen ergibt sich, daß eine Differenzbildung für $\varphi > 1$ keinen Einfluß auf $\varphi$ hat. Daher lassen sich die Ergebnisse von Quintos folgendermaßen erweitern:

Fall d) Verhält sich $B_t$ explosiv mit $\varphi$ ($\varphi > 1$), ist auch $\Delta B_t$ explosiv mit $\varphi$, so daß $\Delta B_t = O_p(\varphi^t)$. Damit ist das Verhalten der spekulativen Blase (in Differenzen) durch $\frac{\varphi^j}{(1+r)^j}$ mit $E_t(\lim_{j\to\infty} \frac{\varphi^j}{(1+r)^j}) = 0$ gegeben, wenn $\varphi < 1 + r$ und durch $\frac{\varphi^j}{(1+r)^j}$ mit $E_t(\lim_{j\to\infty} \frac{\varphi^j}{(1+r)^j}) = \infty$, wenn $\varphi > 1 + r$.

Es zeigt sich also, daß nur durch die Betrachtung der in der Ökonometrie üblicherweise vernachlässigten explosiven Prozesse die Frage der Tragbarkeit sinnvoll untersucht werden kann. Die Ergebnisse der Einheitswurzeltests von Trehan und Walsh[3], Smith

[1] Vgl. Bispham [1987].
[2] Die Beziehung gilt auch, wenn $B_t$ einen Driftterm enthält.
[3] Vgl. Trehan/Walsh [1988], S. 437.

und Zin[1] oder MacDonald[2] z. B. weisen in einigen Fällen auf explosive Prozesse hin. Da die Interpretation der Tests aber ausschließlich linksseitig erfolgt, werten die Autoren dies als Akzeptanz der Nullhypothese der Nichtstationarität. Lediglich bei Quintos[3] findet die Möglichkeit eines explosiven Verhaltens Erwähnung, sie wird allerdings nicht weiterverfolgt. Im folgenden Abschnitt wird ein aussagefähiger Test vorgeschlagen.

## 4.3 Ein alternativer Test zur Tragbarkeit

Die Einhaltung der intertemporalen Budgetrestriktion hängt von der Höhe der dominierenden Wurzel des Defizitprozesses $\varphi$ ab. Eine Haushaltspolitik ist nicht tragbar, wenn diese Wurzel dem Wert $r + 1$ entspricht oder ihn überschreitet. Gilt hingegen $\varphi < (r + 1)$, so konvergiert die spekulative Blase gegen null, und die Transversalitätsbedingung ist erfüllt. Ein direkter Vergleich der Höhe von $\varphi$ und $r + 1$ ist allerdings mit dem Problem verbunden, daß Annahmen über den mittleren Realzins bzw. über die mittlere Wachstumsrate des realen Bruttoinlandsproduktes getroffen werden müssen. Denn die Aussage über die Tragbarkeit ist nur unter der Annahme möglich, daß beide Werte sich auch in der unendlichen Zukunft nicht verändern.[4] Damit das Ergebnis nicht von Annahmen über $1 + r$ abhängt, wird bewußt auf einen Vergleich verzichtet und vorgeschlagen, die Hypothesen über die Größe der dominierenden Wurzel von $\Delta B_t$ statt dessen folgendermaßen zu formulieren:

$$\mathcal{H}_0: \varphi = 1$$
$$\mathcal{H}_1: \varphi \neq 1.$$

Mit diesem Rahmen ist ein zweiseitiger Einheitswurzeltest gegeben. Nur bei einer Annahme der rechtsseitigen Alternativhypothese besteht Gefahr einer nicht tragbaren Budgetentwicklung. Ob die Haushaltspolitik auf Dauer weiterführbar ist, hängt von der künftigen Entwicklung des Realzinses und der Wachstumsrate des realen Bruttoinlandsproduktes einerseits und andererseits von dem tatsächlichen Wert von $\varphi$ ab. Der Informationsverlust aus dem Verzicht eines Vergleichs zwischen $\varphi$ und $1 + r$

---

1 Vgl. Smith/Zin [1991], S. 38 und S. 41.

2 Vgl. MacDonald [1992], S. 1290.

3 Vgl. Quintos [1995], S. 411.

4 Eine Veränderung von r - etwa aufgrund eines Strukturbruchs - ändert nichts an seiner I(0)-Eigenschaft, auf der die Herleitung von 4.1 bzw. 4.2 beruht.

führt dazu, daß in letzter Konsequenz auch hier eine nicht tragbare Politik nicht als solche identifiziert werden kann. Im Gegensatz zu den anderen Ansätzen kann aber unter sehr allgemeinen Annahmen eine Situation erkannt werden, in der die NPG-Bedingung je nach Entwicklung von r verletzt zu werden droht oder bereits verletzt ist.

Bei einer Akzeptanz der Nullhypothese kann die Schlußfolgerung gezogen werden, daß $B_t$ zwei Einheitswurzeln enthält. Damit ist die Politik zwar tragbar. Da die Konvergenz der spekulativen Blase aber nach Fall b) oder c) verläuft, können sich jedoch Probleme bei der Kreditaufnahme ergeben. Wenn die Nullhypothese linksseitig abgelehnt wird, ist die Politik weiterhin tragbar. Da der Schuldenstand stationär ist oder eine Einheitswurzel enthält, tritt Fall a) ein. Die Konvergenz der spekulativen Blase erfolgt dann rascher.

### 4.3.1 Zweiseitige Einheitswurzeltests

Der wohl bekannteste Test zur Untersuchung der dominierenden Wurzel eines stochastischen Prozesses $y_t$ ist der Ansatz von Dickey und Fuller[1] (ADF-Test). Allerdings wird dieser Test i. d. R. nur einseitig ausgeführt, indem nämlich geprüft wird, ob in einer Schätzung der Gleichung

$$\Delta y_t = \delta y_{t-1} + ADF_t + \varepsilon_t, \qquad \text{mit } ADF_t = \sum_{i=1}^{p} \zeta_i \Delta y_{t-i}$$

der geschätzte Koeffizient $\hat{\delta}$ signifikant kleiner als null ist. Die Lag-Länge p des Terms $ADF_t$ wird so bestimmt, daß die Residuen $\varepsilon_t$ keine Autokorrelation aufweisen. Die Nullhypothese $\mathcal{H}_0$: $\delta = 0$ impliziert, daß $y_t$ einem I(1)-Prozeß folgt, die rein linksseitige Alternativhypothese $\mathcal{H}_1^l : \delta < 0$ hingegen, daß $y_t \sim I(0)$. Als Prüfgröße dient der t-Wert des Koeffizienten $\hat{\delta}$ , der mit $\tau$ bezeichnet wird. Die zahlreichen Probleme dieses einseitigen Ansatzes sind in der Literatur breit diskutiert worden.[2] Sie bringen meist die Notwendigkeit mit sich, mehrere Tests hintereinander auszuführen. Zu diesem Zweck wurden verschiedene, in ihrer Struktur aber ähnliche Testschemata entwickelt.[3]

---

1 Vgl. Dickey/Fuller [1979].

2 Überblicksdarstellungen finden sich etwa bei Enders [1995], S. 211ff. oder Harris [1995], S. 27ff.

3 Vgl. z. B. Perron [1988] oder Dolado/Jenkinson/Sosvilla-Rivero [1990].

Der ADF-Ansatz ist ursprünglich nicht als rein linksseitiger Test konzipiert. So gibt Fuller[1] auch kritische Werte für die rechtsseitige Alternative $\mathcal{H}_1^r: \delta > 0$ an. Da dies in Anwendungen weitestgehend ignoriert wird, sind die Eigenschaften des rechtsseitigen ADF-Tests aber unbekannt. In diesem Abschnitt soll zunächst untersucht werden, mit welchen zusätzlichen Problemen der Anwender bei einer Erweiterung auf den zweiseitigen Test konfrontiert ist. Anschließend wird ein Testschema entwickelt, das nicht nur den Problemen im Zusammenhang mit $\mathcal{H}_1^l$, sondern auch denjenigen bei Erweiterung zu $\mathcal{H}_1^r$ gerecht wird. Zunächst seien die in der Literatur diskutierten Probleme im Zusammenhang mit $\mathcal{H}_1^l$ zusammengestellt:

Problem 1: Die Alternativhypothese $\mathcal{H}_1^l$ weist i. d. R. eine höhere Anzahl an deterministischen Komponenten als $\mathcal{H}_0$ auf. Sollte der tatsächliche Datengenerationsprozeß der Reihe $y_t$ $\mathcal{H}_1^l$ entsprechen und deren deterministische Komponenten nicht in der zur Schätzung benutzten Spezifikation enthalten sein, so geht die Testmacht mit wachsender Stichprobe gegen null.[2] Daher kommen zur Schätzung grundsätzlich drei Modelle in Frage, deren Hypothesen folgendermaßen formuliert werden:

Schätzung: $\Delta y_t = \delta y_{t-1} + \mu + \beta t + ADF_t + \varepsilon_t$ Modell 1

$\mathcal{H}_0$: $y_t = y_{t-1} + \mu + ADF_t + \varepsilon_t$

$\mathcal{H}_1^l$: $\Delta y_t = \delta y_{t-1} + \mu + \beta t + ADF_t + \varepsilon_t$ $\delta < 0$

Schätzung: $\Delta y_t = \delta y_{t-1} + \mu + ADF_t + \varepsilon_t$ Modell 2

$\mathcal{H}_0$: $y_t = y_{t-1} + ADF_t + \varepsilon_t$

$\mathcal{H}_1^l$: $\Delta y_t = \delta y_{t-1} + \mu + ADF_t + \varepsilon_t$ $\delta < 0$

Schätzung: $\Delta y_t = \delta y_{t-1} + ADF_t + \varepsilon_t$ Modell 3

$\mathcal{H}_0$: $y_t = y_{t-1} + ADF_t + \varepsilon_t$

$\mathcal{H}_1^l$: $\Delta y_t = \delta y_{t-1} + ADF_t + \varepsilon_t$ $\delta < 0.$

[1] Vgl. Fuller [1976], S. 373.

[2] Vgl. Campbell/Perron [1991], S.150f.

Problem 2: Simulationsstudien haben ergeben, daß der Test - besonders bei Wurzeln knapp unter eins - eine geringe Macht aufweist.[1] Daher sollte das zur Schätzung benutzte Modell nicht unnötig viele deterministische Komponenten enthalten, die die Freiheitsgrade der Schätzung und damit die Testmacht schmälern.

Problem 3: Eine theoretisch fundierte Auswahl zwischen den Modellen 1, 2 oder 3 ist oft nicht möglich. Daher muß im Rahmen des Tests auf Einheitswurzeln auch auf Signifikanz der Schätzwerte für $\beta$ und $\mu$ getestet werden. Dabei stellt sich das Problem, daß einerseits die Verteilungen der entsprechenden t-Werte ($t_\beta$ für $\beta$ und $t_\mu$ für $\mu$) davon abhängen, ob $y_t \sim I(1)$ oder $y_t \sim I(0)$ gilt, und andererseits die Verteilung von $\tau$ davon abhängt, welche deterministischen Komponenten der Datengenerationsprozeß enthält. Folgt $y_t$ einem I(0)-Prozeß, so sind $t_\beta$ und $t_\mu$ asymptotisch standardnormalverteilt (NV), andernfalls weisen sie eine spezielle, durch Simulationen ermittelte Verteilung auf (EV).[2] Bei Geltung der für die einzelnen Modelle formulierten Nullhypothesen folgt $\tau$ der simulierten Dickey/Fuller-Verteilung (DFV). Dabei kommen im Modell 1 die kritischen Werte $\hat{\tau}_\tau$, im Modell 2 die kritischen Werte $\hat{\tau}_\mu$ und im Modell 3 die Werte $\hat{\tau}$ der DFV zur Anwendung.[3] Haben die in die Schätzgleichungen aufgenommenen deterministischen Variablen jedoch einen signifikanten Einfluß, so ist $\tau$ asymptotisch standardnormalverteilt.[4]

Die Erkenntnisse über die Macht und die Verteilungen wurden meist auf experimentellem Wege gewonnen. Bei der Diskussion der Probleme im Zusammenhang mit $\mathcal{H}_1^r$ soll hier genauso vorgegangen werden. Die im folgenden durchgeführten Experimente dienen dazu, die Macht (oder andere Wahrscheinlichkeiten) bei einer bestimmten Spezifikation für $y_t$ zu berechnen. Die Spezifikation von $y_t$ wird auf der Basis unabhängiger NV(0,1)-Zufallsvariablen $v_t$ konstruiert. Die Datenlänge von $y_t$ entspricht der Stichprobengröße von $B_t$ (T = 117). Wird der rechtsseitige ADF-Test über $y_t$ durchgeführt, kommen die bei Fuller

---

1 Vgl. Enders [1995], S. 251ff.

2 Vgl. Dickey/Fuller [1981].

3 Die kritischen Werte der DFV finden sich bei Fuller [1976], S. 373, diejenigen der EV bei Dickey/Fuller [1981], S. 1062. In Anhang 4.3 sind die hier relevanten kritischen Werte der einzelnen Verteilungen wiedergegeben.

4 Vgl. West [1988].

tabellierten kritischen Werte zum Einsatz (Signifikanzniveau $\alpha = 5\%$, $T = 100$)[1]. Es werden jeweils 10.000 Ziehungen durchgeführt. Die relative Häufigkeit, mit der es zu einer bestimmten Entscheidung kommt, ist als Wahrscheinlichkeit (bzw. Testmacht) zu interpretieren.

Die Probleme, die im Zusammenhang mit $\mathcal{H}_1^r$ auftreten können, lassen sich folgendermaßen zusammenfassen:

Problem 4: Die Macht des ADF-Tests gegenüber der rechtsseitigen Alternative ist bei Wurzeln, die nahe bei 1 liegen, gering, steigt aber mit wachsenden Wurzeln schnell an (vgl. Abb. 4.1). Bei einer auf Vierteljahresdaten beruhenden Untersuchung sind aber besonders die kleineren Wurzeln von empirischem Interesse.[2]

Abb. 4.1: Gütefunktion zu Experiment 1

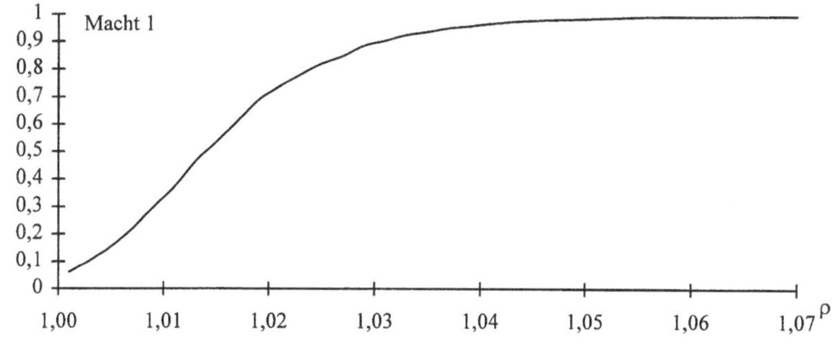


Ein Wert der Gütefunktion berechnet sich mit folgendem Experiment:

Experiment 1: Simulation: $y_t = \rho y_{t-1} + v_t$, $\rho > 1$

Schätzung: $\Delta y_t = \delta y_{t-1} + \varepsilon_t$

---

[1] Eigentlich wären kritische Werte für $T = 117$ heranzuziehen, die jedoch nicht tabelliert sind. Die geringen Größenunterschiede der tabellierten Werte für $T = 100$ und $T = 250$ legen jedoch nahe, daß die Abweichungen zwischen $T = 100$ und $T = 117$ auch nur äußerst gering sein dürften.

[2] Einer Wurzel von 1,04 in Quartalsdaten entspricht ungefähr ein durchschnittliches jährliches Wachstum von 17%.

Macht 1: Wahrscheinlichkeit, daß $\tau$ (also der t-Wert von $\delta$) den kritischen Wert $\hat{\tau} = 1{,}29$ der DFV überschreitet (die falsche Nullhypothese wird abgelehnt).

Problem 5: Ist die Reihe $y_t$ explosiv, so ist die Existenz eines deterministischen Trends - ähnlich wie im Fall eines I(1)-Prozesses - auszuschließen. Im Gegensatz zum I(1)-Prozeß steigen explosive Prozesse außerdem auch ohne Drift ständig an. Daher weist die Nullhypothese hier mindestens genauso viele deterministische Komponenten auf, wie die rechtsseitige Alternative. Bei dieser im Vergleich zu $\mathcal{H}_1^l$ genau umgekehrten Situation stellt sich nicht das Problem eines Güteverlustes durch das Fehlen einer wichtigen deterministischen Variablen. Es ergibt sich statt dessen vielmehr die Gefahr, daß $\mathcal{H}_0$ zugunsten von $\mathcal{H}_1^r$ fälschlicherweise abgelehnt wird, weil in der Schätzgleichung nicht genügend deterministische Variablen enthalten sind. Eventuell muß sogar damit gerechnet werden, daß eine in Wirklichkeit stationäre Reihe mit deterministischem Trend als explosiv eingestuft wird, weil in der Schätzgleichung weder Trend noch Drift aufgenommen wurden. Monte-Carlo-Experimente sollen die Wahrscheinlichkeit solcher Fehlentscheidungen quantifizieren[1]:

Experiment 2: Simulation: $y_t = y_{t-1} + 0{,}5 + v_t$
Schätzung: $\Delta y_t = \delta y_{t-1} + \varepsilon_t$
Kritischer Wert (DFV): $\hat{\tau} = 1{,}29$.

Es ergibt sich eine Wahrscheinlichkeit von 99,97%, daß $\tau$ (also der t-Wert des Koeffizienten $\delta$) den kritischen Wert $\hat{\tau}$ überschreitet, d. h. der I(1)-Prozeß mit Drift wird praktisch immer als explosiv angesehen.

Experiment 3: Simulation: $y_t = 0{,}5t + v_t$
Schätzung: $\Delta y_t = \delta y_{t-1} + \varepsilon_t$
Kritischer Wert (DFV): $\hat{\tau} = 1{,}29$.

Die Wahrscheinlichkeit, daß $\tau$ den kritischen Wert $\hat{\tau}$ überschreitet, beträgt 100%, d. h. immer wird der eigentlich stationäre Prozeß mit deterministischem Trend als explosiv angesehen.

---

[1] Die Wahrscheinlichkeit hängt von der Höhe des Drifts und des Koeffizienten des Trends ab. Die Werte von 0,5 wurden gewählt, damit ein mäßiger Anstieg der Reihe $y_t$ gegeben ist.

Das Ergebnis kann intuitiv so interpretiert werden, daß ein ständiges Ansteigen von I(0)- oder I(1)-Variablen im Gegensatz zu explosiven Prozessen nur durch deterministische Komponenten hervorgerufen werden kann. Liegt eine solche Variable vor, die ohne deterministische Komponente angepaßt wird, wird sich das Ansteigen in einem Wert von $\delta > 0$ niederschlagen.

Problem 6: Die Aufnahme unwichtiger deterministischer Bestandteile führt zu einem Verlust an Testmacht gegenüber der rechtsseitigen Alternative, besonders bei den hier relevanten kleineren Wurzeln (vgl. Problem 4).

Abb. 4.2 zeigt eine Gegenüberstellung der in Experiment 1 berechneten Testmacht (Macht 1) mit den Werten, die sich bei einem überspezifizierten Modell ergeben (Macht 2). Die zweite Gütekurve resultiert aus der Wiederholung von Experiment 4 für verschiedene Werte von $\rho$.

Abb. 4.2: Gütefunktion zu Experiment 1 und Experiment 4

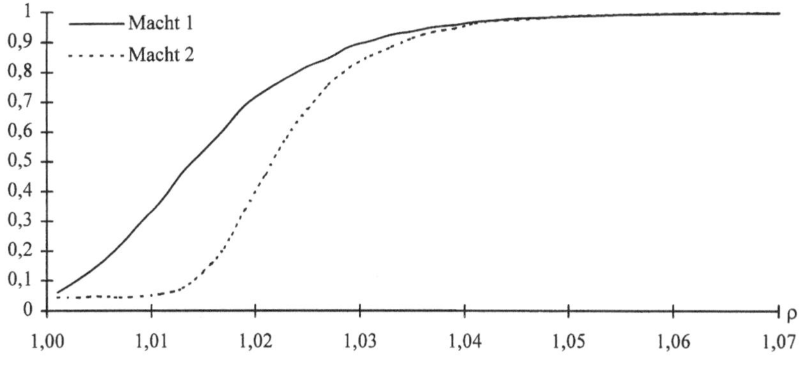


Experiment 4: Simulation: $y_t = \rho y_{t-1} + v_t$

Schätzung: $\Delta y_t = \delta y_{t-1} + \beta t + \mu + \varepsilon_t$

Macht 2: Wahrscheinlichkeit, daß $\tau$ den kritischen Wert $\hat{\tau}_\tau = -0.9$ (DFV) überschreitet.

Ein Verfahren bei einem zweiseitigen Test muß den Problemen 1 bis 6 gerecht werden. Zunächst soll, wie im Fall von $\mathcal{H}_1^l$, in Ermangelung an Kenntnissen über die Struktur des Datengenerationsprozesses von dem allgemeinsten Modell 1 ausgegangen werden, um anschließend ggf. zu Modell 2 und 3 überzugehen. Dieses Vorgehen wird durch Problem 1 und Problem 5 motiviert: Wird eine wichtige deterministische Variable nicht in der Schätzung berücksichtigt, so neigt der Test dazu, die Wurzel zu hoch zu bestimmen. Ein stationärer Prozeß kann als Einheitswurzelprozeß oder sogar explosiver Prozeß, ein I(1)-Prozeß als explosiver Prozeß mißdeutet werden.

Im Rahmen von Modell 3 stellt sich die Entscheidungsfindung als relativ unproblematisch dar, da lediglich die kritischen Werte der DFV eine Rolle spielen. Ob der Testvorgang vorher mit einer Entscheidung abgebrochen oder weitergeführt werden soll, hängt davon ab, in welchem Bereich $\tau$ und die t-Werte der deterministischen Variablen ($t_\beta$ und $t_\mu$) liegen. Bei einer Schätzung von Modell 1 oder 2 kann $\tau$ in den Ablehnungs- oder Annahmebereich der NV oder der DFV fallen. Trägt man die kritischen Werte der Verteilungen an einem Zahlenstrahl ab, ergeben sich fünf verschiedene Bereiche für $\tau$:[1]

Abb. 4.3: Bereiche für $\tau$

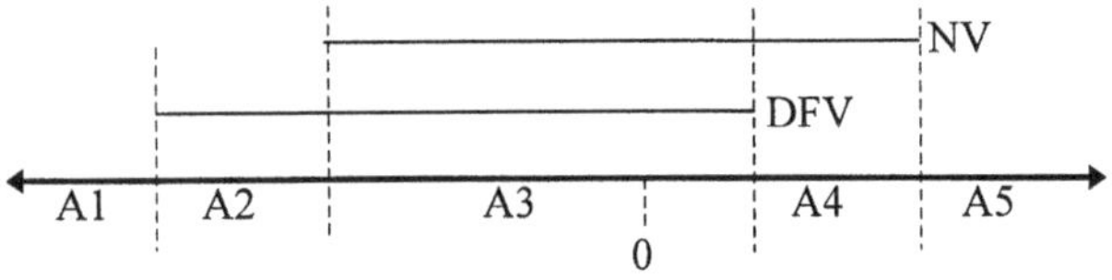


Da die EV dem Betrage nach höhere kritische Werte aufweist als die NV, können $t_\beta$ (Modell 1) und $t_\mu$ (Modell 2) in die Bereiche B1, B2 oder B3 fallen:

Abb. 4.4: Bereiche für $t_\beta$ bzw. $t_\mu$

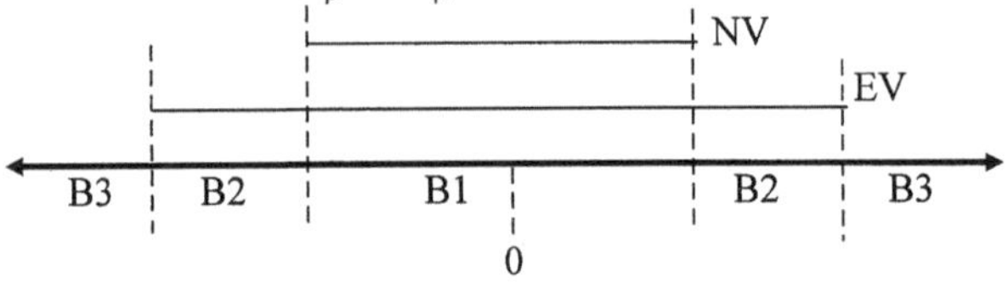


[1] Im herkömmlichen linksseitigen Test fallen die Bereiche A3, A4 und A5 zusammen.

Wird Modell 1 oder 2 geschätzt, so ergeben sich folglich 15 verschiedene Konstellationen, die mit unterschiedlichen Handlungsanweisungen verbunden sind und in Tab. 4.1 zusammengestellt sind.

Tab. 4.1: Testablauf, zweiseitiger ADF-Test

| | B1 | B2 | B3 |
|---|---|---|---|
| A1 | Abbruch des Testablaufs, $y_t$ ist stationär | Abbruch des Testablaufs, $y_t$ ist stationär | Abbruch des Testablaufs, $y_t$ ist stationär |
| A2 | Schätzung von Modell 2 (bzw. Modell 3) | keine Entscheidung | Abbruch des Testablaufs, $y_t$ ist stationär |
| A3 | Schätzung von Modell 2 (bzw. Modell 3) | Schätzung von Modell 2 (bzw. Modell 3) | Abbruch des Testablaufs, $y_t$ ist I(1) |
| A4 | Abbruch des Testablaufs, $y_t$ ist explosiv | Schätzung von Modell 2 bzw. in Modell 2: keine Entscheidung | Abbruch des Testablaufs, $y_t$ ist I(1) |
| A5 | Abbruch des Testablaufs, $y_t$ ist explosiv | Abbruch des Testablaufs, $y_t$ ist explosiv | Abbruch des Testablaufs, $y_t$ ist explosiv |

Demnach wird der Testablauf abgebrochen, wenn sich der Koeffizient der deterministischen Komponente unabhängig von der Verteilung signifikant von null verschieden zeigt (Fall B3), bzw. wenn der Schluß über $\delta$ verteilungsunabhängig die Normalverteilung der deterministischen Komponente bedingt und B2 eintritt (Fall A1B2, A5B2). In diesen Situationen stellt die Schätzgleichung eine adäquate Spezifikation für den Test dar. Die Einführung von Restriktionen ließe sich mit dem empirischen Befund nicht vereinbaren und könnte gemäß Problem 1 und 5 zu Fehlentscheidungen führen.

Zu einer Weiterführung des Testablaufes kommt es hingegen, wenn Trend oder Drift als nicht einflußreich eingestuft werden und die Nullhypothese akzeptiert wird (Felder A2B1, A3B1 und A3B2). Hier kann mit dem Gewinn an Macht argumentiert werden, der sich durch Restriktionen bezüglich $\mathcal{H}_1^l$ aufgrund eines Zuwachses an

Freiheitsgraden (Problem 2) und für $\mathcal{H}_1^r$ aufgrund der Ergebnisse aus Experiment 4 einstellt.

Kann die Nullhypothese verteilungsunabhängig abgelehnt werden (Fall A1 und A5), so wird das Testschema abgebrochen, auch wenn die deterministische Komponente nicht signifikant von null verschieden ist (Fall A1B1 und A5B1). Zur gleichen Verfahrensweise kommt es, wenn ein verteilungsunabhängiger Schluß über die Nichtsignifikanz der deterministischen Komponente möglich ist und die Nullhypothese aufgrund der Normalverteilung allein akzeptiert wird (Fall A4B1). Die Argumentationsweise in diesem Fall entspricht derjenigen im herkömmlichen Testschema: Eine Weiterführung wäre nur mit dem Ziel zu begründen, die Macht des Tests zu erhöhen. Dies erübrigt sich, da $\mathcal{H}_0$ bereits abgelehnt wurde. Bei einem zweiseitigen Test könnte allerdings eine Restringierung eine Zunahme an Macht gegenüber der jeweils anderen Alternative bedeuten. Allerdings darf vermutet werden, daß dieser Machtgewinn quantitativ unbedeutend ist. Zur Überprüfung wird in einem Experiment die Wahrscheinlichkeit berechnet, daß $\tau$ in einer Schätzung mit Trend in den Bereich A1 fällt, obwohl der zugrunde liegende Prozeß ohne deterministische Komponenten explosiv ist (Experiment 5a), und daß das $\tau$ einer Schätzung mit Trend eines eigentlich stationären Prozesses (ohne deterministische Größen) in den Bereich A4 fällt (Experiment 5b).

Experiment 5a: Simulation: $y_t = \rho y_{t-1} + v_t,\ \rho > 1$
Schätzung: $\Delta y_t = \delta y_{t-1} + \mu + \beta t + \varepsilon_t$
Kritischer Wert: $\hat{\tau}_\tau = -3{,}45$ (DFV)
$Pr_1$: Wahrscheinlichkeit, daß $\tau$ unter $-3{,}45$ liegt; vgl. Tab. 4.2.

Experiment 5b: Simulation: $y_t = \rho y_{t-1} + v_t,\ \rho < 1$
Schätzung: $\Delta y_t = \delta y_{t-1} + \mu + \beta t + \varepsilon_t$
Kritischer Wert: $\hat{\tau}_\tau = -0{,}9$ (DFV)
$Pr_2$: Wahrscheinlichkeit, daß $\tau$ über $-0{,}9$ liegt; vgl. Tab. 4.2.

Tab. 4.2: Experiment 5

| | | | | | | | | |
|---|---|---|---|---|---|---|---|---|
| Experiment 5a | | | | | | | | |
| $\rho$ | 1,001 | 1,003 | 1,005 | 1,007 | 1,009 | 1,011 | 1,013 | 1,015 |
| $Pr_1$ | 4,93% | 5,16% | 5,43% | 5,12% | 4,89% | 5,00% | 4,49% | 3,85% |
| Experiment 5b | | | | | | | | |
| $\rho$ | 0,999 | 0,997 | 0,995 | 0,993 | 0,991 | 0,989 | 0,987 | 0,985 |
| $Pr_2$ | 5,08% | 4,80% | 4,28% | 4,26% | 4,28% | 4,34% | 3,75% | 3,43% |

Die Wahrscheinlichkeiten übersteigen die im Test ohnehin geltende und akzeptable Irrtumswahrscheinlichkeit von $\alpha = 5\%$ nur manchmal gering. Für stärker von eins abweichende Werte von $\rho$ ist ein weiteres Absinken der Wahrscheinlichkeit zu erwarten. Der Gewinn an Macht, der aus der Eliminierung der deterministischen Variablen resultierte, wäre noch kleiner, da er sich aus der Differenz der oben angeführten Wahrscheinlichkeiten und der Wahrscheinlichkeit, daß A1 bzw. A4 in einem Modell ohne deterministische Variable eintritt, ergibt. Dieses Ergebnis rechtfertigt den Abbruch des Testschemas in den diskutierten Fällen.

Der Fall A2B2 stellt eine Konstellation dar, bei der die Möglichkeit einer systematischen Fehlentscheidung gegeben ist. Geht man nämlich davon aus, daß $\beta \neq 0$ (bzw. $\mu \neq 0$), so muß $\tau$ mit der Normalverteilung untersucht werden, so daß sich $y \sim I(0)$ ergibt. Damit erweist sich die Entscheidung $\beta \neq 0$ ($\mu \neq 0$) aufgrund der Normalverteilung als richtig. Ein anschließender Test im Rahmen des restringierteren Modells hätte dann - aufgrund der fälschlichen Eliminierung einer deterministischen Variablen - eine sehr geringe Macht, d. h. wie im Fall A2B3 wäre ein Abbruch angebracht. Ginge man jedoch davon aus, daß $\beta = 0$ (bzw. $\mu = 0$)[1], so folgte $\tau$ der DFV und wäre demnach nicht signifikant von null verschieden. Da demzufolge $y \sim I(1)$ gälte, erwiese sich die eingangs getroffene Hypothese $\beta = 0$ aufgrund der EV als schlüssig. Ähnlich wie im Fall A2B1 käme es zu einer Weiterführung des Testschemas. Somit können hier falsche Restriktionen gesetzt werden, die z. B. ein stationäres Modell nichtstationär erscheinen lassen (vgl. Problem 1 und Experiment 3). Auf eine Entscheidung soll bei A2B1 daher verzichtet werden.

Ein ähnliches Dilemma ergibt sich für A4B2. Geht man nämlich davon aus, daß $\mathcal{H}_0$ akzeptiert wird, dann folgt der t-Wert der entsprechenden deterministischen Variablen

[1] Davon geht man in Anwendungen meist aus, vgl. Enders [1995], S. 257.

der EV. Damit ist diese Variable nicht signifikant von null verschieden, so daß $\tau$ der DFV folgt und daher $\mathcal{H}_0$ abgelehnt werden muß. Diese Ablehnung hat zur Folge, daß die deterministische Variable gemäß der dann maßgeblichen NV einen signifikanten Einfluß zeigt. Dies wiederum bedingt, daß $\mathcal{H}_0$ nach der NV akzeptiert werden muß. Man befindet sich in einer Art Kreisschluß, der zu keinem Ergebnis führt. In Modell 1 kann man allerdings argumentieren, daß die Akzeptanz von $\mathcal{H}_0$ oder $\mathcal{H}_1^r$ wohl kaum mit der Signifikanz des Trends einher gehen. Wie bereits erwähnt, sind I(1)- oder explosive Prozesse mit deterministischem Trend unplausibel. Daher wäre für einen nichtstationären Prozeß eine Weiterführung des Testschemas die geeignete Vorgehensweise. Läge indes ein stationäres Modell vor, so zeigte der Trend keinen signifikanten Einfluß. Auch hier bedeutete also ein Übergang zu Modell 2 die Eliminierung einer unwichtigen Variablen, verbunden mit einem Machtzuwachs gegen $\mathcal{H}_1^l$ (vgl. Problem 2). Für Modell 2 kann diese Argumentationsweise allerdings nicht angeführt werden, da $\mathcal{H}_0$ und $\mathcal{H}_1^r$ mit einem Driftterm plausible Modelle sind.

Abschließend sei darauf hingewiesen, daß die kritischen Werte der NV eigentlich nur für große Stichproben gelten. Besonders bei Werten von $\rho$, die in der Nähe von eins liegen, ist in endlichen Stichproben mit kritischen Werten für $t_\beta$ und $t_\mu$ zu rechnen, die absolut größer als diejenigen der NV sind, aber die Werte der EV nicht übersteigen. Es könnten also möglicherweise Fehlentscheidungen auftreten, wenn im Bereich B2 aufgrund einer Ablehnung von $\mathcal{H}_0$ auf einen signifikanten Einfluß der jeweiligen deterministischen Variablen geschlossen wird. Das hier vorgestellte Testschema ist aber robust gegen solche Fehler, da die Entscheidungen in diesem Fall (A1B2 und A5B2) unabhängig von der Signifikanz der entsprechenden deterministischen Variablen ausfallen. Lediglich wenn ohnehin keine Entscheidung getroffen wird (also A2B2 und A4B2 für Modell 2), würden höhere kritische Werte der Prüfgröße der entsprechenden deterministischen Komponenten eine Weiterführung des Testablaufes nahelegen.

### 4.3.2 Empirischer Befund

Bei praktischen Anwendungen stellt sich zunächst das Problem der Festlegung der Lag-Länge p des Terms $ADF_t$. Im Rahmen von Modell 1 wurde p mit dem von Ng und

Perron[1] favorisierten Verfahren eines sequentiellen Tests bestimmt. Die Untersuchung begann zunächst mit 12 Lags. War der Koeffizient des zwölften Lags bei einer Irrtumswahrscheinlichkeit von $\alpha = 10\%$ nicht signifikant von null verschieden, wurde das Modell mit nur 11 Lags erneut geschätzt. Dieses Vorgehen wurde solange weitergeführt, bis sich der Koeffizient des höchsten Lags signifikant von null verschieden zeigte. Innerhalb dieses Modells wurden die Restwerte mit Hilfe von LM-Tests verschiedener Ordnungen[2] auf Autokorrelation überprüft. Konnte die Nullhypothese durchweg bei einem Signifikanzniveau von $\alpha = 5\%$ akzeptiert werden, so wurde der Wert p durch den maximalen Lag dieses Modells bestimmt. Die restringierten Modelle 2 und 3 wurden daraufhin derselben Vorgehensweise unterworfen. In den hier dargestellten Tests ergaben sich bei den verschiedenen Modellen stets jeweils für die einzelnen Variablen übereinstimmende Werte für p.

### *4.3.2.1 Test in Differenzen*

In Anbetracht der theoretischen Überlegungen und der in Abschnitt 4.1 vorgestellten Untersuchungen ist das Vorliegen zweier Einheitswurzeln in der Reihe des realen Schuldenstandes ($B_t^{(r)}$) bzw. der Schuldenstandsquote ($b_t$) der Bundesrepublik nicht auszuschließen. Unter einer solchen Voraussetzung wird allgemein dafür plädiert, zunächst die erste Differenz der Reihe auf Einheitswurzeln zu untersuchen.[3] Tabelle 4.3 gibt das Testergebnis für die Schätzung (ausgehend von Modell 1) bezüglich der Reihen $\Delta B_t^{(r)}$ und $\Delta b_t$ wieder. Je nach Größenordnung der geschätzten Prüfgröße lassen sich mit Hilfe der kritischen Werte aus Anhang 4.3 für ein Signifikanzniveau von 5% oder 1% die Felder bestimmen, die gemäß Tabelle 4.1 zu einer bestimmten Entscheidung führen.

---

[1] Vgl. Ng/Perron [1995].

[2] Die Tests wurden mit allen Ordnungen bis 30 durchgeführt. Der allgemeine Aufbau des Tests ist in einem anderen Zusammenhang in Anhang 8 dargestellt.

[3] Dickey/Pantula [1987] haben mit Hilfe von Simulationsstudien ermittelt, daß ein Vorgehen, bei dem die Reihe zunächst in Niveaus untersucht wird und daraufhin ggf. zu ersten Differenzen übergegangen wird, zu wenige Einheitswurzeln aufdeckt - allerdings mit einer recht geringen Wahrscheinlichkeit.

Tab. 4.3: ADF-Test über Differenzen $\Delta B_t$

| Reihe | Modell | Lag-Länge | Prüfgröße | | Feld aus Tab. 4.1 | |
|---|---|---|---|---|---|---|
| | | p | $\tau$ | t | $\alpha = 5\%$ | $\alpha = 1\%$ |
| $\Delta B_t^{(r)}$ | 1 | 7 | −2,26 | $t_\beta = 1{,}61$ | A2B1 | A3B1 |
| $\Delta b_t$ | 1 | 5 | −4,06 | $t_\beta = 1{,}02$ | A1B1 | A1B1 |
| $\Delta B_t^{(r)}$ | 2 | 7 | −1,58 | $t_\mu = 1{,}81$ | A3B2 | A3B1 |
| $\Delta B_t^{(r)}$ | 3 | 7 | −0,24 | | | |

Im Fall der Variable $\Delta b_t$ ergibt sich unabhängig vom Signifikanzniveau eine Ablehnung der Nullhypothese zugunsten der linksseitigen Alternative. Das bedeutet, daß $\Delta b_t$ stationär ist. In einem folgenden Schritt müßte überprüft werden, ob die Niveaugröße $b_t$ eine Einheitswurzel enthält. Für die Reihe $\Delta B_t^{(r)}$ sind, je nach Signifikanzniveau, unterschiedliche Felder in Tabelle 4.1 relevant, die jedoch beide zu derselben Entscheidung führen: Der Testablauf sollte mit einer Schätzung von Modell 2 fortgesetzt werden. Da auch hierauf eine Weiterführung des Tests angemessen erscheint, wird schließlich Modell 3 geschätzt. $\Delta B_t^{(r)}$ folgt demnach einem I(1)-Prozeß. Daraus kann geschlossen werden, daß die zugehörige Niveaugröße $B_t^{(r)}$ durch einen I(2)-Prozeß beschrieben wird.

Die Ergebnisse sprechen deutlich dafür, daß die bundesdeutsche Haushaltspolitik seit 1968 tragbar ist. Zwar wurden bislang nur die Differenzen der Reihen untersucht. Für ein explosives Verhalten auch der Niveaugrößen $B_t$ gibt es aber keinerlei Anhaltspunkte, da die Differenzbildung bei explosiven Prozessen keinen Einfluß auf die dominierende Wurzel hat. Es ist allerdings fraglich, ob dieser theoretischen Erkenntnis zum Trotz eine Differenzbildung in nur endlichen Reihen nicht doch einen negativen Einfluß auf die Macht des Tests speziell gegen $\mathcal{H}_1^r$ haben könnte. Zur Veranschaulichung wird eine Reihe $y_t = 1{,}03y_{t-1} + v_t$ simuliert und in ihren Niveaus und Differenzen für unterschiedliche Stichprobengrößen in Abb. 4.5 - 4.8 graphisch dargestellt.

Abb. 4.5: Simulierter explosiver Prozeß $y_t$; T = 250

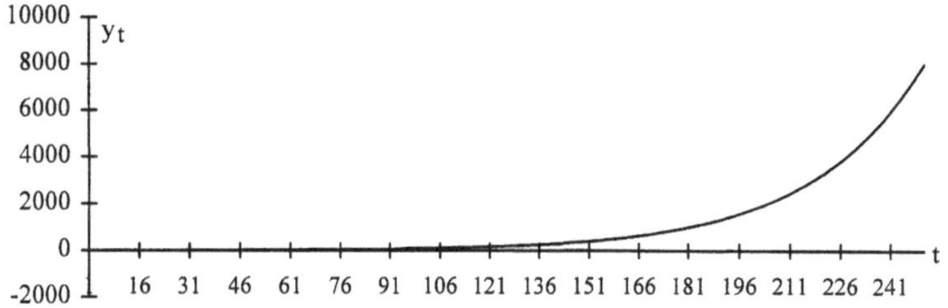


Abb. 4.6: Erste Differenz des Prozesses aus Abb. 4.5

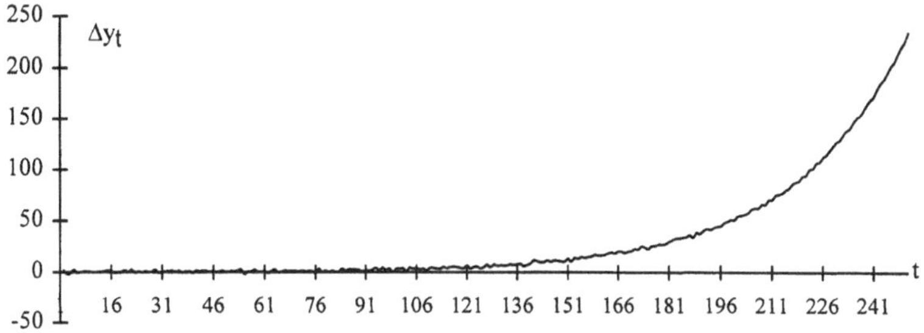


Abb. 4.7: Simulierter explosiver Prozeß $y_t$; T = 117

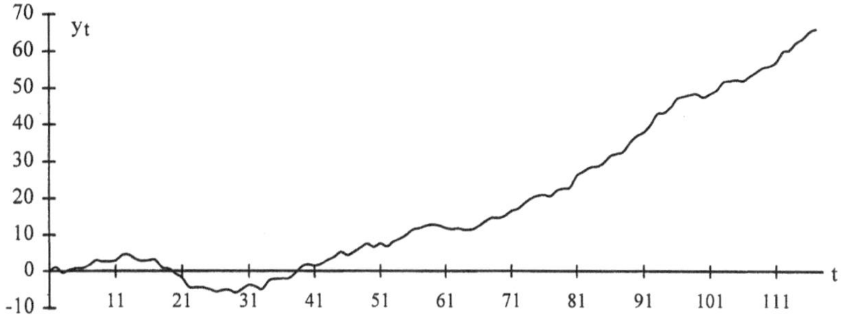

Abb. 4.8: Erste Differenz des Prozesses aus Abb. 4.7

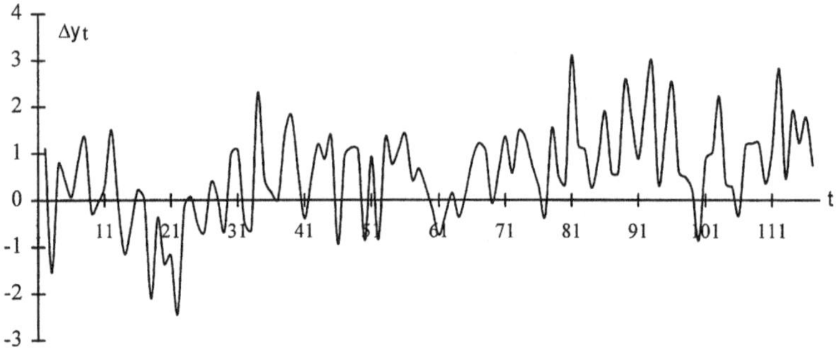


Bei einer Länge von T = 250 zeigen sowohl $y_t$ als auch $\Delta y_t$ ein deutlich explosives Verhalten. Für T = 117 läßt sich aus der Reihe $y_t$ ein ähnlicher Verlauf erkennen, nicht jedoch bezüglich der Differenzen $\Delta y_t$. Aufgrund der rein optischen Betrachtung käme man hier zu dem Schluß, daß ein I(1)-Prozeß vorliegt. Um zu präziseren Aussagen zu gelangen, wird Experiment 1 wiederholt, indem in der Schätzung erste Differenzen verwendet werden. Die Testmacht, die sich dadurch ergibt (Macht 3), wird in Abb. 4.9 der Macht aus Experiment 1 (Macht 1) gegenübergestellt. Es zeigt sich ein eindrucksvoller Machtverlust durch Differenzbildung.[1] Selbst bei einer Wurzel von 1,05 beträgt die Macht nur ca. 60%, d. h. in 40% der Fälle wird ein Prozeß, der eine jährliche Wurzel von 1,2 aufweist, als stationär eingestuft.

Abb. 4.9: Gütefunktion vor und nach Differenzbildung

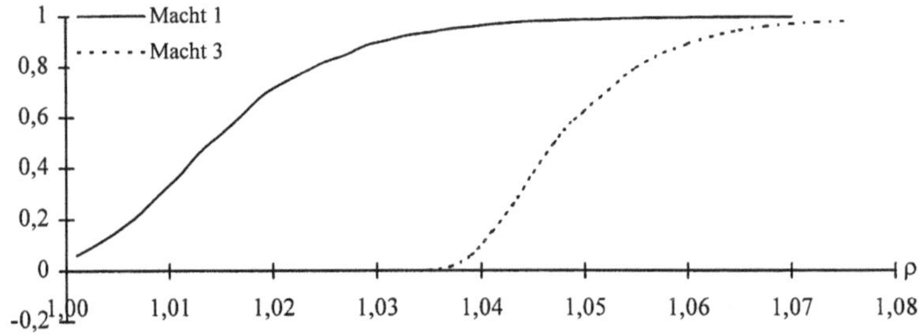


[1] Dieses Ergebnis ändert sich, wenn der Prozeß schon vor dem Zeitpunkt t = 0 explosiv war. Es kann aber angenommen werden, daß die Fiskalpolitik vor 1968 noch keine explosiven Tendenzen aufwies (vgl. Abschnitt 3.1).

Die verschwindend geringe Macht bei den empirisch relevanten kleineren Wurzeln erfordert ein im Vergleich zum rein linksseitigen Test abweichendes Vorgehen. Hier muß, auch wenn der Verdacht besteht, daß die Reihe zwei Einheitswurzeln enthält, zunächst in Niveaus getestet werden, um anschließend ggf. zu einem Test in Differenzen überzugehen. Die von Dickey und Pantula bei einem solchen Vorgehen festgestellte leicht erhöhte Irrtumswahrscheinlichkeit ist im Vergleich zu dem hier gefundenen Ergebnis quantitativ irrelevant[1]. Schließlich ist die Bestimmung der Anzahl der Einheitswurzeln eher zweitrangig, zielt doch die Frage der Tragbarkeit darauf ab, ob ein Prozeß explosiv ist oder nicht. Da der ausgeführte Test bei dem gegebenen Stichprobenumfang schlichtweg nicht in der Lage ist, explosive Wurzeln in der vermuteten Größenordnung zu erkennen, soll der empirische Befund über $\Delta B_t$ ignoriert werden.

*4.3.2.2 Test in Niveaus*

Werden Niveaugrößen betrachtet, ergibt sich gemäß Tab. 4.4 ein anderes Bild. Für $B_t^{(r)}$ wird der Testablauf spätestens nach Schätzung von Modell 2 zugunsten der explosiven Alternative abgebrochen. Bezüglich der Schuldenstandsquote fällt die Entscheidung weniger klar aus, denn legt man eine Irrtumswahrscheinlichkeit von $\alpha = 5\%$ zugrunde, müßte man das Testschema ohne Entscheidung abbrechen. Wie bereits erwähnt, sind die kritischen Werte für $t_\beta$ und $t_\mu$ bei dem gegebenen Stichprobenumfang jedoch wohl größer als diejenigen der Normalverteilung[2], so daß auch eine Weiterführung des Testverfahrens gemäß A2B1 erwogen werden sollte. Für eine Schätzung von Modell 2 spricht auch die Entscheidung bei einem Signifikanzniveau von $\alpha = 1\%$.[3] Die Schätzung von Modell 2 führt bei $\alpha = 5\%$ zu einem Abbruch zugunsten von $\mathcal{H}_1^l$. Soll die Entscheidung auf dem niedrigeren Signifikanzniveau von $\alpha = 1\%$ basieren, so kommt es zur Schätzung von Modell 3. Die in diesem Modell ermittelte Wurzel ist bei $\alpha = 1\%$ signifikant größer als eins.

---

[1] Ein ADF-Test mit einem Signifikanzniveau von 5% über das Niveau eines simulierten I(2)-Prozesses gibt in Dickeys und Pantulas Experimenten in 5,5 - 7,7 % der Fälle Stationarität an. Damit erhöht sich die Irrtumswahrscheinlichkeit nur um 0,5 - 2,7 Prozentpunkte. Vgl. Dickey/Pantula [1987], S. 456.

[2] Vgl. Abschnitt 4.3.1. Gerade bei den empirisch wohl bedeutenden Wurzeln in der Nähe von eins ist ein starkes Abweichen der kritischen Werte von den Tabellenwerten der Normalverteilung zu erwarten.

[3] Die Entscheidung für B1 fällt hier nur sehr knapp aus. Aber auch A3B2 führt zu einer Weiterführung des Tests.

Tab. 4.4: ADF-Test über Niveaus $B_t$

| Reihe | Modell | Lag-Länge | Prüfgröße | | Feld aus Tab. 4.1 | |
|---|---|---|---|---|---|---|
| | | p | $\tau$ | t | $\alpha = 5\%$ | $\alpha = 1\%$ |
| $B_t^{(r)}$ | 1 | 8 | −0,71 | $t_\beta = 1{,}18$ | A4B1 | A3B1 |
| $B_t^{(r)}$ | 2 | 8 | 1,30 | $t_\mu = 0{,}39$ | A4B1 | A4B1 |
| $b_t$ | 1 | 6 | −2,12 | $t_\beta = 2{,}30$ | A2B2 | A3B1 |
| $b_t$ | 2 | 6 | 0,49 | $t_\mu = 0{,}42$ | A4B1 | A3B1 |
| $b_t$ | 3 | 6 | 2,57 | | | |

Der empirische Befund läßt somit wenig Zweifel; der reale Schuldenstand und wahrscheinlich auch die Schuldenstandsquote zeigen von 1968 bis 1997 ein explosives Verhalten. Damit ist die Tragbarkeit der Haushaltspolitik je nach Entwicklung der Zinsen und des Bruttoinlandsproduktes gefährdet.

#### *4.3.2.3 Berücksichtigung von Strukturbrüchen*

Studien zur Tragbarkeit wenden sich oft auch der Frage zu, ob Teilzeiträume auszumachen sind, in denen das stochastische Verhalten von $B_t$ andere Charakteristika aufweist als während des gesamten Untersuchungszeitraumes[1]. Dabei kommen häufig ökonometrische Verfahren zum Einsatz, die die Auffindung solcher Strukturbrüche ohne a priori Kenntnisse ermöglichen.[2] Hier soll die Entscheidung, ob ein bestimmter Zeitabschnitt fiskalpolitisch als Ganzes beurteilt werden kann, nicht allein auf statistischen Kriterien gründen. Ein Strukturbruch wird daher nur dann angenommen, wenn sich die Fiskalpolitik aufgrund eines deutlich bestimmbaren Ereignisses so grundlegend geändert hat, daß ein direkter Vergleich der Phasen vor und nach diesem Ereignis nicht mehr sinnvoll möglich ist.

Die Entwicklung der bundesdeutschen Fiskalpolitik seit 1968 ist von zwei derartigen Ereignissen geprägt (vgl. Abschnitt 3.1). Zum einen setzte mit der durch den ersten Ölpreisschock verursachten Rezession ein Wandel in der Auffassung über die Finanzierungsform der Verschuldung ein. Erst nach dieser Zeit (ca. ab 1975) ist die Schuldenpolitik in unterschiedlichem Ausmaß von dem Ziel der Reduzierung der

---

1 Vgl. etwa Hakkio/Rush [1991], Kremers [1989] und Quintos [1995].

2 Vgl. z. B. der Test von Banerjee/Lumsdaine/Stock [1992].

Defizite geprägt.[1] Zum anderen schaffte die Wiedervereinigung völlig neue Rahmenbedingungen. Die augenfälligste Folge ist die Gebietsstandsveränderung mit ihren Auswirkungen auf das Volumen des Staatshaushalts. Bedeutend ist aber auch die dadurch verursachte zeitweise Verschiebung der Prioritäten in der Haushaltspolitik mit dem Ziel der raschen Integration. Beide Ereignisse schlagen sich deutlich in den Daten nieder (vgl. Abschnitt 3.2).

Perron[2] hat in einer einflußreichen Arbeit die Auswirkung von Strukturbrüchen auf linksseitige Einheitswurzeltests untersucht. Dabei stellte er fest, daß ADF-Tests stationäre Reihen mit einem Strukturbruch fälschlicherweise als Einheitswurzelprozesse kennzeichnen. Hier stellt sich die Frage, mit welchen Konsequenzen man im Rahmen von zweiseitigen Einheitswurzeltests rechnen muß. Ein Monte-Carlo-Experiment soll dazu Hinweise geben. Dabei wird zunächst die Wahrscheinlichkeit (Pr) berechnet, daß ein I(1)-Prozeß, dessen Driftterm in der Mitte des Beobachtungszeitraumes einen Sprung aufweist, mit dem hier vorgestellten Testablauf fälschlicherweise als explosiv eingestuft wird. Diese Wahrscheinlichkeit hängt - wie auch in der Analyse von Perron[3] - von der Stärke des Bruches ab, die mit dem Koeffizienten $\mu_1$ der den Sprung verursachenden Dummy-Variablen kontrolliert wird. Tabelle 4.5 (Experiment 6 a) zeigt Pr für verschiedene Werte von $\mu_1$. Detaillierte Angaben zu Experiment 6a finden sich in Anhang 4.1.

Tab. 4.5: Experiment 6

| $\mu_1$ | 0,0 | 0,1 | 0,2 | 0,3 | 0,4 | 0,5 | 0,7 | 0,8 | 1,0 |
|---|---|---|---|---|---|---|---|---|---|
| Pr(Experiment 6a) in % | 7,76 | 13,56 | 34,17 | 57,17 | 75,64 | 83,2 | 90,22 | 95,05 | 99,20 |
| Pr(Experiment 6b) in % | 7,09 | 28,26 | 69,16 | 80,98 | 82,96 | 91,6 | 99,54 | 99,95 | 100,00 |

Schon bei den kleineren Werten von $\mu_1$ läßt sich gegenüber dem Fall ohne Bruch ($\mu_1 = 0$) eine deutlich erhöhte Wahrscheinlichkeit erkennen, einen Einheitswurzelprozeß als explosiv einzustufen.[4] Das Ergebnis stellt eine interessante Erweiterung der Studie Perrons dar: Während stationäre Prozesse mit Strukturbrüchen

[1] Manchmal wird der Beginn der Phase der Konsolidierung auch etwas später angesetzt, z. B. 1976/77. Vgl. Weltring [1997], S. 39.

[2] Vgl. Perron [1989].

[3] Vgl. ebenda, S. 1368ff.

[4] Die Höhe dieses Koeffizienten ist im Zusammenhang mit der Varianz der simulierten Zufallsvariable zu beurteilen. Im Fall $\mu_1 = 0,1$ z. B. ist der Driftterm nach dem Bruch um das zehnfache kleiner als die Varianz und macht sich daher nur schwach bemerkbar.

fälschlicherweise als I(1)-Prozesse gesehen werden, erscheinen I(1)-Prozesse mit Bruch als explosiv.

Für die vorliegende Untersuchung ist aber besonders relevant, inwiefern zwei Strukturbrüche das Ergebnis des ADF-Tests beeinflussen. Daher wurde eine weitere I(1)-Reihe simuliert, die Sprünge zu den Zeitpunkten aufweist, an denen die Strukturbrüche bezüglich $B_t$ vermutet werden (1975:1 und 1990:4).[1] Die Koeffizienten $\mu_1$ der Dummies wurden aus Vereinfachungsgründen für beide Brüche gleich gewählt. Weitere Einzelheiten finden sich in Anhang 4.1 (Experiment 6b). Es ergeben sich gemäß Tab. 4.5 noch höhere Wahrscheinlichkeiten der Fehldiagnose. Da die Brüche in den Reihen $B_t$ deutlich bemerkbar sind, interessieren besonders die höheren Werte von $\mu_1$. Einheitswurzeln in den unter 4.3.2.2 durchgeführten ADF-Tests sind daher nur mit sehr geringer Wahrscheinlichkeit auffindbar. Dieses Ergebnis untermauert die rein unter dem optischen Eindruck der Datenreihen (Abb. 3.1 und 3.2) geäußerte Vermutung, daß eine Reihe, die eigentlich gleichmäßig ansteigt, durch zwei Brüche explosiv wirken kann.

#### *4.3.2.4 Modifizierte Schätzungen*

Bei Vorliegen von Strukturbrüchen könnte der Untersuchungszeitraum entsprechend gekürzt werden. Eine andere Möglichkeit wäre die Modifizierung des ADF-Ansatzes durch die explizite Modellierung der Brüche (z. B. mit dem Test nach Perron). Diese Vorgehensweise ist im allgemeinen vorzuziehen, denn eine Kürzung des Stichprobenumfangs und die damit einhergehende Schmälerung der Testmacht entfällt. Allerdings wird vorausgesetzt, daß der Bruch nur die deterministischen Komponenten des Datengenerationsprozesses beeinflußt, so daß Dummy-Variablen eingesetzt werden können. Der Strukturbruch Anfang/Mitte der 70er Jahre ist wohl kaum auf diesem Wege modellierbar, da ein grundsätzlicher und bleibender Wandel der Budgetpolitik stattgefunden hat. Die Folgen einer solchen Verhaltensänderung dürften sich auf alle Koeffizienten eines Modells (und nicht nur die deterministischen) auswirken. Deswegen muß der Beobachtungsumfang auf die Zeit ab Beginn 1975 beschränkt werden.[2] Dies dürfte für die vorliegende Frage unproblematisch sein, da ein explosives Verhalten der Schulden für die Zeit vor 1974 auszuschließen ist. Eine Modellierung

---

[1] Bezüglich der Auswahl des Zeitpunktes 1990:4 vgl. Abschnitt 4.3.2.4.

[2] Er reduziert sich damit auf $T = 89$.

mit Dummies bietet sich für das Ereignis der Wiedervereinigung an. Denn wie bereits erwähnt, war die Verhaltensänderung, nämlich die Prioritätenverschiebung bei der Gestaltung der Haushaltspolitik, hier von zeitlich begrenzter Dauer. Dies trifft zwar nicht auf die Gebietsstandsveränderung zu. Dabei handelt es sich aber um ein Ereignis mit vorwiegendem Einfluß auf das Volumen des Budgets statt auf das Verhalten der Schuldenpolitik, so daß hauptsächlich eine Veränderung bezüglich deterministischer Komponenten des Datengenerationsprozesses zu erwarten ist. Für den Zeitpunkt des Bruches bietet sich das letzte Quartal 1990 an, da damals die Gebietsstandsveränderung stattfand. In jenem Quartal übernahm der Bund in einem Abschnitt B des 3. Nachtragshaushalts die Funktion des ehemaligen Staatshaushalts der DDR und mit dem Kreditabwicklungsfonds die bis dahin aufgelaufenen Schulden. Die haushaltspolitischen Folgen der Wiedervereinigung sind allerdings nicht auf dieses Quartal beschränkt. Schon zu Beginn des Jahres 1990 mußten erhebliche Mittel bereitgestellt werden, etwa für den damals eingerichteten Reisedevisenfonds. Diese Ausgaben waren jedoch unbedeutend im Vergleich zu den hohen Belastungen nach der Gründung der Währungs-, Wirtschafts- und Sozialunion im Juli 1990. Allerdings nahmen die Gebietskörperschaften der DDR im 3. Quartal noch selbständig Schulden auf. Daneben wurde der erhebliche Finanzierungsbedarf Ostdeutschlands größtenteils aus dem Fonds Deutsche Einheit gedeckt. Aber auch nach 1990:4 kam es zu neuen, eventuell bruchartigen Nachwirkungen der Wiedervereinigung. So übernahm der Bund mit Gründung des Sondervermögens Erblastentilgungsfonds u. a. die in den hier verwendeten Daten zuvor nicht einbezogenen Schulden der ostdeutschen Wohnungswirtschaft. Allein mit einer Dummyvariablen, die ihren Wert im 4. Quartal 1990 ändert, ist die Wiedervereinigung somit wahrscheinlich nur ansatzweise modellierbar. Die zuvor oder nachher sich zeigenden Ausschläge könnten mit weiteren Dummies auch verschiedener Größenordnung aufgefangen werden, wobei mehrere Zeitpunkte in Frage kämen. Um das Maß an Willkür, die bei einer derartigen Auswahl zwangsläufig ins Spiel käme, gering zu halten, wird darauf jedoch verzichtet.

Da der Einsatz von Dummies eine a priori Annahme über das Vorliegen gewisser deterministischer Komponenten in einer Reihe bedeutet, wird das in Tab. 4.1 vorgestellte Testschema hinfällig. Statt die Entscheidung über die Aufnahme von Trend und Drift in den Einheitswurzeltest einzubeziehen, ist je nach Verlauf der Reihe ein bestimmtes Modell zu wählen. Für Reihen, die, wie $B_t$ seit 1975, einen deutlichen Anstieg aufweisen, schlägt Perron[1] im allgemeinsten Fall eine Schätzung der Form

[1] Perron stellt in seiner Arbeit weitere, weniger allgemeine Modelle vor, vgl. Perron [1989], S. 1364.

$$y_t = \mu + \mu_1 D_{Lt} + \mu_2 D_{Tt} + \beta t + \rho y_{t-1} + ADF_t + \varepsilon_t \qquad \text{Modell 4}$$
$$\text{mit } D_{Lt} = 1, \text{ wenn } t > t^*, \text{ sonst } 0$$
$$D_{Tt} = t - t^*, \text{ wenn } t > t^*, \text{ sonst } 0.$$

vor. Dabei gibt t* + 1 die Periode an, in der der Bruch auftritt, hier also 1990:4. Die einzelnen Hypothesen können folgendermaßen formuliert werden:

$$\mathcal{H}_0: y_t = \mu + \mu_1 D_{Lt} + \mu_3 D_{Pt} + y_{t-1} + ADF_t + \varepsilon_t$$
$$\mathcal{H}_1^l: y_t = \mu + \mu_1 D_{Lt} + \mu_2 D_{Tt} + \beta t + \rho y_{t-1} + ADF_t + \varepsilon_t \quad \text{mit } \rho < 1$$
$$\text{mit } D_{Pt} = 1, \text{ wenn } t = t^* + 1, \text{ sonst } 0.$$

Für den Datengenerationsprozeß kommt also ein stationäres Modell in Frage, dessen Absolutglied und Trend sich im Zeitverlauf ändern ($\mathcal{H}_1^l$), oder ein I(1)-Prozeß mit Drift, der zu einem bestimmten Zeitpunkt einen Sprung nach oben und danach einen erhöhten Driftterm zeigt ($\mathcal{H}_0$). Die rechtsseitige Alternative enthält wahrscheinlich weniger deterministische Variablen als $\mathcal{H}_0$, höchstens aber die gleiche Anzahl (vgl. Problem 5):

$$\mathcal{H}_1^r: y_t = \mu_3 D_{Pt} + \rho y_{t-1} + ADF_t + \varepsilon_t \qquad \text{mit } \rho > 1$$

oder

$$\mathcal{H}_1^r: y_t = \mu + \mu_1 D_{Lt} + \mu_3 D_{Pt} + \rho y_{t-1} + ADF_t + \varepsilon_t \qquad \text{mit } \rho > 1.$$

Kritische Werte für den links- und rechtsseitigen Test wurden von Perron[1] simuliert. Sie hängen u. a. von dem Verhältnis λ° der Beobachtungswerte vor dem Bruch zu der Gesamtzahl der Beobachtungswerte ab. Tab. 4.6 zeigt das Ergebnis der Schätzung von Modell 4 für die Reihen $B_t^{(r)}$ und $b_t$.

Tab. 4.6: ADF-Test mit Strukturbruch über Niveaus $B_t$

| Reihe | Modell | Lag-Länge p | λ° | Prüfgröße[2] τ | Kritische Werte α = 5% (1%) | Kritische Werte α = 5% (1%) |
|---|---|---|---|---|---|---|
| $B_t^{(r)}$ | 4 | 8 | 0,7 | −2,25 | $\mathcal{H}_1^l$ −4,18 | $\mathcal{H}_1^r$ −1,47 |
| $b_t$ | 4 | 6 | 0,7 | −1,97 | (−4,75) | (−0,79) |

[1] Vgl. Perron [1989], S. 1377.

[2] Die Prüfgröße τ berechnet sich, indem der Schätzwert für ρ um 1 vermindert wird und diese Differenz durch den geschätzten Standardfehler der Schätzung von ρ dividiert wird.

Der Befund spricht deutlich für eine Nichtablehnung der Nullhypothese. Es muß allerdings angemerkt werden, daß die in der Tabelle wiedergegebenen kritischen Werte nur asymptotisch gelten. Eine Korrektur würde sie aber im Betrag vergrößern und damit die Entscheidung noch stärker untermauern.

Modell 4 enthält deterministische Trendvariablen, die in Bezug auf $\mathcal{H}_1^r$ als irrelevant eingestuft werden. Um die Macht gegen $\mathcal{H}_1^r$ zu erhöhen, soll Modell 5 angepaßt werden. Aufgrund des erwarteten Verlustes der Macht gegenüber $\mathcal{H}_1^l$ (Problem 1), ist die anschließende Untersuchung als rein rechtsseitiger Test zu interpretieren:

$$y_t = \mu + \mu_1 D_{Lt} + \mu_2 D_{Pt} + \rho y_{t-1} + ADF_t + \varepsilon_t \qquad \text{Modell 5.}$$

Da die Schätzgleichung und die Nullhypothese einen Driftterm enthalten, können die kritischen Werte der Normalverteilung benutzt werden (vgl. Problem 3), wobei auch hier berücksichtigt werden muß, daß es in endlichen Stichproben zu Abweichungen kommen kann. Wie das Schätzergebnis in Tab. 4.7 zeigt, fallen die Prüfgrößen jedoch so deutlich in den Annahmebereich, daß sich hieraus keine Probleme ergeben dürften. Damit kommt also auch der rein rechtsseitige Test zu dem Ergebnis, daß $B_t$ als Einheitswurzelprozeß gekennzeichnet ist.

Tab. 4.7: Rechtsseitiger ADF-Test mit Strukturbruch über Niveaus $B_t$

| Reihe | Modell | Lag-Länge p | $\lambda°$ | Prüfgröße $\tau$ | Kritische Werte $\alpha = 5\%$ | $\alpha = 1\%$ |
|---|---|---|---|---|---|---|
| $B_t^{(r)}$ | 5 | 8 | 0,7 | −1,10 | 1,67 | 2,33 |
| $b_t$ | 5 | 6 | 0,7 | −1,73 | | |

Es bleibt die Frage, ob die Datenreihen eine zweite Einheitswurzel aufweisen. Die Untersuchung der ersten Differenzen in Abschnitt 4.3.2.1 ergab $\Delta B_t^{(r)} \sim I(1)$ und $\Delta b_t \sim I(0)$. Das Ergebnis könnte im Falle von $\Delta B_t^{(r)}$ mangels Berücksichtigung der Strukturbrüche zustande gekommen sein. Daher wird ein erneuter, rein linksseitiger Test für den verkürzten Zeitraum und mit Berücksichtigung des wiedervereinigungsbedingten Strukturbruches durchgeführt. Die Graphiken der Reihen

$\Delta B_t$ zeigen keinen klaren Anstieg. In einem solchen Fall schlägt Perron vor, Modell 6 anzupassen:[1]

$$y_t = \mu + \mu_1 D_{Lt} + \rho y_{t-1} + ADF_t + \varepsilon_t \qquad \text{Modell 6}$$
$$\mathcal{H}_0: y_t = \mu_2 D_{Pt} + y_{t-1} + ADF_t + \varepsilon_t$$
$$\mathcal{H}_1^l: y_t = \mu + \mu_1 D_{Lt} + \rho y_{t-1} + ADF_t + \varepsilon_t \quad \text{mit } \rho < 1.$$

Tab. 4.8: Linksseitiger ADF-Test mit Strukturbruch über Differenzen $\Delta B_t$

| Reihe | Modell | Lag-Länge p | $\lambda°$ | Prüfgröße $\tau$ | Kritische Werte[2] $\alpha = 5\%$ | $\alpha = 1\%$ |
|---|---|---|---|---|---|---|
| $\Delta B_t^{(r)}$ | 6 | 7 | 0,7 | –3,90 | –3,33 | –4,05 |
| $\Delta b_t$ | 6 | 5 | 0,7 | –3,57 | (für T = 100) | |

Gemäß Tab. 4.8 lassen die Schätzergebnisse auf Basis von Modell 6 keinen deutlichen Schluß zu. Legt man ein Signifikanzniveau von $\alpha = 5\%$ zugrunde, so kann $\mathcal{H}_0$ abgelehnt werden. Bei $\alpha = 1\%$ hingegen kommt man zu dem Schluß, daß Einheitswurzeln in den Differenzen vorliegen.[3] Somit gilt bei Berücksichtigung der Strukturbrüche, daß die Reihen $B_t$ entweder durch I(1)- oder I(2)-Prozesse beschrieben werden können.

### 4.3.3 Zusammenfassung

Die Einbeziehung auch der rechtsseitigen Alternative erhöht die Komplexität des ohnehin schon problematischen ADF-Tests. Besonders hervorzuheben ist, daß eine Differenzbildung die Macht gegen die rechtsseitige Alternative stark vermindert und daß Strukturbrüche zu einer fälschlichen Ablehnung der Nullhypothese führen können. Unter Beachtung dieser Phänomene kann ein Test für den realen Schuldenstand und die Schuldenstandsquote der Bundesrepublik seit 1975 keine Anzeichen für ein explosives Verhalten aufdecken. Damit ist die Tragbarkeit der Haushaltspolitik während dieses Zeitraums gegeben. Diese Schlußfolgerung ist aber unter der Annahme

[1] Vgl. Perron [1990].
[2] Vgl. ebenda, S. 158.
[3] Anhang 4.2 gibt die Schätzergebnisse für das weniger wahrscheinliche Modell 4 wieder. Die daraus resultierende Akzeptanz von $\mathcal{H}_0$ könnte darauf zurückgeführt werden, daß die Schätzgleichung überspezifiert ist und der Test daher keine besonders hohe Macht hat.

getroffen worden, daß die Wiedervereinigung einen Strukturbruch hervorgerufen hat. Hier wird die Auffassung vertreten, daß diese Annahme sehr plausibel ist.

Die geringe Macht, die ADF-Tests auch gegen die rechtsseitige Alternative bei Wurzeln in der Nähe von eins aufweisen, ergeben ein Vorgehen, das nicht frei von Kritik ist. Der Sachverständigenrat zur Begutachtung der gesamtwirtschaftlichen Entwicklung erwartet für 1999 ein nominales Wachstum des Bruttoinlandsproduktes von 3,25%.[1] Verbleibt die durchschnittliche Verzinsung der staatlichen Schuld bei dem derzeitigen Niveau, also bei ca. 6%,[2] so wäre eine Haushaltspolitik bereits nicht tragbar, wenn $b_t$ - in Vierteljahresdaten erhoben - eine dominierende Wurzel von 1,007 hätte.[3] Die Testmacht beträgt bei einer solchen Wurzel nur ca. 22%. Mit anderen Worten, nur stark explosive Prozesse können bei dem gegebenen Stichprobenumfang als solche erkannt werden. Diese Probleme sind aber nicht als Indiz für eine nur eingeschränkte Tauglichkeit des statistischen Instrumentariums zu werten. Schließlich ist der - zwar verständliche - Anspruch, auf der Basis von möglichst kurzen Perioden Aussagen über das langfristige Verhalten einer Variablen zu treffen, naturgemäß mit Zweifeln verbunden.

---

[1] Vgl. SVR [1998], S. 155.

[2] Eigene Berechnung mit Daten der Deutschen Bundesbank für den Zeitraum 1997:4 bis 1998:3.

[3] Die dominierende Wurzel bei Jahresdaten wäre $1 + 0{,}06 - 0{,}0325 = 1{,}0275$, für Vierteljahresdaten gilt $1{,}0275^{0{,}25}$.

# 5 Anforderungen an ein Beurteilungsmaß

Zeitreihenstudien zur Beurteilung der öffentlichen Verschuldung beschränken sich in der Regel auf die Frage, ob die Transversalitätsbedingung verletzt ist. Diese Frage konnte für die Bundesrepublik Deutschland mit Hilfe eines zweiseitigen Einheitswurzeltests beantwortet werden.

Mit dem empirisch bedeutsamen Problem, wie eine an sich tragbare Budgetpolitik zu beurteilen ist, haben sich zeitreihengestützte Untersuchungen hingegen bislang nicht auseinandergesetzt. Lediglich als eine Art Nebenprodukt aus den im vorigen Kapitel erwähnten Studien zur Tragbarkeit ergab sich die Möglichkeit einer über die Tragbarkeit hinausgehenden Kennzeichnung. Wie Quintos[1] feststellt, ist der Integrationsgrad d der Reihe $B_t$ als Maß für die Geschwindigkeit der Konvergenz der spekulativen Blase in Differenzen einsetzbar. Da eine Schuldenpolitik, die zu einer schnelleren Konvergenz führt, vorzuziehen ist,[2] kann d als Maßzahl für eine weiterführende Beurteilung aufgefaßt werden. Allerdings sind sowohl das Konzept der Konvergenzgeschwindigkeit als auch seine Messung durch Einheitswurzeltests aus mehreren Gründen für eine differenzierte Beurteilung ungeeignet. Im folgenden werden vier Kritikpunkte genannt, aus denen gleichzeitig Anforderungen resultieren, die bei der Auswahl eines besseren Konzeptes zu berücksichtigen sind.

- Anforderung 1: Selbst bei Akzeptanz dieses Beurteilungskonzeptes waren in der vorliegenden Untersuchung bislang keine klaren Schlußfolgerungen über das langfristige Verhalten der spekulativen Blase möglich, da mit Hilfe des in Kapitel 4 angewandten Instrumentariums der Integrationsgrad von $B_t$ nicht zweifelsfrei festgelegt werden konnte. Die widersprüchlichen Ergebnisse der ADF-Tests, die sich aufgrund der Studien zum US-amerikanischen Defizit ergeben, legen nahe, daß es sich bei diesem Problem nicht um eine Besonderheit im deutschen Datenmaterial handelt. Hier könnte eine andere Methode zur Bestimmung des Integrationsgrades Abhilfe schaffen.

- Anforderung 2: Eine Variation des Integrationsgrades führt nach den von Quintos vorgestellten Ideen zu einer diskreten Veränderung der Geschwindigkeit der

[1] Vgl. Quintos [1995].

[2] So wäre etwa eine Entwicklung gemäß Fall a) aus Kapitel 4 günstiger als gemäß Fall b).

Konvergenz der spekulativen Blase. Ein Konzept zur Konvergenzgeschwindigkeit sollte aber seinem Wesen gemäß vorzugsweise stetig gemessen werden.

- Anforderung 3: Auch bei einer stetigen Messung erlaubt das bisher diskutierte Konzept jedoch keine differenzierte Beurteilung, da es ausschließlich vor dem Hintergrund von Tragbarkeitsaspekten entwickelt wurde. Demnach ist einer vollständigen Charakterisierung der Haushaltspolitik allein durch die Untersuchung des langfristigen Verhaltens der spekulativen Blase genüge getan, das wiederum maßgeblich vom Integrationsgrad der Reihe $B_t$ abhängt. Somit wären verschiedene Haushaltsentwicklungen als völlig gleichwertig einzustufen, solange sie vom selben Grade integriert sind.

Wie in 3.3 argumentiert wurde, kann bei der alleinigen Beachtung des Tragbarkeitskriteriums nicht von einer umfassenden fiskalischen Beurteilung der Schuldenpolitik gesprochen werden, denn auch eine an sich tragbare Politik kann zu einer unerwünscht hohen Belastung künftiger Haushalte führen oder nicht den Anforderungen der Anleger entsprechen. Als Beispiele wären wieder die Modelle Domars bzw. die Untersuchungen zum Ausgabenspielraum anzuführen oder auch die in den Maastrichter Verträgen festgelegten Eckwerte, die sich kaum allein aus dem Ziel der Tragbarkeit begründen lassen[1].

Rückt man daher von diesem Ziel ab, so scheint die Beurteilung mit Hilfe der Konvergenzgeschwindigkeit der spekulativen Blase so wenig griffig bzw. schwer interpretierbar, daß seine Brauchbarkeit in der finanzpolitischen Diskussion in Frage gestellt ist. Eine Maßzahl zur fiskalischen Beurteilung einer Schuldenpolitik sollte statt dessen ein Bild von der Belastung geben, die eine Schuldaufnahme in der Zukunft mit sich bringt. Wie die Auswahl der theoretischen Ansätze in 2.1 zeigte, kann eine solche Belastung in Form von Steuern, Ausgabeneinschränkungen oder weiteren Defiziten quantifiziert werden. Angesichts der Bedeutung des Ziels der Haushaltskonsolidierung in der aktuellen finanzpolitischen Diskussion[2] eignet sich besonders eine Messung der Belastung der Haushalte durch Defizite.

[1] Allerdings fällt die Begründung auch vor anderen Hintergründen schwer, vgl. Lesch [1993], S. 54ff.
[2] So stellt z. B. der SVR auch in seinem jüngsten Gutachten als dringendstes Ziel der Finanzpolitik die Konsolidierung heraus. Vgl. SVR [1998], S. 9, S. 135f., S. 187ff., S. 220ff.

- Anforderung 4: Die bisherigen Überlegungen konzentrieren sich auf einen unendlichen zeitlichen Horizont. Daneben dürfte jedoch auch eine unter mittelfristigem Blickwinkel vorgenommene Beurteilung von Interesse sein. Hier soll wiederum der Maastrichter Vertrag mit dem massiven Konsolidierungsdruck, den er vielen europäischen Staaten in einer gegebenen Frist auferlegt hat, als Beispiel genannt sein.

In den folgenden Kapiteln wird der Versuch unternommen, mit Hilfe der Zeitreihenanalyse eine an sich tragbare Budgetpolitik zu beurteilen. Vor dem Hintergrund der Anforderungen, die an ein Beurteilungsmaß zu stellen sind, überzeugt besonders der Einsatz eines Persistenzmaßes. Zunächst wird in einem theoretischen Teil das Persistenzmaß von Campbell und Mankiw vorgestellt (Kapitel 6). Seine Eignung für die vorliegende Zielsetzung ist dadurch gegeben, daß ein Einsatz den Anforderungen 1, 3 und 4 gerecht wird. Da dieses Maß mit den von den Autoren vorgeschlagenen Methoden für die Untersuchung der Verschuldung vermutlich nicht einsetzbar ist, wird im anschließenden Kapitel 7 eine Erweiterung diskutiert, mit der außerdem auch Anforderung 2 umgesetzt wird. Schließlich werden die Schätzmethoden dargestellt (Kapitel 8) und angewendet (Kapitel 9 und 10).

# 6 Persistenz - das herkömmliche Konzept

## 6.1 Persistenz im Rahmen der Zeitreihenanalyse

Das Konzept der Persistenz umfaßt unterschiedliche ökonometrische Ansätze zur Schätzung eines quantitativen Maßes für die Abweichung einer Reihe vom Fall der Stationarität. Die Entwicklung auf diesem Gebiet setzte gegen Ende der 80er Jahre ein und ist als einer der methodischen Ausläufer zu sehen, die sich aus der fruchtbaren Diskussion um die Untersuchung von Nelson und Plosser[1] ergaben. Diese Autoren hatten in ihrer Studie mit ADF-Tests festgestellt, daß wichtige makroökonomische Größen der USA, besonders das Bruttosozialprodukt, durch einen I(1)-Prozeß beschrieben werden können. Das Ergebnis ist insofern theoretisch bedeutsam, als daß die I(1)-Eigenschaft ein dauerhaftes Verbleiben von Schocks in einer Reihe mit sich bringt. Die theoretische Auseinandersetzung, die einerseits hierauf einsetzte, befaßte sich hauptsächlich mit der Problematik, inwiefern ein solches Ergebnis mit neokeynesianischen bzw. monetaristischen Modellen zur Konjunktur vereinbar ist oder eher Evidenz zugunsten der ungefähr gleichzeitig entwickelten Real-Business-Cycle-Modelle darstellt.[2] Die methodische Diskussion andererseits brachte neben Persistenzmaßen zahlreiche Erweiterungen der ADF-Tests sowie alternative Einheitswurzeltests hervor, deren Anwendungsfeld bald weit über die Untersuchung makroökonomischer Fluktuationen hinausging.[3] Im Gegensatz dazu blieben die Untersuchungen zur Persistenz enger an der Ausgangsfragestellung verhaftet. So wurden abgesehen vom Bruttosozialprodukt typischerweise Größen des Arbeitsmarktes mit dem Ziel untersucht, Schlußfolgerungen im Bereich der Konjunkturtheorie zu treffen.[4] Da sich das Interesse an dieser Ausgangsfragestellung im Laufe der Zeit verminderte, gerieten Persistenzmaße allerdings zunehmend in den Hintergrund der empirischen Anwendung. Zum einen kamen Zweifel auf, ob die Einheitswurzeleigenschaft überhaupt von theoretischer Relevanz ist, d. h. Evidenz für oder gegen ein bestimmtes Modell darstellt.[5] Abgesehen davon machte sich außerdem eine allgemeine Skepsis breit, ob den Ergebnissen der statistischen Inferenz bei einem unendlichen Zeithorizont Bedeutung

---

[1] Vgl. Nelson/Plosser [1982].

[2] Eine einführende Darstellung dieser theoretischen Diskussion findet sich bei Romer [1996], S. 175ff.

[3] Hier kann z. B. auf Kointegrationsanalysen hingewiesen werden, die standardmäßig Einheitswurzeltests verwenden.

[4] Vgl. etwa Funke/Hall [1995], Neudorfer/Pichelmann [1989], Yamane [1993].

[5] Vgl. Christiano/Eichenbaum [1990], S. 41ff.

beizumessen ist. Der in letzter Konsequenz immer unmögliche Versuch, Schlußfolgerungen über das Verhalten von Schocks bei einem solchen Horizont auf Basis einer endlichen Zeitreihe zu treffen, erscheint vielen Autoren im Bereich der Konjunkturforschung als besonders zweifelhaftes Unterfangen; die möglicherweise lang andauernden, aber stationären Konjunkturphänomene stehen zu den kurzen Untersuchungszeiträumen der empirischen Studien in einem ungünstigen Verhältnis.[1]

Hier sollen Persistenzmaße erstmals im finanzwissenschaftlichen Bereich eingesetzt und damit in gewisser Weise wieder aufgewertet werden. Denn ohne die Diskussion weiterzuführen, inwieweit die Kritik am Konzept der Persistenz im Bereich der Konjunktur berechtigt ist, können sie zur Beurteilung einer Budgetpolitik von großem Nutzen sein.

## 6.2 Persistenz im Zeitbereich

Aus der Vielzahl der entwickelten Persistenzmaße ist besonders die von Campbell und Mankiw[2] vorgestellte Größe c(1) für die vorliegenden Zwecke geeignet. Dieses Maß soll darüber Auskunft geben, in welchem Umfang ein Einheitsschock das Niveau der jeweiligen Untersuchungsreihe nach unendlich vielen Perioden verändert. Ein Random-Walk-Prozeß z. B. zeigt die Charakteristik, daß Schocks in voller Höhe langfristig in der Reihe verbleiben. Daher ergibt sich für diesen Fall ein Wert von $c(1) = 1$. Hingegen beeinflussen Schocks das Niveau eines stationären Prozesses langfristig überhaupt nicht, so daß hier das Persistenzmaß den Wert $c(1) = 0$ annimmt. Von null verschiedene und endliche Werte ergeben sich nur für I(1)-Reihen: Wenn $0 < c(1) < 1$, bauen sich Schocks nur unvollständig ab, falls $1 < c(1) < \infty$, verstärken sie sich im Laufe der Zeit sogar, jedoch in einem endlichen Ausmaß. Der für I(2)- und höher integrierte Reihen geltende Wert $c(1) = \infty$ zeigt an, daß Schocks sich unendlich verstärken. Eine Untersuchung zur Persistenz läßt also mit der Punktschätzung $\hat{c}(1)$ eine Messung der Abweichung von der Stationarität zu.

[1] Zu dieser Kritik vgl. etwa Christiano/Eichenbaum [1990]. Einer Ausweitung des Untersuchungszeitraumes stehen in der Regel die Probleme möglicher Strukturbrüche oder der oft schlechten Datenqualität historischer makroökonomischer Daten entgegen. Wie in Abschnitt 3.4 angedeutet, haben Simulationsstudien gezeigt, daß eine Erhöhung der Frequenz der Daten bei konstantem Zeithorizont zu keiner nennenswerten Erhöhung der Macht von Einheitswurzeltests führt.

[2] Vgl. Campbell/Mankiw [1987a].

Die Bestimmung von c(1) basiert auf der Annahme, daß eine Beobachtungsreihe $y_t$ als (mittelwertbereinigtes) ARIMA(p, d, q)-Modell darstellbar ist, so daß

$$\phi(L)(1-L)^d y_t = \theta(L)\varepsilon_t. \tag{6.1}$$

Dabei ist $\varepsilon_t$ ein White-Noise-Prozeß, d. h. $E(\varepsilon_t) = 0$, $E(\varepsilon_t^2) = \sigma_\varepsilon^2$ und $E(\varepsilon_t\, \varepsilon_{t-j}) = 0$ für $j \neq 0$ und alle t. $\phi(L)$ und $\theta(L)$ sind Polynome im Lag-Operator L vom Grade p bzw. q, für die gilt:

$$\phi(L) = 1 - \phi_1 L - \phi_2 L^2 - \ldots - \phi_p L^p$$
$$\theta(L) = 1 + \theta_1 L + \theta_2 L^2 + \ldots + \theta_q L^q.$$

Die Differenzenordnung d entspricht dem vermuteten Integrationsgrad der Reihe $y_t$. Damit die gefilterte Reihe $(1-L)^d y_t$, an die der ARMA(p, q)-Prozeß angepaßt wird, in jedem Fall stationär ist, muß d so gewählt werden, daß im Zweifel als Alternative nur ein geringerer Wert in Frage kommt. Die Stationaritätseigenschaft bedingt, daß die charakteristischen Wurzeln des Polynoms $\phi(L)$ außerhalb des Einheitskreises liegen. Das Modell läßt sich dann in seine MA-Form überführen:

$$\begin{aligned}(1-L)^d y_t &= \frac{\theta(L)}{\phi(L)}\varepsilon_t \\ &= c(L)\varepsilon_t \qquad (6.2) \\ &\text{mit } c(L) = c_0 + c_1 L + c_2 L^2 + \ldots + c_i L^i + \ldots\ldots \text{ und } c_0 = 1.\end{aligned}$$

Ein Koeffizient $c_i$ der MA-Form zeigt die Wirkung eines Einheitsschocks, der im Zeitpunkt t auftritt, auf die Differenz der Ordnung d der Reihe zum Zeitpunkt (t + i). Da $(1-L)^d y_t$ stationär ist, gilt $\lim_{i \to \infty} c_i = 0$, d. h. ein zum Zeitpunkt t auftretender Einheitsschock verliert schließlich völlig seine Wirkung auf die d-te Differenz der Ausgangsreihe $y_t$. Im Mittelpunkt der Persistenzschätzung steht allerdings die möglicherweise nichtstationäre, vom Grade eins integrierte (d – 1)-te Differenz von $y_t$, die im folgenden als Untersuchungsreihe bezeichnet werden soll. Die Wirkung eines im Zeitpunkt t auftretenden Schocks auf die Untersuchungsreihe in einem zukünftigen Zeitpunkt, also z. B. auf $(1-L)^{d-1} y_{t+i}$, ergibt sich durch Kumulierung der einzelnen Wirkungen auf $(1-L)^d y_t$. Da das Konzept von Campbell und Mankiw gerade diese Wirkung bei einem unendlichen Zeitraum untersucht, erhält man

$$c(1) = \sum_{j=0}^{\infty} c_j . \tag{6.3}$$

Als Persistenzmaß wird damit der Wert der Impulse-Response-Funktion (IRF) von $(1 - L)^{d-1} y_t$ bei einem unendlichen Prognosehorizont herangezogen.[1] Interpretationen für endliche Zeithorizonte k lassen sich treffen, wenn man die entsprechenden Werte bis $c_k$ der IRF betrachtet[2]:

$$C_k = \sum_{j=0}^{k} c_j . \tag{6.4}$$

Die Gültigkeit der Annahme über den Integrationsgrad kann mit dem rechtsseitigen Test $\mathcal{H}_0$: $c(1) = 0$ überprüft werden.[3] Für die Ausgangsreihe testet man damit also die Nullhypothese, daß $y \sim I(d-1)$ gegen die Alternative $y \sim I(d)$. Neben der Punktschätzung $\hat{c}(1)$, die man mit Hilfe des Standard-ARIMA-Instrumentariums erhält, umfassen Persistenzuntersuchungen damit auch Stationaritätstests. Diese Tests können gemäß Anforderung 1 aus Kapitel 5 ergänzend zu Einheitswurzeltests benutzt werden.

## 6.3 Persistenz im Frequenzbereich

Persistenzschätzungen anderer Art erfolgen häufig mit Methoden im Frequenzbereich. Die daraus resultierenden Maßzahlen sind für die weitere Analyse allerdings nicht besonders interessant, lassen sie sich doch meist durch Umformungen in c(1) überführen. Der Rückgriff auf die Spektralanalyse rechtfertigt sich vielmehr dadurch, daß sich der Einfluß des Differenzenfilters auf die Persistenz und damit ein für die Weiterentwicklung (Kapitel 7) bedeutsamer Aspekt anschaulich zeigen läßt. Zunächst sollen einige Grundbegriffe der Spektralanalyse dargestellt werden.[4]

---

[1] Für alle Differenzen niedrigerer Ordnung ergeben sich Persistenzmaße von $c(1) = \infty$.

[2] Die Idee stammt von Diebold/Rudebusch [1989], S. 192.

[3] Bei Ablehnung von $\mathcal{H}_0$ erweist sich die Annahme als zutreffend. Zur Verteilung und Berechnung der Standardfehler vgl. Abschnitt 7.5.

[4] Die folgenden Bezeichnungen orientieren sich an Schlittgen/Streitberg [1994].

Als (endliche) Fouriertransformierte einer Reihe $y_t$ bei der Frequenz $\lambda$ bezeichnet man die Filterung durch

$$F_y(\lambda) = \sum_{t=1}^{T} y_t e^{i2\pi\lambda t} \qquad \text{mit } i = \sqrt{-1} \text{ und } \lambda \in \mathbf{R}.$$

Durch diese Transformation wird die Reihe nicht mehr zeit- sondern frequenzabhängig dargestellt. Im Zentrum der Betrachtung der Spektralanalyse steht die Fouriertransformierte der (theoretischen) Autokovarianzfunktion der Reihe $y_t$, $\widetilde{\gamma}_\tau$, die man Spektrum, $f_y$, nennt:

$$f_y(\lambda) = \sum_{\tau=0}^{T-1} \widetilde{\gamma}_\tau e^{i2\pi\lambda\tau} \qquad \text{mit } \widetilde{\gamma}_\tau = Cov(y_t, y_{t-\tau}),\ \tau = 0, 1, ..., T-1. \tag{6.5}$$

Das Spektrum enthält dieselben Informationen wie die Kovarianzfunktion, gibt sie aber in Abhängigkeit von Frequenzen und nicht von Lags an. Demzufolge läßt sich $f_y(\lambda)$ auch nur für stationäre Reihen sinnvoll angeben. Für nichtstationäre Reihen spricht man vom „Quasi-Spektrum".

Die empirische Entsprechung für das (Quasi-) Spektrum ist das Periodogramm, $I_y(\lambda)$. Es ergibt sich aus der Fouriertransformierten der geschätzten Autokorrelationsfunktion von $y_t$. Zur Rechenerleichterung wird es meist nur für die sogenannten Fourierfrequenzen, $\lambda_j$, bestimmt, für die gilt: $\lambda_j = j/T$ und $j \in \mathbf{Z}$. Aufgrund der Periodizität des Periodogramms mit der Periode 1 und der Eigenschaft $I_y(-\lambda) = I_y(\lambda)$ genügt eine Angabe für die Frequenzen aus dem Intervall $0 < \lambda_j \leq 0{,}5$.[1] Da das Periodogramm an den verschiedenen Fourierfrequenzen unabhängig ist, stellt es aber keine konsistente Schätzung für das Spektrum dar. Soll es graphisch interpretiert werden, ist deswegen eine Glättung notwendig. Das geglättete Periodogramm wird im folgenden mit $Ig_y(\lambda)$ bezeichnet.

Zu den Vorzügen des Frequenzbereichs zählt, daß sich die Transformation von Reihen durch lineare Filter als Produkt aus der quadrierten Fouriertransformierten des Filters mit dem Spektrum der Reihe darstellen läßt. Ein ARMA(p, q)-Modell kann als linearer

[1] Vgl. Schlittgen/Streitberg [1994], S. 56 und S. 61f.

Filter aufgefaßt werden, mit dem die Inputreihe des White-Noise-Prozesses in die Outputreihe $(1-L)^d y_t$ transformiert wird. Die Fouriertransformierte des ARMA-Filters $\theta(L)/\phi(L)$ ist

$$F_{ARMA} = \frac{1+\sum_{j=1}^{q} \theta_j e^{i2\pi\lambda j}}{1-\sum_{j=1}^{p} \phi_j e^{i2\pi\lambda j}}.$$

Bezeichnet man das Spektrum von $(1-L)^d y_t$ aus Gleichung (6.1) mit $f_{ARMA}(\lambda)$ und ist $f_\varepsilon(\lambda)$ das Spektrum des White-Noise-Prozesses, so lautet (6.1) im Frequenzbereich

$$f_{ARMA}(\lambda) = |F_{ARMA}|^2 f_\varepsilon(\lambda). \tag{6.6}$$

Anhand der MA-Form aus Gleichung (6.2) wird ersichtlich, daß für $F_{ARMA}$ ferner

$$F_{ARMA} = \sum_{j=0}^{\infty} c_j e^{i2\pi\lambda j}$$

gilt, so daß

$$f_{ARMA}(\lambda) = \left| \sum_{j=0}^{\infty} c_j e^{i2\pi\lambda j} \right|^2 f_\varepsilon(\lambda).$$

Die Langfristeigenschaften einer Zeitreihe, die das Persistenzmaß c(1) untersucht, zeigen sich im Spektrum im Bereich der kleinen Frequenzen. Für den Grenzfall eines unendlich langen Zeithorizontes ist die Spektraldichte bei der Frequenz $\lambda = 0$ interessant. Da sich außerdem aus (6.5) für das Spektrum eines White-Noise-Prozesses der konstante Wert $f_\varepsilon(\lambda) = \sigma_\varepsilon^2$ ergibt, erhält man bei dieser Frequenz

$$f_{ARMA}(0) = \left| \sum_{j=0}^{\infty} c_j \right|^2 \sigma_\varepsilon^2 = c(1)^2 \sigma_\varepsilon^2. \tag{6.7}$$

Der Ausdruck (6.7) zeigt, daß das Problem der Persistenzbestimmung dem der Schätzung des Spektrums der ersten Differenz einer Reihe (also $\Delta y_t$) bei der Nullfrequenz entspricht.[1] So schlägt Cochrane[2] als alternatives Persistenzmaß eine Schätzung der normierten Spektraldichte bei $\lambda = 0$

$$V = \frac{f_{\Delta y}(0)}{Var(\Delta y_t)}$$

mit Hilfe eines Bartlett-Fensters[3] vor. Wie c(1) zeigt auch die normierte Spektraldichte V der ersten Differenz einer Reihe das Ausmaß des Abweichens ihres Niveaus vom Fall der Stationarität an und ist deshalb als Persistenzmaß geeignet. Der als Varianzrate bezeichnete Koeffizient V ist neben c(1) wohl das bekannteste Persistenzmaß.[4]

Eine Bestimmung von V oder c(1) im Frequenzbereich ist eng mit den Problemen der Periodogrammglättung verbunden. Intensiv diskutiert wurde hier vor allem die Wahl der Breite des Bartlett-Fensters. Simulationsstudien haben ergeben, daß diese Wahl das Ergebnis sehr stark beeinflussen kann.[5]

## 6.4 Differenzbildung

Die Persistenzanalyse setzt eine geeignete Wahl der Ordnung des Differenzenfilters voraus, so daß sich die Schätzungen anhand von stationären Reihen vollziehen. Im Frequenzbereich zeigt sich die außerordentliche Bedeutung des Differenzenfilters für c(1) und $C_k$.

Für die Fouriertransformierte des Differenzenfilters $(1 - L)^d$ gilt der Zusammenhang $F_d = 2\sin(\pi\lambda)^d$, so daß sich das Quasi-Spektrum eines nichtstationären ARIMA(p, d, q)-Prozesses mit

---

[1] Vgl. Cochrane [1988], S. 905.
[2] Vgl. ebenda, S. 906ff.
[3] Das Bartlett-Fenster ist eine Möglichkeit zur Glättung des Periodogramms. Vgl. Schlittgen/Streitberg [1994], S. 403.
[4] Vgl. etwa Anwendungen von Croce [1996], S. 180ff., Gallegati/Gallegati [1995], S. 680ff., Jäger [1990], S. 334ff., Mayadunne/Evans/Inder [1995], S. 151ff., Mills [1992], S. 161ff., Serletis/ Sondergard [1996], S. 264ff., Yamane [1993], S. 809ff.
[5] Vgl. Lo/MacKinley [1989], S. 216ff.

$$f_{ARIMA}(\lambda) = |F_d|^{-2}|F_{ARMA}|^2 f_\varepsilon(\lambda)$$
$$= |2\sin(\pi\lambda)|^{-2d}|F_{ARMA}|^2 f_\varepsilon(\lambda) \tag{6.8}$$

ergibt. Das für die Persistenz wichtige Verhalten von $f_{ARIMA}(\lambda)$ um null wird entscheidend von dem Wert d geprägt. Für einen nichtstationären Prozeß gilt d > 0, so daß das Quasi-Spektrum eine Polstelle bei null aufweist. Beispielsweise gilt für einen ARIMA(p, 1, q)-Prozeß

$$\lim_{\lambda\to 0} f_{ARIMA}(\lambda) = \lim_{\lambda\to 0} |2\sin(\pi\lambda)|^{-2}|F_{ARMA}|^2 f_\varepsilon(\lambda) = \infty.$$

Dieser Fall wird mit der Vermutung, daß die wahre Integrationsordnung der Ausgangsreihe den Wert d nicht überschreitet, a priori ausgeschlossen.

Nicht ausgeschlossen werden darf hingegen die vor dem Hintergrund des Tests $\mathcal{H}_0$: c(1) = 0 bedeutsame Vermutung, daß ein zu hoher Wert d angenommen wurde. Da dann schon mit einer geringeren Ordnung des Differenzenfilters Stationarität hätte erzeugt werden können, spricht man hier von Überdifferenz. Mit Überdifferenzen entstehen Einheitswurzeln im charakteristischen Polynom von θ(L), so daß die bei ARIMA-Modellen sonst übliche Annahme, daß auch die Wurzeln dieses Polynoms außerhalb des Einheitskreises liegen (Invertibilität), hier zu restriktiv ist.[1] Anhand von (6.8) wird deutlich, daß wegen sin(0) = 0 für einen überdifferenzierten Prozeß f(0) = 0 gilt. Man sagt, das Quasi-Spektrum weise keine Power bei niedrigen Frequenzen auf. Die erste Differenz eines ARIMA(p, 0, q)-Prozesses ist z. B. I(−1), so daß

$$f_{ARIMA}(0) = |2\sin(\pi 0)|^2|F_{ARMA}|^2 f_\varepsilon(0) = 0.$$

Wie eingangs erwähnt, ergeben sich nur dann endliche, von null verschiedene Persistenzmaße, wenn die Vermutung über den Integrationsgrad zutreffend ist. Auch dies läßt sich anhand von (6.8) zeigen. Denn wenn d der wahren Integrationsordnung entspricht, ergibt sich nach d-facher Differenzbildung $|2\sin(\pi\lambda)|^{-2d} = 1$, Gleichung (6.8) geht in Gleichung (6.6) über, und es erfolgt eine Persistenzmessung nach (6.7).

[1] Vgl. Campbell/Mankiw [1987b], S. 112f. Dies hat u. a. zur Folge, daß anstelle der standardmäßig benutzten Verfahren zur Schätzung eines ARMA-Modells, wie etwa des bedingten Kleinstquadrate-Ansatzes (CLS) oder des unbedingten Kleinstquadrate-Ansatzes (ULS), das recht aufwendige, exakte Maximum-Likelihood-Schätzverfahren gewählt werden muß. Zur Beschreibung dieser Verfahren vgl. Schlittgen/Streitberg [1994], S. 269ff.

Die Betrachtung dieser drei Möglichkeiten verdeutlicht den entscheidenden Einfluß der Differenzenordnung d auf die Frequenzen niedriger Ordnung und damit auf die Persistenzmaße c(1) und $C_k$. Da gerade die Wahl des Differenzenfilters das langfristige Verhalten einer Reihe beeinflußt, wird ihm bei der methodischen Weiterentwicklung in Kapitel 7 besondere Aufmerksamkeit geschenkt.

## 6.5 Persistenz und Beurteilung der Staatsverschuldung

Aufgrund der Ergebnisse aus Kapitel 4 besteht die Vermutung, daß sowohl der Schuldenstand $B_t^{(r)}$ als auch die Schuldenstandsquote $b_t$ I(1)- oder I(2)-Prozesse sind. Im Mittelpunkt der Persistenzuntersuchung steht damit zunächst die erste Differenz der Beobachtungsreihe, also das Defizit bzw. die Defizitquote. Zur Schätzung sollte die Differenz im Zweifel zu hoch gewählt werden, so daß hier die 2. Differenz zu bilden wäre. Um Doppelnennungen zu vermeiden, wird in den folgenden Interpretationen lediglich vom Schuldenstand bzw. Defizit gesprochen, auch wenn Analoges für die jeweiligen Quoten gilt.

Zunächst kann die Untersuchung mit dem Test $\mathcal{H}_0$: c(1) = 0 weitere Evidenz für die Ermittlung der Integrationsordnung liefern (Anforderung 1). Mit der Kenntnis des Integrationsgrades des Schuldenstandes ist die Konvergenzgeschwindigkeit der spekulativen Blase durch die in Kapitel 4 genannten Fälle gegeben. Vor dem Hintergrund der Tragbarkeit wäre die Budgetpolitik damit vollständig charakterisiert.

Persistenzschätzungen lassen aber eine darüber hinausgehende und differenziertere Beurteilung zu, da nicht allein der Tragbarkeit Rechnung getragen wird, sondern außerdem ein Maß für die Haushaltsbelastung durch die Schuldenpolitik gegeben ist. Berechnet man die Persistenzmaße $C_k$ und c(1) für $\Delta B_t$, so wird die Belastung einer zusätzlichen Defiziterhöhung mit den Defiziten gemessen, die sie in künftigen Perioden nach sich zieht. Die Quantifizierung der Belastungswirkung einer Schuldaufnahme durch Folgedefizite ist besonders geeignet, wenn das Ziel der Haushaltskonsolidierung die Schuldenpolitik bestimmt (Anforderung 3).

Dadurch, daß das beobachtete Defizit sich in diesem Konzept als Konglomerat aus Nachwirkungen bzw. Belastungen, die in vergangenen Perioden verursacht wurden, auffassen läßt und nur zum Teil durch eine eigenständige, diskretionäre Entscheidung aus der laufenden Periode resultiert, ist es für derartige Aussagen ungeeignet. Die Schwierigkeit der zeitlichen Zuordnung der Belastung aufgrund der verzögerten Wirkungen einer Schuldaufnahme wurde bereits im Zusammenhang mit der Kritik bestehender Maßzahlen in Kapitel 3.2 angesprochen. Persistenzmaße sind von dieser Kritik frei, da sie dynamisch sind und gleichzeitig durch die ARMA-Filterung der Defizitreihe die Wirkungen einer bestimmten diskretionären Maßnahme separiert werden. Denn die Schocks im ARMA-Modell stellen nichts anderes dar als die von vergangenen Perioden unabhängigen, also zusätzlichen oder diskretionären Defiziterhöhungen. Die Koeffizienten $C_k$ bzw. c(1) geben dann die von anderen Defiziten isolierte Nachwirkung dieser Schocks an. Ein bestimmter Koeffizient $C_k$ ist damit der Umfang, zu dem eine auf 1 normierte, diskretionäre Defiziterhöhung nach k Perioden im Haushalt verbleibt. Umgekehrt kann das leicht zu berechnende Maß

$$K_k = (1 - C_k)100\% \qquad \text{bzw. } K = (1 - c(1))100\%,$$

das als Konsolidierungsfähigkeit bezeichnet werden soll, ausdrücken, in welchem Ausmaß eine Defiziterhöhung in Periode k konsolidiert wird. Ergibt sich beispielsweise $K_k = 100\%$ bzw. $C_k = 0$, so ist nach k Perioden eine vollständige Konsolidierung der Defiziterhöhung erreicht, und das Defizit ist wieder auf seinem ursprünglichen Niveau. Gilt $0\% < K_k < 100\%$, gelingt die Konsolidierung nur teilweise, für $K_k = 0\%$ hingegen überhaupt nicht. Bei $C_k > 1$ wird das Maß $K_k$ negativ, d. h. es kommt nicht zu einer Konsolidierung, sondern zu einer Verstärkung der Defiziterhöhung nach k Perioden. Speziell mit c(1) und K stehen Maße zur Verfügung, die angeben, in welchem Umfang eine Defiziterhöhung bei gegebener Politik die Haushalte nach unendlich vielen Perioden belastet bzw. wieder konsolidiert ist. Wird die Nullhypothese des zu Beginn dieses Abschnitts beschriebenen Tests abgelehnt, so gilt $B_t \sim I(2)$, und es ergibt sich ein positiver endlicher Wert für das Persistenzmaß c(1) des Defizits. Der Konsolidierungserfolg einer Haushaltspolitik ist dann eingeschränkt, denn Defiziterhöhungen belasten schließlich im Ausmaß c(1) künftige Haushalte. Ein bei einem unendlichen Zeithorizont günstigeres Urteil läßt sich bei Akzeptanz der Nullhypothese $\mathcal{H}_0$: c(1) = 0 fällen, denn in diesem Fall ist letztlich eine vollständige Konsolidierung möglich.

Gerade der Rückgriff auf beide Maße $C_k$ und c(1) erlaubt eine umfassende Beurteilung der Haushaltspolitik. Während c(1) etwa anzeigt, daß ein Defizit letztlich vollständig konsolidiert wird, kann $C_k$ gleichzeitig darüber Auskunft geben, wann dieser Fall eintritt und wie lange und in welchem Ausmaß die Haushalte - trotz günstiger Eigenschaften im Unendlichen - von einer Defiziterhöhung belastet werden (Anforderung 4).

Wenn man die Maße $C_k$ und c(1) hingegen für den Schuldenstand berechnet,[1] bezieht sich die Belastung auf Schuldenstandserhöhungen nach Auftreten eines zusätzlichen Defizits in der normierten Höhe von 1. Damit kann auch eine Abweichung von dem von Blanchard vorgeschlagenen Ziel der kurz-, mittel- und langfristigen Konstanz der Schuldenstandsquote (vgl. Abschnitt 2.2) quantifiziert werden. Bei einem unendlichen Zeithorizont erhält man $c(1) = \infty$, wenn die Nullhypothese des eingangs beschriebenen Tests abgelehnt wurde,[2] bzw. $0 < c(1) < \infty$ bei einer Akzeptanz. Damit ist also die Möglichkeit gegeben, daß Defizite unendlich große Wirkungen auf den Schuldenstand haben. Auch hier kann der Rückgriff auf die Maße $C_k$ die Schlußfolgerung durch eine Aussage über die Geschwindigkeit dieser Entwicklung präzisieren.

Die guten Interpretationsmöglichkeiten unter Berücksichtigung der Anforderungen 1, 3 und 4 aus Kapitel 5 verdeutlichen die Eignung des vorgeschlagenen Konzeptes zur fiskalischen Beurteilung der Schuldenpolitik. Persistenzmaße quantifizieren die Belastung einer schuldenpolitischen Maßnahme für die Folgebudgets. Durch eine geeignete zeitliche Zuordnung von Maßnahmen und Konsequenzen sind sie anderen Maßzahlen für die Beurteilung überlegen. Die Messung in Form von Defiziten macht sie besonders vor dem Hintergrund der viel diskutierten Ziele der Haushaltskonsolidierung bzw. Stabilisierung des Schuldenstandes interessant. Eine theoretische Debatte zur Begründung dieser Ziele wird hier nicht angestrebt. Denn $C_k$ und c(1) enthalten unabhängig von der Relevanz dieser Ziele wertvolle Informationen zur fiskalischen Beurteilung. So wäre es beispielsweise denkbar, Einschränkungen des Haushaltsspielraumes dadurch zu quantifizieren, daß die für alle Horizonte bezüglich des Defizits geschätzten Werte von $C_k$ diskontiert und summiert werden. Um auch die expansive Wirkung der Kreditaufnahme einzubeziehen, müßte diese Summe um den anfänglichen Wert eines Schocks, also um eins, vermindert werden. Zu einer empirischen Umsetzung des Persistenzkonzeptes kommt es jedoch aufgrund zweier im folgenden Abschnitt angesprochener, schwerwiegender Kritikpunkte an dieser Stelle noch nicht.

---

[1] Eine Berechnung von K erscheint hier nicht sinnvoll, da mit dem Ziel der Haushaltskonsolidierung meist das Defizit und nicht der Schuldenstand angesprochen ist.

[2] In der Formulierung $\mathcal{H}_0$: $c(1) = 0$ zu Beginn dieses Abschnitts bezieht sich c(1) auf das Defizit und nicht wie hier auf den Schuldenstand.

## 6.6 Kritik an Persistenzmaßen

Neben den bereits erwähnten Schätzproblemen wurde seitens Cochrane[1] schon früh eine grundsätzlichere Kritik an der Bestimmung von c(1) im Zeitbereich laut. Cochrane wirft die Frage auf, ob das eigentlich für kurz- oder sogar ultrakurzfristige Analysen entwickelte ARIMA-Instrumentarium überhaupt für Aussagen über das langfristige Verhalten einer Reihe herangezogen werden sollte.

Anzusprechen wäre hier zunächst das eher praktische Problem der Verwendung dieses Instrumentariums zur Schätzung des Langfristverhaltens in endlichen Zeitreihen. Lang anhaltende Abhängigkeiten schlagen sich bei stationären ARMA-Prozessen in niedrigen Wurzeln des charakteristischen Polynoms $\phi(L)$ nieder. Persistenzuntersuchungen konzentrieren sich daher auf Wurzeln in der Nähe der Stationaritätsgrenze eins, also auf einen Bereich, in dem Schätzungen bei üblichen Stichprobenumfängen sehr ungenau werden.[2]

Von einem theoretischen Standpunkt aus werden Spezifikationsprobleme gesehen. Kritisiert wird hier vor allem das bei ARMA-Modellen waltende Prinzip der Sparsamkeit, da für das langfristige Verhalten einer Reihe auch Korrelationen höherer Ordnung wichtig sein könnten.[3] Gegen das bisher diskutierte Vorgehen kann allerdings kein theoretischer Einwand geltend gemacht werden, sofern die Beobachtungsreihe $y_t$ gemäß der eingangs genannten Voraussetzung als ARIMA-Prozeß darstellbar ist. Da hiermit die Eigenschaft verbunden ist, daß $y_t$ durch d-malige Differenz in einen I(0)-Prozeß transformierbar ist und die Autokorrelationsfunktion für I(0)-Prozesse mit steigenden Lags geometrisch, also relativ rasch absinkt, ist eine sparsame Parametrisierung möglich.

Spezifikationsprobleme ergeben sich hingegen, wenn kein Filter $(1 - L)^d$ mit $d \in \mathbf{Z}$ die Beobachtungsreihe in eine I(0)-Reihe transformieren kann und $y_t$ somit nicht als ARIMA-Modell darstellbar ist. Wie Abschnitt 6.4 zeigte, basieren die hier diskutierten Persistenzmaße sowohl im Zeit- als auch im Frequenzbereich auf der Vorstellung, daß eine geeignete Differenzbildung die I(0)-Eigenschaft hervorzurufen vermag. Diese Voraussetzung ist nicht unbedingt erfüllt, wenn der Integrationsgrad d der

[1] Vgl. Cochrane [1988], S. 911ff.
[2] Vgl. Sowell [1992b], S. 279.
[3] Vgl. Cochrane [1988], S. 911ff.

Beobachtungsreihe nicht auf $d \in \mathbf{Z}$ beschränkt ist, sondern allgemein Werte mit $d \in \mathbf{R}$ annehmen kann. Eine fälschliche Anwendung des herkömmlichen Differenzenfilters hätte dann zum einen zur Folge, daß eine Anpassung eines ARMA-Prozesses theoretisch nicht möglich wäre, so daß praktisch immer eine Fehlspezifikation resultierte. Zum anderen ginge der für Persistenzmaße äußerst wichtige Parameter d mit einer falschen Größenordnung in die Berechnung ein, so daß die Ergebnisse völlig unbrauchbar wären. Im folgenden Abschnitt wird deutlich, daß die Verallgemeinerung zu $d \in \mathbf{R}$ für makroökonomische Zeitreihen und besonders auch für die Staatsverschuldung durchaus relevant ist, so daß sich eine Persistenzschätzung mit dem in diesem Kapitel vorgeschlagenen Instrumentarium nicht anbietet.

# 7 Persistenz - das erweiterte Konzept

## 7.1 Die Bedeutung fraktioneller Integration für Persistenz

Der Vorschlag, das von Mandelbrot/van Ness[1] entwickelte und von Granger/Jouyeux[2] bzw. Hosking[3] für ökonomische Fragestellungen aufgegriffene Konzept der fraktionellen Integration zur Persistenzmessung heranzuziehen, geht auf Diebold und Rudebusch[4] zurück. Fraktionell integriert heißen Reihen, die nach Transformation mit dem Filter $(1-L)^d$ vom Grade null integriert sind, wobei hier $d \in \mathbf{R}$ mit $d = d_f + d_i$ ($d_i \in \mathbf{Z}$ und $-0{,}5 \leq d_f < 0{,}5$) gilt. Der fraktionelle Differenzenfilter $(1-L)^d$ ergibt sich mit[5]

$$(1-L)^d = \sum_{k=0}^{\infty} a(k)L^k \qquad \text{mit } a(k) = 1 \text{ für } k = 0, \text{ sonst } a(k) = \prod_{i=1}^{k} \frac{i-d-1}{i} \tag{7.1}$$

aus einer Verallgemeinerung des binomialen Satzes für $d \in \mathbf{R}$. Schon hier wird ersichtlich, daß eine Berücksichtigung dieses Phänomens eine Erweiterung der bisherigen Konzepte darstellt, durch die der Fall $d \in \mathbf{Z}$ nicht obsolet, sondern lediglich zu einem Spezialfall degradiert wird. Wie zuvor kann das Persistenzmaß für die Untersuchungsreihe auf Basis der MA-Form der ersten ganzzahligen Differenz berechnet werden. Die MA-Form muß allerdings aufgrund eines sogenannten fraktionell integrierten ARMA- (ARFIMA-)Modells bestimmt werden.[6]

Ein ARFIMA-Modell heißt Prozeß mit langem Gedächtnis, sofern $0 < d < 0{,}5$. Solche Prozesse sind stationär[7], weisen aber die Besonderheit auf, daß die Autokorrelationsfunktion mit steigenden Lags hyperbolisch, also im Vergleich zu I(0)-Prozessen nur recht langsam sinkt[8]. Gerade die Eigenschaft, daß auch langfristige Korrelationen mit stationären Prozessen modelliert werden können, macht die Klasse

---

1 Vgl. Mandelbrot/van Ness [1968].
2 Vgl. Granger/Jouyeux [1980].
3 Vgl. Hosking [1981].
4 Vgl. Diebold/Rudebusch [1989].
5 Vgl. ebenda, S. 194.
6 Vgl. Abschnitt 7.5.
7 Wie bei ARIMA-Modellen wird auch bei ARFIMA-Modellen gefordert, daß die charakteristischen Wurzeln des AR-Polynoms außerhalb des Einheitskreises liegen. Vgl. Abschnitt 7.4.
8 Vgl. Harvey [1993], S. 148.

der ARFIMA-Modelle für die Persistenzmessung attraktiv. Ist die Möglichkeit $d \in R$ nicht vorgesehen, führt das langsame Absinken der Korrelationen aber oft dazu, daß der Prozeß mit langem Gedächtnis als nichtstationär fehlspezifiziert wird.[1] Auch Einheitswurzeltests versagen im Zusammenhang mit dieser Modellklasse. Trotz Konsistenz[2] haben ADF-Tests in endlichen Stichproben nur eine sehr geringe Testmacht, wenn Prozesse mit langem Gedächtnis vorliegen[3]. Die Folgen für die Persistenz aufgrund der irrtümlichen Nichtberücksichtigung fraktioneller Integration seien mit folgendem Szenario beschrieben: Die nur sehr langsam fallende Autokorrelationsfunktion eines Prozesses mit langem Gedächtnis deutet auf Nichtstationarität hin, so daß Differenzen gebildet werden. Die differenzierte Reihe ist allerdings nicht I(0), sondern überdifferenziert, so daß allenfalls Korrelationen mit sehr geringer Ordnung von null verschieden sind. Die Schätzung über das Langfristverhalten erfolgt dann allein über die Kurzfristeigenschaften der Reihe nach Anwendung des Differenzenfilters, womit die Persistenzmaße keine Aussagekraft mehr besitzen. Es wird deutlich, daß die angesprochenen Probleme weniger auf das ARMA-Instrumentarium, als auf den unflexiblen und in seiner Wirkung zu heftigen Differenzenfilter mit $d \in Z$ zurückzuführen sind.

Die Inflexibilität dieses Differenzenfilters manifestiert sich besonders augenfällig im Frequenzbereich. In Abschnitt 6.4 wurde bereits angesprochen, daß der Parameter d die langfristigen Charakteristika des (Quasi-)Spektrums bestimmt. Für eine fraktionell integrierte Untersuchungsreihe $y_t \sim I(d)$ mit $d = d_f + d_i$, und $d_i = 1$ ist das Quasi-Spektrum

$$f_{ARFIMA}(\lambda) = |2\sin(\pi\lambda)|^{-2(d_f+1)} |F_{ARMA}|^2 f_\varepsilon(\lambda). \qquad (7.2)$$

Es ergibt sich auch hier stets ein Pol bei $\lambda = 0$. Wird die Möglichkeit fraktioneller Integration außer acht gelassen, so ist das Verhalten jeder Untersuchungsreihe in der langen Frist (also in der Nähe der kleinen Frequenzen) aber mit $\lambda^{-2}$ fest vorgegeben. Wie Diebold und Rudebusch[4] herausstellen, führt hingegen die Aufgabe der Annahme $d_f = 0$ zu einem Verhalten des Spektrums wie $\lambda^{-2(d_f+1)}$ für $\lambda \to 0$. Durch das von $d_f$

[1] Vgl. Crato/Taylor [1996], S. 218.
[2] Die Konsistenzeigenschaft wurde von Sowell [1990] für den einfachen Dickey-Fuller-Test und von Krämer [1998] für den ADF-Test nachgewiesen.
[3] Vgl. Diebold/Rudebusch [1991] und Hassler/Wolters [1994].
[4] Vgl. Diebold/Rudebusch [1989], S. 195f.

abhängige Annäherungsverhalten ist eine weitaus differenziertere Modellierung des langfristigen Verhaltens einer Reihe möglich.

Neben dieser Eignung vor dem Hintergrund des (theoretischen) Spezifikationsproblems kann mit dem Einsatz von ARFIMA-Modellen auch das in Abschnitt 6.6 angesprochene Schätzproblem beseitigt werden. Da sich sämtliche langfristigen Abhängigkeiten jetzt in dem Parameter d niederschlagen, werden die Wurzeln des charakteristischen Polynoms von $\phi(L)$ von der Stationaritätsgrenze wegbewegt.[1]

In Simulationsstudien zeigen Diebold und Rudebusch, daß Persistenzmaße, wie vermutet, wesentlich stärker von der Höhe von d abhängen als von der Spezifikation und Größe der ARMA-Komponenten.[2] Persistenzschätzungen mit ARFIMA-Modellen zeichnen sich daher nicht zuletzt auch durch den Vorteil aus, daß der für $C_k$ und c(1) bedeutendste Parameter im Zuge der Untersuchung geschätzt und nicht a priori festgelegt wird.

## 7.2 ARFIMA-Modelle zur Beurteilung der Staatsverschuldung

Die Zweifel bezüglich des Integrationsgrades des Defizits $\Delta B_t^{(r)}$ oder der Quote $\Delta b_t$, mit denen Kapitel 4 schließen mußte, könnten auf die geringe Testmacht von ADF-Tests bei Prozessen mit langem Gedächtnis zurückzuführen sein. Hier soll diskutiert werden, ob es a priori Anzeichen dafür gibt, daß es sich beim Defizit um einen fraktionell integrierten oder speziell einen Prozeß mit langem Gedächtnis handelt. Bei der staatlichen Nettokreditaufnahme erscheinen langfristige Abhängigkeiten plausibel, weil Kreditaufnahmen z. T. für sehr viele folgende Perioden Zinsverpflichtungen nach sich ziehen und sich somit noch lange in den Haushalten niederschlagen. Solche zeitlich recht weit auseinander liegenden Abhängigkeiten ließen sich potentiell besser durch Prozesse mit langem Gedächtnis modellieren als mit ARMA-Modellen. Ob diese Abhängigkeiten tatsächlich vorzugsweise mit einem fraktionellen Integrationsparameter oder dem herkömmlichen Differenzenfilter dargestellt werden, ist eine Frage der Empirie.

---

[1] Vgl. Sowell [1992b], S. 280.

[2] Vgl. Diebold/Rudebusch [1989], S. 204f.

Hinweise für das Vorliegen von fraktioneller Integration für deutsche Daten ergeben sich auch aus den geglätteten Periodogrammen Ig(λ) für $B_t$ in verschiedenen ganzzahligen Differenzen (vgl. Abb. 7.1, 7.2 und 7.3). Nähere Erläuterungen zur konkreten Berechnung und den Glättungsverfahren sind in Anhang 7.1 gegeben.

Abb. 7.1: Geglättetes Periodogramm für $B_t^{(r)}$

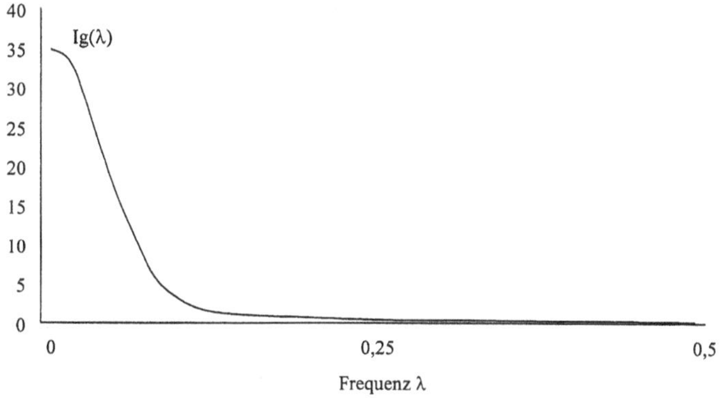


Abb. 7.2: Geglättetes Periodogramm für $\Delta B_t^{(r)}$

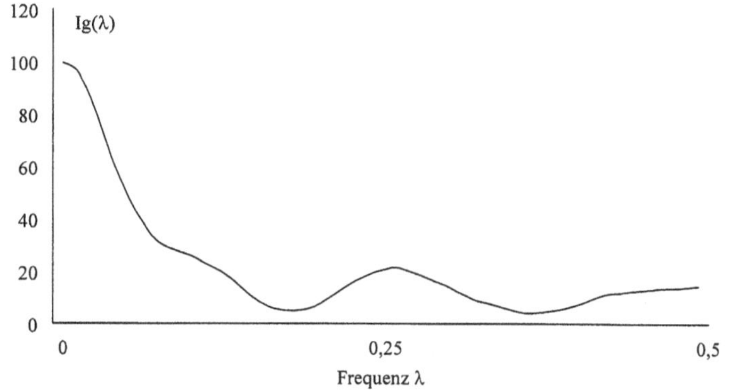

Abb. 7.3: Geglättetes Periodogramm für $\Delta^2 B_t^{(r)}$

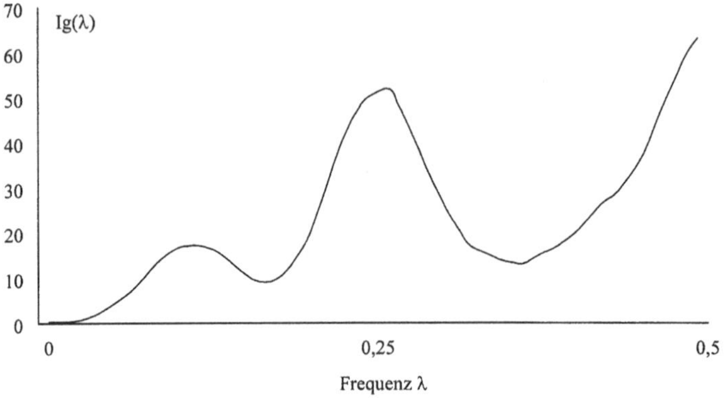


Die Niveaureihe $B_t^{(r)}$ in Abbildung 7.1 deutet auf die für nichtstationäre Prozesse charakteristische unendliche Power bei $\lambda = 0$ hin. Auch die erste Differenz $\Delta B_t^{(r)}$ scheint eine Polstelle an der Nullfrequenz zu besitzen, so daß nach der traditionellen Vorgehensweise eine weitere Differenz gebildet werden sollte. Im Periodogramm der Reihe $\Delta^2 B_t^{(r)}$ (Abb. 7.3) hingegen macht sich ein vollständiges Absinken der Power bei der Nullfrequenz bemerkbar, was als Anzeichen für eine Überdifferenz gewertet werden kann. Dieselbe Charakteristik zeigen (wenn auch in schwächerer Ausprägung) die entsprechenden Graphiken für die Schuldenstandsquote $b_t$ in Anhang 7.2. Granger und Joyeux[1] erklären diesen für viele makroökonomische Reihen typischen, scheinbaren Widerspruch mit Hilfe fraktioneller Integration. Gleichung (7.2) läßt vermuten, daß nur ein Differenzenfilter mit $d \in \mathbf{R}$ die Reihe $B_t^{(r)}$ so transformieren kann, daß das Periodogramm eine endliche und von null verschiedene Power bei der Nullfrequenz zeigt.

Die Bedeutung von ARFIMA-Modellen für makroökonomische Reihen im allgemeinen haben Granger/Joyeux[2] und Hosking[3] herausgestellt. Granger[4] zeigt außerdem, daß aus der Aggregation von AR(1)-Reihen ein Prozeß mit langem Gedächtnis resultieren kann. Da makroökonomische Daten in der Regel einen hohen Aggregationsgrad aufweisen, kann damit die Relevanz dieser Modellklasse theoretisch

---

[1] Vgl. Granger/Joyeux [1980], S. 15f. und S. 27f.
[2] Vgl. ebenda.
[3] Vgl. Hosking [1981].
[4] Vgl. Granger [1980].

fundiert werden. Dies trifft besonders auch für das Defizit des öffentlichen Gesamthaushaltes zu. Die Größe ergibt sich aus einer Aggregration der unterschiedlichsten Einnahme- und Ausgabepositionen aller Gebietskörperschaften.

### 7.3 ARFIMA-Modelle und die Konvergenz der spekulativen Blase

Wie erwähnt, entspricht die mit $O_p(.)$ angegebene Konvergenzrate von Prozessen ohne deterministische Komponenten der jeweiligen um zeitinvariate Faktoren bereinigten Standardabweichung der Reihe. Für stationäre ARFIMA-Prozesse, also für $y_t \sim I(d)$ mit $d < 0{,}5$, ergibt sich daher gegenüber dem I(0)-Fall keine Änderung bezüglich der Konvergenz der spekulativen Blase, da $Var(y_t)$ zeitunabhängig ist und somit $y_t = O_p(1)$. Fall a) aus 4.1 läßt sich damit erweitern:

Fall a*) Ist $\Delta B_t \sim I(d)$ mit $0 \leq d < 0{,}5$, so gilt $\Delta B_t = O_p(1)$. Die spekulative Blase (in Differenzen) verhält sich damit wie $\frac{1}{(1+r)^j}$ mit $E_t(\lim_{j\to\infty} \frac{1}{(1+r)^j}) = 0$.

Für nichtstationäre ARFIMA-Prozesse, also für $y_t \sim I(d)$ mit $d > 0{,}5$, kann die Varianz mit

$$Var(y_t) \approx \sigma_\varepsilon^2 \frac{\theta(1)^2}{\phi(1)^2 \Gamma(d)^2} \frac{1}{2d-1} t^{2d-1}$$

approximiert werden.[1] Dabei ist $\Gamma(.)$ die Gamma-Verteilung. Es ergibt sich somit $y_t = O_p(t^{d-0,5})$. Wie die Fälle b) und c) aus Abschnitt 4.1 zeigen, ermöglicht die Einbeziehung fraktionell integrierter Prozesse mit dieser Kenntnis eine stetige Messung der Geschwindigkeit der Konvergenz der spekulativen Blase (Anforderung 2 aus Kapitel 5).

Fall b*) Ist $\Delta B_t \sim I(d)$ mit $d > 0{,}5$, so gilt $\Delta B_t = O_p(t^{d-0,5})$. Die spekulative Blase (in Differenzen) verhält sich damit wie $\frac{j^{d-0,5}}{(1+r)^j}$ mit $E_t(\lim_{j\to\infty} \frac{j^{d-0,5}}{(1+r)^j}) = 0$.

---

[1] Vgl. Gourieroux/Monfort [1997], S. 451.

Die in Abschnitt 4.1 wiedergegebene Konvergenzgeschwindigkeit nach b) ist in diesem allgemeinen Konzept ein Spezialfall von b*) mit $d = 1$. Neben der Erweiterung von Quintos' Maß für explosive Prozesse in 4.2 ist mit der Betrachtung von ARFIMA-Modellen eine vollständige Beschreibung des für die Tragbarkeit wichtigen Verhaltens der spekulativen Blase (bei Ausschluß des Falls $d = 0{,}5$ und Betrachtung driftloser Prozesse)[1] möglich. Sie kann zum einen mit verschiedenen Raten explodieren (Fall d)) oder mit unterschiedlichen, stetig meßbaren Geschwindigkeiten konvergieren (Fälle a*) und b*)).

## 7.4 ARFIMA-Modelle und Persistenz

Auch bei Vorliegen von fraktioneller Integration berechnen sich die Persistenzmaße $C_k$ und c(1) aufgrund einer MA-Form der durch Differenzen ganzzahliger Ordnungen transformierten Beobachtungsreihe. Wie zuvor soll die Schätzung zur Persistenz anhand einer Reihe stattfinden, die in ihrer ersten Differenz stationär ist, möglichst ohne überdifferenziert zu sein. Im Unterschied zum herkömmlichen Vorgehen aus Kapitel 6 muß die Reihe damit aber nicht exakt I(0) sein, sondern es kommt der Wertebereich $-0{,}5 \le d < 0{,}5$ in Frage. Lediglich die Anpassung des ARMA-Modells findet aufgrund der fraktionell differenzierten Reihe statt, die damit I(0) ist.

Das ARFIMA-Modell kann im Zeitbereich folgendermaßen dargestellt werden:

$$(1-L)^d y_t = \frac{\theta(L)}{\phi(L)} \varepsilon_t \; . \tag{7.3}$$

Für die Beobachtungsreihe $y_t$ gilt jetzt $y_t \sim I(d)$ mit $d = d_f + d_i$, $d_i \in \mathbf{Z}$ und $-0{,}5 \le d_f < 0{,}5$. Für $d > -0{,}5$ ist der Prozeß invertierbar, gilt $d < 0{,}5$, so ist er stationär. Die Schlußfolgerungen zur Persistenz finden damit über die $(d_i - 1)$-te Differenz der Beobachtungsreihe statt (Untersuchungsreihe). Die Bestimmung des Koeffizienten $d_f$ ist nun Teil der Analyse, so daß eine falsche Annahme über $d_i$ daran erkannt wird, daß sich eine Größe für $d_f$ ergibt, die außerhalb des geforderten Wertebereiches liegt.[2] Da sich eine Überdifferenzierung also in einem Wert $d_f < -0{,}5$ niederschlagen wird, kann

[1] Zu einer Erweiterung auch für diese Fälle wäre die Kenntnis der Varianz eines ARFIMA(p, 0,5, q)-Prozesses und der Rate $O_p(.)$ für ARFIMA-Prozesse mit Drift notwendig.

[2] Die Eigenschaften der Schätzer in diesem Fall werden in Abschnitt 8.4.1 diskutiert.

hier - im Gegensatz zu Gleichung (6.1) - gefordert werden, daß auch alle Wurzeln des charakteristischen Polynoms von $\theta(L)$ außerhalb des Einheitskreises liegen.

Die MA-Form wird aus (7.3) folgendermaßen gebildet:

$$(1-L)^{d_i} y_t = c(L)\varepsilon_t \qquad \text{mit } c(L) = \frac{\theta(L)}{\phi(L)}(1-L)^{-d_f}. \tag{7.4}$$

Gleichung (7.4) zeigt, wie das Verhalten des Persistenzmaßes c(1) durch den Parameter $d_f$ bestimmt wird. Lediglich mit $d_f = 0$ kann sich ein endliches, von null verschiedenes Persistenzmaß ergeben. Für $d_f > 0$ hingegen erhält man $c(1) = \infty$, während für $d_f < 0$ stets $c(1) = 0$ gilt. Aus dieser Konstellation wird ersichtlich, daß der Berechnung von c(1) im Zusammenhang mit ARFIMA-Modellen praktisch keine Bedeutung mehr zukommt. Die Aussagen über den Verbleib von Schocks in der Reihe bei einem unendlichen Zeithorizont können allein aufgrund der Kenntnis von d getroffen werden, sofern $d_f \neq 0$. Da bei fraktioneller Integration die Maße $C_k$ erst für vergleichsweise hohe Werte von k zu c(1) konvergieren, wird demgegenüber deren Betrachtung um so wichtiger.

## 7.5 Persistenzschätzung

Zur empirischen Bestimmung des Persistenzmaßes $\hat{C}_k$ werden gemäß (7.4) lediglich die geschätzten MA-Koeffizienten $\hat{\theta}(L)/\hat{\phi}(L)$ mit dem aus (7.1) bestimmten Filter $(1-L)^{-\hat{d}_f}$ multipliziert. Die Schätzer $\hat{C}_k$ sind asymptotisch normalverteilt, so daß bei Kenntnis der Varianz Standardtests zur Anwendung kommen. Die Schätzung der für die Beurteilung der Punktschätzung $\hat{C}_k$ wichtigen Standardfehler $\sigma_{C_k}$ gestaltet sich allerdings recht aufwendig.[1] Viele Anwender verzichten daher auf eine Angabe[2], so daß Hypothesentests oder Intervallschätzungen nicht mehr möglich sind. Da die Aussagen damit großen Vorbehalten unterliegen, soll hier auf ein im Anhang 7.3 erläutertes Näherungsverfahren zurückgegriffen werden.

---

[1] Zur Verteilung und Berechnung der Standardfehler der Impulse-Response-Koeffizienten vgl. Hamilton [1994], S. 336f.

[2] Vgl. z. B. Gallegati/Gallegati [1995], S. 683, Neudorfer/Pichelmann [1989], S. 199ff., Nunes [1995], S. 62, Pesaran/Samiei [1991], S. 481ff.

Dem Schritt der Schätzung von $\hat{C}_k$ geht die weitaus problematischere Festlegung des fraktionellen Integrationsparameters d und der Ordnungen p und q voran. Der Schätzung eines ARFIMA-Modells ist daher ein eigenes Kapitel gewidmet.

# 8 Schätzung von ARFIMA-Modellen

Die Anzahl vorgeschlagener Schätzmethoden für ARFIMA-Modelle ist im Vergleich zu den Anwendungen recht groß. Die Vielfalt der Methoden läßt sich in die Gruppen der ein- und zweistufigen Verfahren gliedern. Während einstufige Verfahren in einem Zuge alle Parameter ($\phi(L)$, $\theta(L)$ und d) des Modells schätzen, vollzieht sich die Schätzung des Langfristparameters d bei zweistufigen Verfahren getrennt von der Ermittlung der Kurzfristparamter $\phi(L)$ und $\theta(L)$. Die zweistufigen Methoden unterscheiden sich voneinander daher allein in ihrer ersten Stufe, also in der Schätzung von d. In der zweiten Stufe wird die mit dem fraktionellen Differenzenfilter (7.1) transformierte Reihe traditionellen ARMA-Verfahren unterworfen.

In der empirischen Untersuchung zur Staatsverschuldung kommen drei der bekanntesten Schätzmethoden zur Anwendung.[1] Diese entweder einstufigen (Maximum-Likelihood-Methode, Whittle-Schätzer) oder zweistufigen (Geweke/Porter-Hudak-Schätzer) Methoden werden im folgenden kurz mit ihren Eigenschaften präsentiert. Dabei ist zu beachten, daß die Eigenschaften nur für bestimmte, an der jeweiligen Stelle angegebene Wertebereiche von d theoretisch ermittelt wurden. Gegebenenfalls sind also bei Anwendungen entsprechende Differenzen zu bilden. Für andere Intervalle sind die Eigenschaften aber aufgrund von Experimenten recht gut bekannt (vgl. Abschnitt 8.4). Es muß stets angenommen werden, daß die charakteristischen Wurzeln der Polynome $\phi(L)$, $\theta(L)$ außerhalb des Einheitskreises liegen und die Restwerte $\varepsilon_t$ unabhängig voneinander und mit einer konstanten Varianz normalverteilt sind.

## 8.1 Geweke/Porter-Hudak- (GPH-)Methode

Relativ große Bekanntheit hat die GPH-Methode einerseits aufgrund ihrer einfachen Berechenbarkeit bei einem hohen Anschauungsgrad erworben, andererseits aber auch durch die viel beachtete Anwendung von Diebold und Rudebusch[2] zur Persistenzschätzung. Dabei handelt es sich um ein zweistufiges Verfahren. Die Schätzung des fraktionellen Integrationsparameters in der ersten Stufe erfolgt im Frequenzbereich,

---

[1] Eine ausführliche Diskussion dieser und anderer Schätzmethoden findet sich bei Beran [1994], S. 81ff.

[2] Vgl. Diebold/Rudebusch [1989], S. 196ff. Die Methode geht auf Geweke/Porter-Hudak [1983] zurück, eine Beschreibung findet sich bei Schlittgen/Streitberg [1994], S. 431f.

wobei die allgemeinere Form (also mit $d_i \in \mathbb{Z}$) von Gleichung (7.2) aus Abschnitt 7.1 in Verbindung mit (6.6)

$$f_{ARFIMA}(\lambda) = |2\sin(\pi\lambda)|^{-2d} f_{ARMA}(\lambda)$$

den Ausgangspunkt bildet. Die Gleichung kann durch Logarithmierung und Erweiterung mit $\ln[f_{ARMA}(0)]$ und $\ln[I_{ARFIMA}(\lambda)]$ zu

$$\ln[I_{ARFIMA}(\lambda)] = \ln\frac{I_{ARFIMA}(\lambda)}{f_{ARFIMA}(\lambda)} - d\ln[4\sin^2(2\pi\lambda)] + \ln[f_{ARMA}(0)] + \ln\frac{f_{ARMA}(\lambda)}{f_{ARMA}(0)}$$

umgeformt werden. Hierbei symbolisiert $I_{ARFIMA}(\lambda)$ das Periodogramm eines ARFIMA-Prozesses bei der Frequenz $\lambda$. Wie in der Spektralanalyse allgemein üblich, beschränkt man bei der Periodogrammschätzung die Zahl der betrachteten Frequenzen $\lambda$ auf die Fourierfrequenzen $\lambda_j$ aus dem Intervall $0 < \lambda_j \leq 0{,}5$. Betrachtet man des weiteren nur die für die Bestimmung von d wichtigen kleinen Fourierfrequenzen, also die Frequenzen bis zu $\lambda_\kappa$ mit $\lambda_\kappa << 0{,}5$, so fällt der letzte Summand der rechten Seite der oberen Gleichung weg. Diese Eingrenzung ermöglicht eine von den kurzfristigen ARMA(p, q)-Komponenten unabhängige Ermittlung des Langfristparameters d. Da ferner die sogenannten normierten Periodogrammordinaten $I_{ARFIMA}(\lambda)/f_{ARFIMA}(\lambda)$ an den Fourierfrequenzen approximativ unabhängig und gleichverteilt sind,[1] kann (mit $\eta_j = I_{ARFIMA}(\lambda_j)/f_{ARFIMA}(\lambda_j)$ als Restkomponente) die Gleichung als Regressionsbeziehung

$$\ln[I_{ARFIMA}(\lambda_j)] = \beta_0 - d\ln[4\sin^2(2\pi\lambda_j)] + \eta_j \tag{8.1}$$

aufgefaßt werden. Geweke und Porter-Hudak weisen nach, daß der fraktionelle Integrationsparameter d mit Hilfe der Kleinstquadratmethode konsistent und asymptotisch normalverteilt geschätzt werden kann.[2] Die in die Schätzung einfließenden Reihen sind zum einen durch das Periodogramm der Beobachtungsreihe (ggf. in Differenzen, so daß $-0{,}5 < d < 0{,}5$), zum anderen durch die Konstruktion von

---

[1] Vgl. Schlittgen/Streitberg [1994], S. 431.

[2] Die Eigenschaften wurden hier allerdings nur für $d < 0$ hergeleitet. Vgl. Geweke/Porter-Hudak [1983], S. 227. Allgemein wird empfohlen, die Methode nur für $-0{,}5 < d < 0{,}5$ anzuwenden, vgl. Schlittgen/Streitberg [1994], S. 431.

$\ln[4\sin^2(2\pi\lambda_j)]$ ermittelbar. Zur Beurteilung des OLS-Schätzers kann der herkömmliche t-Test herangezogen werden. Es läßt sich allerdings ein Effizienzgewinn erreichen, wenn bei der Berechnung des Standardfehlers von $\hat{d}$ der theoretische Wert von $\sigma_\eta^2 = \pi^2/6$ des quadrierten Standardfehlers der Schätzung vorgegeben wird. Der theoretische Standardfehler von d ($\sigma_d$) ergibt sich dann aus[1]

$$\sigma_d = \sqrt{\frac{\pi^2}{6\sum_{j=1}^{\kappa}(x_j - \overline{x})^2}} \qquad \text{mit } x_j = \ln[4\sin^2(2\pi\lambda_j)]. \qquad (8.2)$$

Die Prüfgröße des Tests $\mathcal{H}_0$: d = 0 ist damit normalverteilt.

Ein schwerwiegendes Problem der Methode liegt in der Fixierung der Zahl $\kappa$. Die Unabhängigkeit des Schätzers von $\hat{d}$ von dem kurzfristigen Verlauf der Reihe ist nur bei Betrachtung hinreichend geringer Frequenzen gegeben. Um Konsistenz zu gewährleisten, sollte $\kappa$ eine Funktion der Form $\kappa = T^{\overline{\alpha}}$ des Stichprobenumfangs T sein[2], mit $0 < \overline{\alpha} < 1$. Monte-Carlo-Simulationen sprechen für $\overline{\alpha} = 0{,}5$.[3] Bei den in dieser Untersuchung vorliegenden Stichprobenumfängen können damit höchstens $\kappa = 89^{0,5} \approx 9$ Datenpunkte für die Regression herangezogen werden. Noch entschiedener gegen das Verfahren spricht, daß die Voraussetzung der Unabhängigkeit der normierten Programmordinaten für sehr kleine Fourierfrequenzen nicht gegeben ist, so daß bei Einbeziehung dieser Frequenzen der Schätzer seine Konsistenzeigenschaft verliert.[4] Als Modifikation bietet sich an, neben den großen auch sehr kleine Frequenzen aus der Regression auszuschließen. In der vorliegenden Untersuchung müßte dann mit noch weniger als 9 Frequenzen gearbeitet werden. Methodische Weiterentwicklungen setzen daran an, Vorgehensweisen zur Berechnung eines Frequenzbandes zu finden, mit dem zumindest konsistente Schätzer generiert werden können.[5] Die Eignung der GPH-Methode für hier relevante Stichprobengrößen wird unter 9.1 diskutiert.

---

[1] Vgl. Geweke/Porter-Hudak [1983], S. 226.
[2] Diese Forderung geht aus dem Geweke/Porter-Hudak-Theorem hervor. Vgl. Geweke/Porter-Hudak [1983], S. 227.
[3] Vgl. ebenda, S. 230f.
[4] Vgl. Schlittgen/Streitberg [1994], S. 432.
[5] Vgl. Beran [1994], S. 97f.

## 8.2 Maximum-Likelihood- (ML-) Methode

Eine theoretisch exakte Lösung des Schätzproblems liefert das (einstufige) ML-Verfahren. Die Likelihood-Funktion $\widetilde{L}$ des ARFIMA-Modells lautet bei Normalverteilung der Beobachtungswerte[1]

$$\widetilde{L}(\mathbf{y}\,|\,\phi(L),\theta(L),d,\sigma_{\varepsilon}^{2}) = (2\pi)^{-T/2}|\Sigma|^{-1/2}e^{-(\mathbf{y}'\Sigma^{-1}\mathbf{y})/2}. \qquad (8.3)$$

Dabei ist $\mathbf{y} = (y_1, y_2, ..., y_T)'$ der Vektor der Beobachtungswerte und $\Sigma$ die (T x T) Varianz-Kovarianz-Matrix von $\mathbf{y}$, so daß $\mathbf{y}$~NV(0,$\Sigma$). Da mit numerischen Methoden maximiert wird, muß zur Berechnung des Likelihood-Wertes in jedem Schritt die (T x T)-Matrix $\Sigma$ invertiert werden. Aufgrund dieser technischen Schwierigkeit blieb die Diskussion der ML-Methode zur Schätzung von ARFIMA-Modellen zunächst bloße Theorie. Erst ein von Sowell[2] entwickelter Algorithmus brachte eine gewisse rechnerische Vereinfachung mit sich und ermöglichte so erste empirische Einsätze dieser aufgrund ihrer Eigenschaften überzeugenden Methode (Konsistenz, asymptotische Normalverteilung und wohl auch Effizienz)[3]. Da viele Standardökonometrieprogramme bislang jedoch noch keine Unterstützung anbieten, ist das Einsatzfeld des ML-Schätzers weiterhin begrenzt.[4]

## 8.3 Whittle-Methode

Whittle-Schätzer sind Maximum-Likelihood-Schätzer im Frequenzbereich. Ihr Einsatz wurde zunächst für die Schätzung von ARIMA-Modellen vorgeschlagen.[5] Die weite Verbreitung dieses einstufigen Verfahrens zur Schätzung von ARFIMA-Modellen liegt in dem Vorzug, daß durch den Übergang zum Frequenzbereich die Inversion einer (T x T)-Matrix entfällt, so daß sich eine erhebliche Rechenerleichterung bei befriedigenden asymptotischen Eigenschaften einstellt. Die Schätzer gründen auf der

---

1 Vgl. Beran [1994], S. 104.

2 Vgl. Sowell [1992a], S. 175ff.

3 Die Eigenschaften gelten nur für $d > 0$, wobei die Likelihoodfunktion nur für $d < 0{,}5$ definiert ist. Vgl. Beran [1994], S. 105, und Sowell [1992b], S. 287f. Die Effizienzeigenschaft wird von Sowell [1992a], S. 166, vermutet.

4 Die in Abschnitt 9.2 vorgenommenen Schätzungen wurden mit Ox durchgeführt. Vgl. Doornik [1996] und Doornik/Ooms [1996].

5 Vgl. Harvey [1993], S. 205ff., Schlittgen/Streitberg [1994], S. 376.

Kenntnis, daß das Periodogramm an den Fourierfrequenzen mit dem Erwartungswert des jeweiligen Spektralwertes exponentialverteilt ist, daß also gilt $I_y(\lambda_j) \sim \text{Exp}(f_y(\lambda_j))$. Daher ist mit

$$l(I_y(\lambda_j)) = \frac{1}{f_y(\lambda_j)} e^{-I_y(\lambda_j)/f_y(\lambda_j)} \tag{8.4}$$

ein Wert für die Dichtefunktion des Periodogramms einer Reihe $y_t$ gegeben. Das Spektrum $f_{ARFIMA}(\lambda)$ eines ARFIMA-Prozesses ist aus Gleichung (7.2) bekannt, das Periodogramm $I_{ARFIMA}(\lambda)$ der Beobachtungsreihe läßt sich an den Fourierfrequenzen berechnen. Da Periodogrammwerte an verschiedenen Fourierfrequenzen asymptotisch unabhängig voneinander sind, ist die logarithmierte Likelihoodfunktion für die beobachteten Periodogrammwerte eines ARFIMA-Prozesses mit

$$\ln(\tilde{L}(I_{ARFIMA}(\lambda_j) | \phi(L), \theta(L), d, \sigma_\varepsilon^2)) = -\sum_{j=1}^{T/2} \ln[f_{ARFIMA}(\lambda_j)] - \sum_{j=1}^{T/2} \frac{I_{ARFIMA}(\lambda_j)}{f_{ARFIMA}(\lambda_j)} \tag{8.5}$$

gegeben.[1] Whittle-Schätzer sind konsistent und asymptotisch normalverteilt.[2] Eine Maximierung von (8.5) ist sogar asymptotisch äquivalent zur ML-Schätzung im Zeitbereich[3] - der Rechenaufwand ist jedoch erheblich geringer. Vielfach aufgegriffen wurde der Vorschlag von Fox und Taqqu[4], den ersten Summanden auf der rechten Seite von (8.5) wegzulassen. Die Schätzung bleibt damit konsistent, hat aber wohl schlechtere Kleinstichprobeneigenschaften, weswegen in jüngster Zeit davon abgesehen wird.[5]

---

[1] Bei ungeradem T lautet der obere Laufindex der Summenzeichen nicht T/2, sondern (T−1)/2.

[2] Die Konsistenz ist allgemein gegeben. Die asymptotische Normalverteilung wurde für $0 < d < 0{,}5$ nachgewiesen. Vgl. Beran [1994], S.112

[3] Auch die asymptotische Äquivalenz zum ML-Schätzer wurde nur für $0 < d < 0{,}5$ nachgewiesen, vgl. ebenda bzw. Brockwell/Davis [1996], S. 528, oder Smith Jr./Sowell/Zin [1997], S. 105.

[4] Vgl. Fox/Taqqu [1986]. Das Vorgehen wird etwa von Cheung/Diebold [1994], S. 305, Cheung [1993], S. 94, oder Beran [1994], S. 116ff., umgesetzt.

[5] Vgl. Hauser [1997], S. 251, oder Smith Jr./Sowell/Zin [1997], S. 105.

## 8.4 Methodenvergleich

Im Gegensatz zur GPH-Methode generieren die Whittle- und ML-Methode konsistente und asymptotisch normalverteilte Schätzungen für ARFIMA-Modelle. Da der Nachweis dieser Eigenschaften auf z. T. restriktiven Annahmen über den Wertebereich des Langfristparameters beruht, spielen Simulationen bei der Beurteilung der Methoden eine große Rolle. Außerdem liegt bei der Inferenz über das langfristige Verhalten einer Zeitreihe der Fall der Kleinstichprobe schon bei Beobachtungsumfängen vor, bei denen in anderen, kurzfristigeren Fragestellungen bereits mit Asymptotik argumentiert werden kann. Für die vorliegende Untersuchung mit ihrem Beobachtungsumfang von T = 89 sollte die Wahl der Schätzmethode daher vor dem Hintergrund ihrer Kleinstichprobeneigenschaften erfolgen. Die Auswahl geschieht anhand der mit einem Stichprobenumfang von T = 100 in der Literatur dokumentierten Monte-Carlo-Experimente. Auch diese Experimente beruhen auf der Annahme, die Reihe der Restwerte sei ein normalverteilter White-Noise-Prozeß.

### 8.4.1 ML- versus Whittle-Schätzer

Ein differenzierter Vergleich der ML-Methode und des Whittle-Schätzers unter Berücksichtigung auch vorher gewonnener Erkenntnisse findet sich bei Smith Jr., Sowell und Zin[1]. Zur Beurteilung wird zum einen die Höhe der Verzerrung, zum anderen die Streuung des Schätzers um den Mittelwert (gemessen durch die mittlere quadratische Abweichung MSE) herangezogen. Demnach zeigen ML-Schätzer relativ schlechte Eigenschaften, wenn die Untersuchungsreihe einen Driftterm enthält und der fraktionelle Integrationsparamter in der Nähe von 0,5 liegt. Dieses ursprünglich von Cheung und Diebold[2] festgestellte Phänomen könnte einerseits daher rühren, daß der Driftterm im Zuge der ML-Methode geschätzt werden muß und diese Schätzung in zunehmendem Maße ungenauer wird, wenn sich die Beobachtungswerte mit steigendem d immer langsamer dem Driftterm nähern.[3] Whittle-Schätzungen hingegen bleiben vom Driftparameter des Prozesses unbeeinflußt, denn die Nullfrequenz fließt

---

[1] Vgl. Smith Jr./Sowell/Zin [1997].

[2] Vgl. Cheung/Diebold [1994], S. 308ff.

[3] Meist wird das Stichprobenmittel der Beobachtungsreihe als Schätzer für den Driftterm herangezogen und vor der eigentlichen ML-Schätzung von den einzelnen Beobachtungswerten subtrahiert. Das Problem ergibt sich aber unabhängig von dieser Vorgehensweise.

nicht in die Schätzgleichung (8.5) ein.[1] Zum anderen stellen Smith Jr., Sowell und Zin eine deutliche Asymmetrie der Likelihood-Funktion im Zeitbereich (8.3) fest, die darauf beruht, daß sie für Werte von $d \geq 0,5$ nicht definiert ist. ML-Schätzungen sind aus diesem Grund auch bei driftlosen Prozessen gegenüber Whittle-Schätzungen stark verzerrt, wenn sich der fraktionelle Integrationsparamter dem Wert 0,5 nähert.[2] Demgegenüber stellt sich bei Whittle-Schätzungen eine erhebliche Verzerrung ein, wenn $d \leq -0,5$ - ein Bereich, in dem ML-Schätzungen fast unverzerrt sind und wenig streuen. Aufgrund dieser Ergebnisse schlagen die Autoren vor, die ML-Methode bei überdifferenzierten Reihen anzuwenden. Zum einen wird dadurch der Driftterm eliminiert, und man kann die Schätzung unter der Annahme eines bekannten Mittelwertes von null durchführen. Zum anderen wird der resultierende fraktionelle Integrationsparamter $d^{ü} = d - 1$ von der Obergrenze 0,5 wegbewegt. Die sich anschließenden Monte-Carlo-Experimente[3] umfassen ML-Schätzungen für verschiedene Werte von $d^{ü} \in [-2; 0,2]$ (also $d \in [-1; 1,2]$) und Whittle-Schätzungen für $d \in [-1,1; 0,6]$. Vergleicht man dann die Eigenschaften beider Methoden, so stellt sich eine ähnlich gute Qualität im Intervall $d \in [-0,5; 0,5]$ ein. Whittle-Schätzungen weisen eine geringfügig niedrigere Verzerrung gegenüber ML-Schätzungen auf, bei einer etwas höheren Streuung.

### 8.4.2 Einstufige versus zweistufige Verfahren

Verschiedene Simulationsstudien, die die Inkonsistenz der GPH-Methode ignorieren, zeigen recht einhellig einen Qualitätsabfall im Vergleich zur Whittle- oder ML-Schätzung bei Stichprobenumfängen von T=100. Sowell[4] etwa stellt fest, daß die ML-Schätzer um ein Vielfaches genauer sind als GPH-Schätzer, so daß die Methode auch bei Nichtbeachtung ihrer Inkonsistenz deutlich unterliegt.

Wie in anderen Zusammenhängen gilt allerdings auch hier, daß die einstufige Schätzung zwar aufgrund ihrer theoretischen Eigenschaften dem zweistufigen Verfahren vorzuziehen ist, sich bei der praktischen Anwendung mögliche

---

[1] Nur die Nullfrequenzordinate des Periodogramms hängt vom Mittelwert ab. Vgl. Priestley [1981], S. 417.

[2] Vgl. Experiment von Smith Jr./Sowell/Zin [1997], S. 107.

[3] Vgl. ebenda, S.109ff.

[4] Vgl. Sowell [1992], S. 176ff. In allen der 24 betrachteten Modelle wiesen die GPH-Schätzer einen deutlich höheren Wert für MSE auf.

Spezifikationsfehler aber stärker auswirken. Sowohl der ML- als auch der Whittle-Schätzer setzen die Kenntnis der ARMA(p, q)-Ordnungen voraus. Bei einer falschen Wahl dieser Ordnungen sind die Schätzungen für d möglicherweise verzerrt. Der GPH-Schätzer des Koeffizienten d ist hingegen von der Spezifikation des ARMA-Prozesses unabhängig. Monte-Carlo-Untersuchungen, die auch diesen Aspekt berücksichtigen, stehen noch aus.[1]

Das Problem ist um so schwerwiegender, als die Methoden zur Spezifikation von ARFIMA-Modellen alles andere als zufriedenstellend sind. I. d. R. wird ausgehend von einer maximalen Ordnung für p und q eine bestimmte Anzahl von Modellen geschätzt und mit Hilfe von Informationskriterien miteinander verglichen. Es ergibt sich damit ein hoher Ermessensspielraum, denn die Schlußfolgerungen variieren oft mit der Wahl des Informationskriteriums und der maximalen Ordnungen für p und q. Damit droht die Allgemeingültigkeit der Ergebnisse in Frage gestellt zu werden. Das Spezifikationsproblem wird zudem dadurch verschärft, daß eine Ermittlung der Restwerte mit einstufigen Methoden technisch so aufwendig ist, daß sie oft unterbleibt.[2] Dies hat nicht nur zur Folge, daß keine Überprüfung der für die Ermittlung der Eigenschaften der Schätzer notwendigen Annahmen über die Restwerte (normalverteilter White-Noise-Prozeß) stattfinden kann, sondern es geht auch ein für die Beurteilung der Spezifikation wichtiges Instrument verloren.

## 8.5 Methodenauswahl und weiteres Vorgehen

Im Mittelpunkt der folgenden Schätzung sollen trotzdem die aufgrund ihrer Eigenschaften überzeugenden einstufigen Methoden stehen. Die inkonsistenten GPH-Schätzer dienen lediglich als Startwerte für die numerische Maximierung im Rahmen der Whittle- und ML-Methode.[3] Das Ausmaß an Willkür, das sich aus dem Spezifikationsproblem ergibt, wird durch verschiedene Maßnahmen begrenzt.

Erstens vollzieht sich die Modellauswahl auf einer sehr breiten Grundlage. Während in anderen Untersuchungen üblicherweise Ordnungen von p; $q = 0, 1, 2, 3$ in die

---

[1] Die oben zitierte Studie geht davon aus, die richtigen Ordnungen seien bekannt.

[2] Vgl. etwa Backus/Zin [1993], Cheung/Lai [1992], Cheung [1993], Crato/Rothman [1996], Patterson/Sowell [1996] und Sowell [1992b].

[3] Die GPH-Methode wird oft allein als Instrument zur Berechnung von Startwerten präsentiert. Vgl. etwa Harvey [1993], S. 214, Schlittgen/Streitberg [1994], S. 433.

Betrachtung einbezogen werden[1], kommt es hier durch die explizite Berücksichtigung auch saisonaler Verzögerungen zu einer deutlich höheren Zahl an Spezifikationen. Bezeichnet man das Modell

$$y_t = \sum_{i=1}^{p} \phi_i y_{t-i} + \sum_{i=0}^{p_s} i\phi_{i,s} y_{t-4\cdot i} + \varepsilon_t + \sum_{i=1}^{q} \theta_i \varepsilon_{t-i} + \sum_{i=0}^{q_s} i\theta_{i,s} \varepsilon_{t-4\cdot i} \qquad (8.6)$$

mit p; q = 0, 1, 2, 3 und $p_s$; $q_s$ = 0, 1

als ARMA(p, q);($p_s$, $q_s$), so ergeben sich für die Schätzung insgesamt 64 Spezifikationsmöglichkeiten.

Anhand aller Schätzergebnisse soll zunächst beurteilt werden, ob sich das Spezifikationsproblem überhaupt stellt, also ob der Schätzwert $\hat{d}$ mit der Wahl von p, q, $p_s$ und $q_s$ variiert. Sollte dies der Fall sein, so muß die Modellauswahl auf statistischer Grundlage, etwa mit Informationskriterien, stattfinden.

Zweitens werden an verschiedenen Stellen Überlegungen zur Robustheit der Ergebnisse in die Untersuchung einbezogen. Schlußfolgerungen werden daher nur dann getroffen, wenn die Ergebnisse auch bei einer Variation der Methoden stabil sind. Zum einen kommen bei der Schätzung der 64 Modelle unterschiedliche Methoden zur Anwendung. Sollten die rechentechnisch völlig verschiedenen ML- und Whittle-Schätzer zu ähnlichen Ergebnissen bezüglich der Modellspezifikation und der Höhe von $\hat{d}$ führen, so sind anschließende Schlußfolgerungen statistisch gut abgesichert. Zum anderen werden zur Modellauswahl verschiedene Informationskriterien - hier zwei - verwendet. Eine konsistente Ermittlung der jeweiligen Lag-Ordnungen ist durch die Auswahl desjenigen Modells gegeben, dessen Wert für

$$SBC = (-\ln(\tilde{L}_{max}) + 0{,}5N\ln T)/T \qquad (8.7)$$

minimal wird. Dabei bezeichnet $\tilde{L}_{max}$ den maximalen Wert der Likelihoodfunktion aus (8.3) bzw. (8.5) und N die Anzahl der Schätzkoeffizienten. Aufgrund seiner günstigen Eigenschaften in endlichen Stichproben wird daneben auch das eigentlich für Prognosezwecke vorgeschlagene AIC

[1] Es ergeben sich dann 16 Modelle. Vgl. etwa Backus/Zin [1993], S. 694, Cheung [1993], S 95, Cheung/Lai [1992], S. 438, Crato/ Rothman [1996], S. 8, und Sowell [1992b], S. 285.

$$AIC = (-2\ln(\tilde{L}_{max}) + 2N)/T \tag{8.8}$$

herangezogen.[1] Bei einer robusten Modellauswahl sollten beide Kriterien auf dieselben Modelle hinweisen.

Schließlich sollen weitere Schlußfolgerungen nur auf Grundlage eines Modells erfolgen, dessen Restwerte bekannt sind. Da einstufige Methoden eine Berechnung der Residuen nur schwer zulassen, dienen sie lediglich der Schätzung von $\hat{d}$ und der Ermittlung der Lag-Ordnungen p, q, $p_s$ und $q_s$. Es folgt eine zweistufige Prozedur, die darin besteht, zunächst die Reihe mit $\hat{d}$ fraktionell zu differenzieren, um anschließend einen ARMA-Prozeß mit den ermittelten Ordnungen anzupassen. Für die Anwendung des für unendliche Reihen konzipierten fraktionellen Differenzenfilters (7.1) in der ersten Stufe müssen die Beobachtungswerte, die außerhalb der (endlichen) Stichprobe liegen, mit einem Wert von null angenommen werden. Die Anpassung des ARMA-Prozesses erfolgt mit dem bedingten Kleinstquadrate- (CLS-) Ansatz. Die daraus ermittelten Restwerte werden auf Nichtautokorrelation, Homoskedastie und Normalverteilung untersucht. Die hierfür benutzten Tests sind in Anhang 8 beschrieben.

Für dieses etwas umständliche, zuletzt wiederum zweistufige Verfahren spricht, daß die Vorzüge der Whittle- und ML-Methode bei der Festlegung von $\hat{d}$ und p, q, $p_s$, $q_s$ ausgenutzt werden können, ohne auf eine Berechnung der Residuen zu verzichten. Die sonst häufig unterlassene Untersuchung der Restwerte auf Modellannahmeverletzungen ist, wie bereits angedeutet, zum einen ein wesentliches Element zur Beurteilung der Spezifikation, das diesen Mehraufwand rechtfertigt. Außerdem ist gewährleistet, daß die angegebenen asymptotischen und Kleinstichprobeneigenschaften der Schätzer tatsächlich vorliegen, wenn die Residuen alle Modellannahmen erfüllen. Nicht zuletzt bietet das Vorgehen die Möglichkeit, weitere Überlegungen über die Robustheit der Ergebnisse anzustellen. So sollten bei einem stabilen Ergebnis die mit dem CLS-Ansatz geschätzten Parameter des ARMA-Prozesses in ihrer Größenordnung ungefähr denjenigen der einstufigen Methoden entsprechen und gleichzeitig die Informationskriterien auf dieselben Modelle hinweisen. Das in zwei Stufen ermittelte Ergebnis wird schließlich als Grundlage für die Schätzung der Persistenz gemäß Abschnitt 7.5 herangezogen.

---

[1] Auch dieses Kriterium soll minimiert werden. Zu einer Diskussion der Eigenschaften beider Kriterien vgl. Lütkepohl [1993], S. 132ff.

# 9 Ergebnisse der Persistenzschätzung

Die empirische Bestimmung von $C_k$ soll vor dem Hintergrund der in Abschnitt 7.2 motivierten Annahme geschehen, daß die Reihen $\Delta B_t$ (also $\Delta B_t^{(r)}$ bzw. $\Delta b_t$) Prozessen mit langem Gedächtnis folgen. Damit wird angenommen, daß $B_t$ jeweils einen Integrationsparameter im Wertebereich von $1 < d < 1{,}5$ annimmt.

## 9.1 GPH-Schätzungen

Stellt die Reihe $\Delta B_t$ einen Prozeß mit langem Gedächtnis dar, so ist die Anwendungsvoraussetzung $-0{,}5 < d < 0{,}5$ der GPH-Methode erfüllt, wenn die Schätzung aufgrund des Defizits stattfindet. Tabelle 9.1 zeigt die Schätzergebnisse für beide Reihen in dem betrachteten Beobachtungszeitraum von 1975:1 bis 1997:1. Bei der empfohlenen Wahl von $\overline{\alpha} = 0{,}5$ basiert die OLS-Schätzung auf $\kappa = 9$ Werten.

Tab. 9.1: GPH-Schätzung

| | $\Delta B_t^{(r)}$ | $\Delta b_t$ |
|---|---|---|
| $\alpha$ | 0,5 | 0,5 |
| $\hat{d}$ | 0,358 | 0,269 |
| $\sigma_d$ | 0,318 | 0,318 |

Auch wenn die Ergebnisse des weiteren nur als Startwerte herangezogen werden, seien sie kurz interpretiert. Die Punktschätzungen $\hat{d}$ deuten darauf hin, daß für den Schuldenstand $B_t^{(r)} \sim I(1{,}358)$ bzw. $b_t \sim I(1{,}269)$ gilt, so daß die Defizitreihen, wie angenommen, jeweils Prozessen mit langem Gedächtnis folgen. Daneben weist Tab. 9.1 $\sigma_d$, also die theoretischen Standardfehler für $\hat{d}$ aus, mit deren Kenntnis die Hypothese $\mathcal{H}_0$: $\hat{d} = 0$ getestet werden kann. Das Ergebnis dieses auf der Normalverteilung basierenden Tests relativiert die Schlußfolgerungen aus der Punktschätzung; in keinem der beiden Fälle ist der Schätzwert bei üblichen Irrtumswahrscheinlichkeiten signifikant von null verschieden.

Das Phänomen der ungenauen GPH-Schätzer ist keineswegs außergewöhnlich und zeigt sich in vielen Studien.[1] Die Ursache hierfür liegt in den begrenzten Stichproben. Bei dem gegebenen Umfang von $T = 89$ kann bei keiner üblichen Irrtumswahrscheinlichkeit signifikant auf das Vorliegen eines Prozesses mit langem Gedächtnis geschlossen werden. Denn mit der Beziehung $\kappa = T^{\overline{\alpha}}$ wird aus der Formel für $\sigma_d$ in Gleichung (8.2) ersichtlich, daß der Standardfehler bei einer Wahl von $\overline{\alpha} = 0{,}5$ mit dem Wert $\sigma_d = 0{,}318$ vollständig bestimmt ist. Im zweiseitigen Test auf $\mathcal{H}_0\colon \hat{d} = 0$ kann dann selbst bei einem Signifikanzniveau von 10% angesichts des gegebenen Wertebereichs von d die Nullhypothese niemals abgelehnt werden.[2] Der Test hat damit also eine äußerst geringe Macht. Eine Erhöhung der Zahl der einbezogenen Frequenzen $\kappa$ könnte die Macht zwar vergrößern, hätte aber den Nachteil, daß für die Ermittlung des Langfristverhaltens unerhebliche Kurzfristfrequenzen die Schätzung beeinflußten. Streng genommen ist das Problem aber irrelevant, da die Schätzer aus Tabelle 9.1 aufgrund der Mitberücksichtigung auch nahe bei null liegender Frequenzen ohnehin inkonsistent sind (vgl. Abschnitt 8.1). Eine Unterdrückung dieser Frequenzen aus der Schätzung hätte allerdings eine weitere Kürzung des Beobachtungsumfangs zur Folge, so daß noch ungenauere Schätzungen resultierten. Die Inkonsistenz der Startwerte für die einstufigen Methoden muß daher hier in Kauf genommen werden.

## 9.2 Einstufige Methoden

Zur Schätzung der ARFIMA-Modelle werden die ML- bzw. die Whittle-Methode verwendet. Die Diskussion um die Eigenschaften der einstufigen Schätzverfahren in endlichen Stichproben (vgl. Abschnitt 8.4.1) legt nahe, daß Whittle-Schätzer über $\Delta B_t$ und ML-Schätzer über die überdifferenzierte Reihe $\Delta^2 B_t$ bei gleichzeitiger Annahme eines bekannten Mittelwertes von null Ergebnisse von vergleichbarer und guter Qualität erzeugen.

---

[1] Nicht nachzuvollziehen ist dementsprechend, mit welcher Begründung beispielsweise Diebold/Rudebusch [1989], S. 200f., oder Mayadunne/Evans/Inder [1995], S. 149, angesichts der Standardfehler, die (wie hier) in der Höhe etwa den Schätzkoeffizienten entsprechen, zu dem Schluß gelangen, es liege fraktionelle Integration vor. Für die vierteljährlichen Daten bei Diebold/Rudebusch [1989] rangieren die Überschreitungswahrscheinlichkeiten für die zweiseitige Alternative zwischen 18% und 68% (in „Table 2", S. 200, erfolgt unverständlicherweise lediglich eine Angabe für die linksseitige Alternative).

[2] Der kritische Wert von $|1{,}65|$ wird nur dann überschritten, wenn $|\hat{d}| > 0{,}524$.

Whittle-Schätzungen weisen den Vorzug auf, von dem durch die Wiedervereinigung verursachten Strukturbruch unbeeinflußt zu sein. Da nach den Überlegungen in Abschnitt 4.3.2.4 angenommen werden kann, daß sich dieser Bruch lediglich in den deterministischen Komponenten des Datengenerationsprozesses für $B_t$ manifestiert, findet er nur bei der Nullfrequenz seinen Niederschlag, also gerade bei jener Frequenz, die nicht in die Schätzung einfließt. Daher sind Whittle-Schätzer mit einer Vielzahl theoretisch möglicher Modelle für den Bruch - etwa punktuell wirkende, aber auch graduell sich über verschiedene Zeitpunkte erstreckende Veränderungen - vereinbar.

ML-Schätzer sind diesbezüglich weniger vorteilhaft. Die Überdifferenzbildung hat zwar zur Folge, daß ein etwaiger Drift- oder sogar Trendterm in der Reihe von $B_t$ verschwindet. Die Annahme eines bekannten Mittelwertes von null bei der Schätzung der überdifferenzierten Reihe $\Delta^2 B_t$ ist aber angesichts eines Strukturbruches ungeeignet. Hier wird daher eine Impulsdummy-Variable für die Periode des 4. Quartals 1990 einbezogen. Eine solche Variable kann sowohl einen Bruch im Trend als auch im Mittelwert von $B_t$ zu diesem Zeitpunkt modellieren, nicht allerdings zu anderen Zeitpunkten auftretende Nachwirkungen. Aus den in 4.3.2.4 genannten Gründen wird auf die Aufnahme weiterer Impulsdummies verzichtet.

Wie bereits erwähnt, werden die GPH-Schätzer für $\hat{d}$ als Startwerte für die numerische Maximierung verwendet.[1] Nicht in allen Fällen kann ein Maximum gefunden werden.[2] Da die Größenordnung von $\hat{d}$ nur sinnvoll interpretierbar ist, wenn die ARMA-Polynome stationär und invertierbar sind,[3] schließt die Betrachtung ferner die Modelle aus, die diese Eigenschaften nicht erfüllen.

### 9.2.1 Schätzergebnisse für die Defizitquote

#### *9.2.1.1 Whittle-Schätzung*

Eine tabellarische Zusammenstellung der Ergebnisse der Whittle-Schätzung für die Defizitquote $\Delta b_t$ findet sich in Tabelle A9.1 (Anhang 9.1). Die Modelle sind jeweils in

[1] Die Startwerte der anderen Koeffizienten sind in den Whittle-Schätzungen null; für die ML-Schätzungen vgl. Doornik/Ooms [1996], S. 12. Die Schätzergebnisse zeigten sich robust gegenüber Variationen dieser Werte.

[2] Zur Methodik der Maximierung und Berechnung der Standardfehler der Koeffizienten vgl. Doan [1992] bzgl. der Whittle-Schätzung und Doornik/Ooms [1996] bzgl. der ML-Schätzung.

[3] Vgl. Abschnitt 7.4.

aufsteigender Reihenfolge der Höhe des SBC angeordnet. Bei den insgesamt 64 Spezifikationen kam die numerische Maximierung in zwei Fällen zu keinem Ergebnis, während 11 nicht invertierbare bzw. nicht stationäre Modelle ermittelt wurden.[1] Die Punktschätzungen der verbleibenden 51 Modelle bewegen sich im Intervall $\hat{d} \in [-0{,}34; 0{,}94]$, weisen also eine Spannweite von R = 1,28 auf. Dieser recht hohe Wert zeigt deutlich den Nachteil einstufiger Methoden, daß die Spezifikation der Kurzfristparameter Rückwirkungen auf die Punktschätzung von $\hat{d}$ hat. Ordnet man die Schätzergebnisse $\hat{d}$ nach ihrer Größe an, so läßt sich graphisch veranschaulichen (Abb. 9.1), daß diese Rückwirkungen jedoch sehr gering sind.

Abb. 9.1: Whittleschätzung von $\hat{d}$ ; Defizitquote

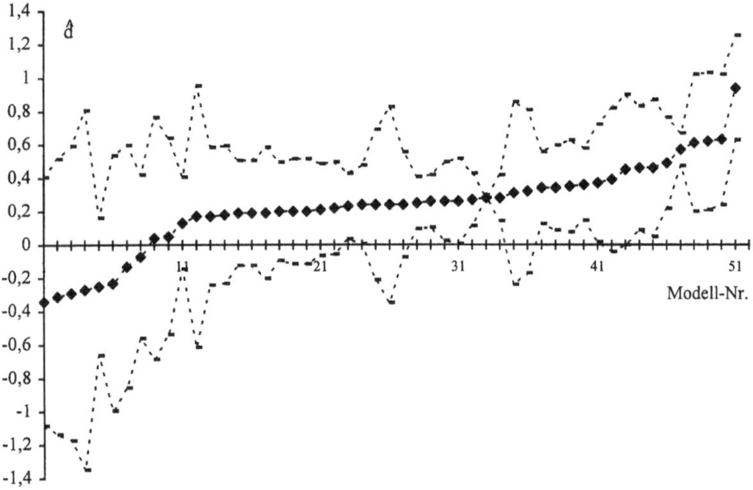


Die Schätzergebnisse von $\hat{d}$ sind der Größe nach angeordnet.

Zunächst fällt auf, daß ein überwiegender Teil der Schätzungen von ungefähr gleicher Höhe ist. So liegen 31 der 51 Schätzwerte für d in dem engen Intervall von $\hat{d} \in [0{,}17; 0{,}39]$. Zu einer weiteren Präzisisierung bedarf es der Betrachtung der Standardfehler von $\hat{d}$, deren Schätzwert mit $\hat{\sigma}_d$ bezeichnet wird. Abb. 9.1 umfaßt ein

[1] Die Modelle mit den sechs geringsten Punktschätzungen für d waren ausnahmslos nicht invertierbar. Dies legt nahe, daß sich Wurzeln außerhalb des Einheitskreises der charakteristischen ARMA-Polynome tatsächlich in der Höhe von $\hat{d}$ niederschlagen.

Konfidenzband für eine Irrtumswahrscheinlichkeit von $\alpha = 5\%$, das sich, da Normalverteilung angenommen werden kann, aus $\hat{d}$ +/– $1{,}96\,\hat{\sigma}_d$ ergibt. Das Band schwankt erheblich in seiner Breite, tendenziell ist es im Bereich der sehr kleinen Schätzwerte breiter. Auch dadurch werden die anfänglichen Bedenken einer starken Abhängigkeit der Schätzwerte von der Spezifikation relativiert. Das Intervall $\hat{d} \in [0{,}17;\ 0{,}39]$ liegt nur in 8 Fällen außerhalb des Konfidenzbandes, und mit $\hat{d} = 0{,}28$ läßt sich ein Schätzer angeben, der nur drei Mal nicht im Konfidenzintervall aller Schätzungen liegt. Dies legt die Schlußfolgerung nahe, daß die Schätzungen des Langfristparameters weniger von der Wahl von p, q, $p_S$, $q_S$ abhängen als es anfänglich schien und damit das Spezifikationsproblem nur von geringer Bedeutung ist.

Besonderes Interesse verdient die Frage, ob die Schätzungen überhaupt Evidenz für die Existenz fraktioneller Integration darstellen. Das Konfidenzband umfaßt in mehr als der Hälfte der Fälle (29 von 51) den Wert von null, so daß der Parameter d meist nicht signifikant von null verschieden geschätzt werden kann. Die fast durchweg positiven Punktschätzungen $\hat{d}$ für die verschiedenen Modelle (insgesamt ergeben sich nur in 8 Fällen Schätzwerte, die kleiner als null sind) sprechen jedoch eher gegen eine nur zufällige Abweichung von null und damit für das Vorliegen fraktioneller Integration.

In Abb. 9.2 sind außerdem die jeweils drei besten Modelle, die sich aufgrund der SBC- bzw. AIC-Werte ergeben, unter Angabe des jeweiligen Ranges gekennzeichnet. Die Ermittlung der besten Spezifikation erfolgt robust, nämlich unabhängig von der Wahl des Informationskriteriums. Bezüglich der Auswahl des zweit- und drittbesten Modells ergibt sich lediglich eine Vertauschung der Reihenfolgen. Daraus, daß die Höhe der Punktschätzungen und die Breite des Konfidenzbandes in allen diesen Modellen ungefähr die gleiche Größenordnung aufweisen, läßt sich folgern, daß sich die Whittle-Schätzungen des fraktionellen Integrationsparameters in den unter statistischen Kriterien als brauchbar ermittelten Modellen jeweils entsprechen.[1] Die Konfidenzbänder sind recht eng und schließen ausnahmslos den Wert null aus, so daß die Vermutung fraktioneller Integration erhärtet wird.

---

[1] Im Prinzip zeigt sich dasselbe Ergebnis, wenn mehr als drei Modelle betrachtet werden. Lediglich das aufgrund des AIC-Wertes an 5. Stelle stehende Modell weist mit $\hat{d} = 0{,}63$ einen abweichend hohen Wert auf. Da aufgrund des SBC diesem Modell aber der 19. Rang zukommt, liegt hier wohl ein Ausreißer vor.

Abb. 9.2: Whittleschätzung von $\hat{d}$ ; Defizitquote

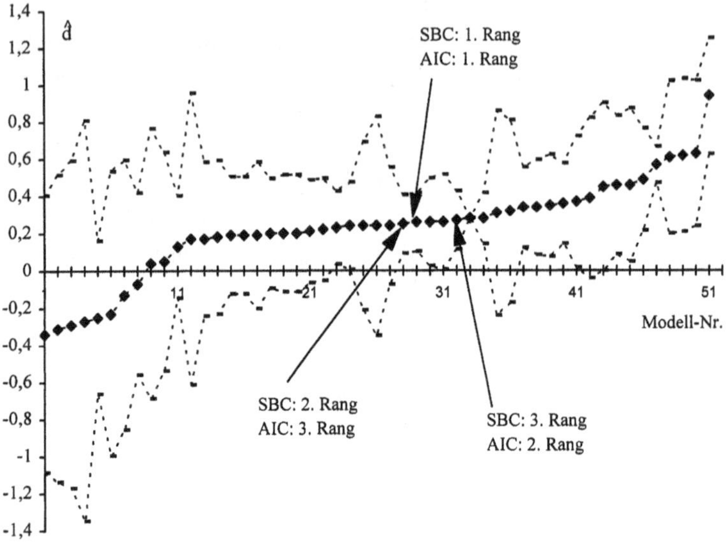


Die Schätzergebnisse von $\hat{d}$ sind der Größe nach angeordnet.

### *9.2.1.2 ML-Schätzung*

Zu ähnlichen Ergebnissen gelangt man bei Betrachtung der ML-Schätzer. Da die Schätzung auf der überdifferenzierten Reihe $\Delta^2 b_t$ beruht, werden zur besseren Vergleichbarkeit bei den folgenden Interpretationen und Graphiken die Werte für $\hat{d}$ aus Tab. A9.2 (Anhang A9.1) um eins erhöht. Die Punktschätzungen aller 47 Modelle (in zwei Fällen war eine Maximierung nicht möglich, in 15 Fällen ergaben sich nichtstationäre bzw. nicht invertierbare Modelle) zeigen in Abb. 9.3 einen ähnlichen Verlauf wie in Abb. 9.1.

Mit dem Intervall $\hat{d} \in [-0{,}18; 0{,}97]$ ergibt sich eine Spannweite von $R = 1{,}15$ und daher ein mit den Whittle-Schätzern vergleichbares Ergebnis. Auch hier liegen die meisten Schätzungen jedoch näher beieinander; so fallen 27 Schätzungen in das in Abschnitt 9.2.1.1 genannte Intervall $\hat{d} \in [0{,}17; 0{,}39]$. Die 5%-Konfidenzbänder sind zum Teil recht breit und umfassen oft auch den Wert null. Für einen signifikant positiven Koeffizienten $\hat{d}$ spricht allerdings auch hier, daß nur in 3 Fällen die

Punktschätzung von d negativ ist. Das Intervall $\hat{d} \in [0{,}17; 0{,}39]$ ist außerdem nur in 5 Fällen nicht vollständig im Konfidenzband eingeschlossen, so daß alles in allem auch hier die Schätzung wenig von der Wahl der Spezifikation beeinflußt zu sein scheint.

Abb. 9.3: ML-Schätzung von $\hat{d}$; Defizitquote

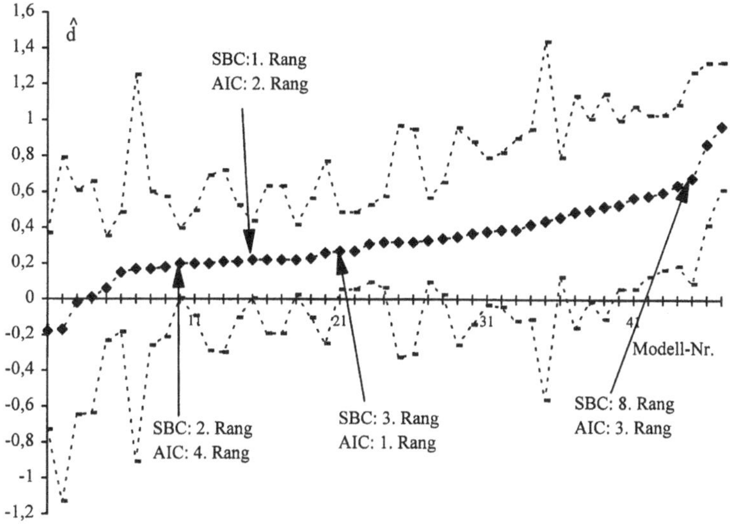


Die Schätzergebnisse von $\hat{d}$ sind der Größe nach angeordnet.

Die jeweils gemäß SBC ausgewählten Modelle werden auch vom AIC-Wert favorisiert und weisen ähnliche Größenordnungen für $\hat{d}$ und $\hat{\sigma}_d$ auf. Allerdings sind die Konfidenzintervalle etwas breiter als im Falle der Whittle-Schätzer und schließen in einem Modell[1] den Wert null gerade noch mit ein. Auffällig ist außerdem der deutlich abweichende Schätzwert von $\hat{d} = 0{,}68$ des aufgrund des AIC-Wertes drittbesten Modells. Auch hier soll angenommen werden, daß es sich um einen Ausreißer handelt, da die 8. Ordnung des SBC das Modell nicht besonders stark stützt.[2] So spricht diesen Bedenken zum Trotz auch das Ergebnis der ML-Schätzung für das Vorliegen von fraktioneller Integration mit einem Integrationsparameter, der sich in den unter

[1] Aufgrund von Rundungen scheinen zwei Modelle in Tab. A9.2 einen Wert von null einzuschließen. Genauere Schätzwerte finden sich in Tab. 9.2.

[2] Das Modell entspricht nicht dem zuvor angesprochenen aufgrund des AIC-Wertes fünftbesten Modell der Whittle-Schätzung.

statistischen Kriterien herausragenden Spezifikationen in seiner Höhe unabhängig von der Spezifikation ergibt.

### *9.2.1.3 Vergleich*

Die Schlußfolgerungen aus den vorherigen Abschnitten werden deutlich durch den Vergleich der jeweils ermittelten Modelle erhärtet. Fast zweifelsfrei läßt sich die Aussage treffen, daß die Schätzergebnisse bezüglich der Methoden robust sind. Zunächst ist festzustellen, daß die drei, in den Abschnitten 9.2.1.1 und 9.2.1.2 unabhängig voneinander ermittelten, besten Modelle exakt einander entsprechen, sofern allein das SBC herangezogen wird. Dies erlaubt einen direkten Vergleich aller Schätzkoeffizienten, die in Tabelle 9.2 einander gegenübergestellt sind.

Tab. 9.2: Vergleich der Schätzergebnisse; Defizitquote

| **Modell** | **Whittle** | | **ML** | |
|---|---|---|---|---|
| **ARMA(p,q);($p_s$,$q_s$)** | **Koeffizienten (Standardfehler)** | **Rang** | **Koeffizienten (Standardfehler)** | **Rang** |
| ARMA(0,0);(1,0) | $\hat{d} = 0{,}255$ (0,083)<br>$\hat{\phi}_{1,s} = 0{,}318$ (0,08) | SBC: 1<br>AIC: 1 | $\hat{d} = 0{,}219$ (0,107)<br>$\hat{\phi}_{1,s} = 0{,}349$ (0,104) | SBC: 1<br>AIC: 2 |
| ARMA(0,0);(0,1) | $\hat{d} = 0{,}249$ (0,083)<br>$\hat{\theta}_{1,s} = 0{,}287$ (0,08) | SBC: 2<br>AIC: 3 | $\hat{d} = 0{,}196$ (0,102)<br>$\hat{\theta}_{1,s} = 0{,}314$ (0,096) | SBC: 2<br>AIC: 4 |
| ARMA(0,0);(1,1) | $\hat{d} = 0{,}271$ (0,078)<br>$\hat{\phi}_{1,s} = 0{,}568$ (0,378)<br>$\hat{\theta}_{1,s} = -0{,}288$ (0,457) | SBC: 3<br>AIC: 2 | $\hat{d} = 0{,}268$ (0,105)<br>$\hat{\phi}_{1,s} = 0{,}978$ (0,039)<br>$\hat{\theta}_{1,s} = -0{,}867$ (0,121) | SBC: 3<br>AIC: 1 |

Die Bezeichnungen der Koeffizienten beziehen sich auf das Modell

$$(1-L)^d \Delta b_t = \mu_0 + \sum_{i=1}^{p} \phi_i \Delta b_{t-i} + \sum_{i=0}^{p_s} i\phi_{i,s} \Delta b_{t-4i} + \varepsilon_t + \sum_{i=1}^{q} \theta_i \varepsilon_{t-i} + \sum_{i=0}^{q_s} i\theta_{i,s} \varepsilon_{t-4i} + \mu_1 D_{P1t}$$

mit[1] $Dp_{1t} = 1$ für $t > 90{:}3$, sonst 0 oder $Dp_{1t} = 1$ für $t = 90{:}4$, sonst 0.

[1] Im Fall der Whittle-Schätzung ergäben sich, wie in 6.2 erwähnt, weitere Möglichkeiten für die Modellierung der Dummies.

Besonders die sparsameren Modelle ARMA(0,0);(1,0) und ARMA(0,0);(0,1) zeigen eine beeindruckende Übereinstimmung der Koeffizienten. Da lediglich in einem Fall die Hypothese $\hat{d} = 0$ bei einem 5%-igen Signifikanzniveau nur sehr knapp akzeptiert werden muß, kann unabhängig von der Wahl der Methode oder des Modells für die Schuldenstandsquote von einem Prozeß mit langem Gedächtnis gesprochen werden. Der fraktionelle Integrationsparameter läßt sich mit $\hat{d} \in [0{,}196; 0{,}268]$ beziffern und entspricht damit in etwa auch dem GPH-Schätzwert.

### 9.2.2 Schätzergebnisse für das reale Defizit

Die Schätzergebnisse des analogen Vorgehens für das reale Defizit $\Delta B_t^{(r)}$ finden sich in den Tabellen A9.3 und A9.4 im Anhang A9.1. Insgesamt stehen 47 (Whittle-Schätzung) bzw. 49 (ML-Schätzung) interpretierbare Ergebnisse zur Verfügung.

#### *9.2.2.1 Whittle-Schätzung*

Die Whittle-Methode liefert ausschließlich positive Punktschätzungen in einem Intervall von $\hat{d} \in [0{,}05; 1{,}3]$. Mit $R = 1{,}25$ ergibt sich eine ähnliche Spannweite wie für die Defizitquote. Der gleichmäßige Anstieg der Werte für $\hat{d}$ in Abb. 9.4 veranschaulicht jedoch, daß die unbefriedigend breite Streuung für unterschiedliche Spezifikationen nicht wie zuvor auf Ausreißer zurückgeführt werden kann.

Damit gestaltet sich die Festlegung des fraktionellen Integrationsparameters schwieriger, und das Ergebnis wird mit einem höheren Maß an Unsicherheit behaftet sein. Für das Vorliegen von fraktioneller Integration spricht jedoch, daß abgesehen von nur 3 Ausnahmen alle Punktschätzer zwischen null und eins liegen, also nicht mit der Wahl der Spezifikation um einen dieser Werte schwanken. Der gleiche Eindruck ergibt sich aufgrund der Konfidenzbänder, die nur in 15 Fällen den Wert null und in 14 Fällen den Wert eins einschließen, und das oft auch nur sehr knapp.

Abb. 9.4: Whittleschätzung von $\hat{d}$; reales Defizit

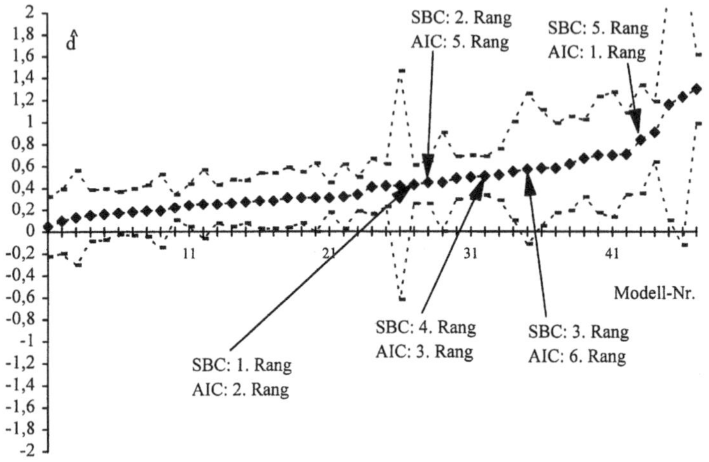


Die Schätzergebnisse von $\hat{d}$ sind der Größe nach angeordnet.

Eine gewisse Skepsis gegenüber dieser Schlußfolgerung vermitteln jedoch die Informationskriterien. Zunächst ist festzustellen, daß beide Kriterien jeweils andere Modelle als beste Spezifikationen herausstellen, so daß wiederum die Robustheit der Ergebnisse in Frage gestellt werden muß. Lediglich für das aufgrund des SBC beste Modell spricht auch ein sehr niedriger AIC-Wert, so daß dieser Spezifikation zweifelsohne eine besondere Bedeutung zukommt. Der sich daraus ergebende Wert von $\hat{d} = 0{,}435$ ist in der überwiegenden Zahl der Konfidenzbänder (in 36 von 47 Fällen) enthalten. Die das AIC minimierende Spezifikation hingegen weist einen nicht signifikant von eins verschiedenen Schätzwert für d auf, während das Konfidenzband des nach dem SBC drittbesten Modells die Werte null und eins einschließt. Da die Bänder in beiden Fällen vergleichsweise breit sind, sind die Schätzungen allerdings unpräzise und sollen damit auch nicht als Evidenz gegen fraktionelle Integration gewertet werden. Abgesehen von diesen beiden Modellen weisen die restlichen drei in Abb. 9.4 gekennzeichneten Schätzungen deutlich schmalere Konfidenzbänder auf und liegen bezüglich ihrer Größenordnung eng beieinander. Im Gesamtbild sprechen die Whittle-Schätzer daher doch eher für das Vorliegen von fraktioneller Integration, auch wenn im Gegensatz zur Defizitquote hier gewisse Zweifel an der Robustheit der Ergebnisse bezüglich der Spezifikation der ARMA-Koeffizienten bestehen.

### *9.2.2.2 ML-Schätzung*

Die Maximum-Likelihood-Schätzer lassen eine solche Aussage hingegen durchaus nicht zu.[1] Das sehr gleichmäßige Ansteigen der Werte von $\hat{d}$ in dem breiten Intervall von $\hat{d} \in [-1{,}11;\ 1{,}4]$ zeigt zum einen den deutlichen Einfluß der Spezifikation auf die Schätzung des fraktionellen Integrationsparameters (vgl. Abb. 9.5).

Abb. 9.5: ML-Schätzung von $\hat{d}$; reales Defizit

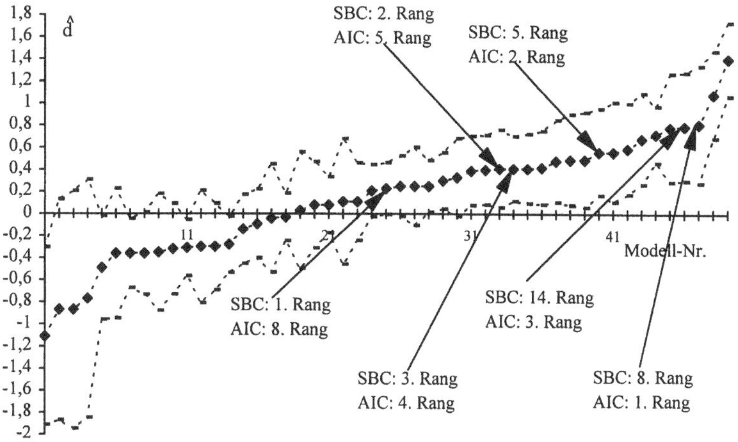


Die Schätzergebnisse von $\hat{d}$ sind der Größe nach angeordnet.

Da immerhin 18 der Punktschätzungen negativ sind, könnte zum anderen ein zufälliges Schwanken um den Wert $d = 0$ vorliegen. Tatsächlich sind bei einer Irrtumswahrscheinlichkeit von $\alpha = 5\%$ ca. die Hälfte aller Schätzwerte $\hat{d}$ nicht signifikant von null verschieden. Es ergeben sich sogar signifikant negative Werte für $\hat{d}$ oder solche, die signifikant größer sind als eins. Ob überhaupt bzw. in welcher Größenordnung fraktionelle Integration vorliegt, kann daher nur entschieden werden, wenn die Informationskriterien deutliche Rückschlüsse ermöglichen. Die Auswahl der drei die jeweiligen Kriterien minimierenden Modelle zeigt jedoch kein klares Bild (vgl. Kennzeichnungen in Abb. 9.5). Das Modell, das aufgrund des SBC Rang 1 innehat, liefert keinen signifikant von null verschiedenen Schätzwert für d,[2] während das

[1] Vgl. Tab. A9.4 im Anhang A9.1. Wie im Falle der Defizitquote beziehen sich die Interpretationen über $\hat{d}$ hier auf $\Delta b_t$ und nicht auf die zweite Differenz, die zur Schätzung herangezogen wurde.

[2] Dieses Ergebnis kommt aber nur sehr knapp zustande.

entsprechende Modell bei Betrachtung des AIC einen nicht signifikant von eins verschiedenen Wert annimmt. Niedrige SBC-Werte gehen außerdem selten mit niedrigen AIC-Werten einher und umgekehrt. Da die Punktschätzungen der ausgewählten Modelle sich jedoch bei recht breiten Konfidenzintervallen in erheblichem Maße voneinander unterscheiden, spricht das Ergebnis auch nicht klar gegen das Vorliegen von fraktioneller Integration. Allein möglich ist die unbefriedigende Schlußfolgerung, daß keine robuste Aussage getroffen werden kann.

Eine Ursache für die schlechte Qualität der ML-Schätzer könnte in einer unzutreffenden Annahme über die notwendige Anzahl der Differenzen liegen. Gälte für $\Delta B_t^{(r)} \sim I(d)$ mit $0{,}5 < d < 1{,}5$, so wäre die Überdifferenz, die für die vorteilhaften, unter 8.4.1 diskutierten Kleinstichprobeneigenschaften der Methode notwendig ist, erst mit der dritten Ordnung $\Delta^3 B_t^{(r)}$ erreicht. Als Indiz hierfür können die im Vergleich zur Defizitquote zum Teil sehr hohen Punktschätzungen für d gewertet werden. Eine ML-Schätzung mit $\Delta^3 B_t^{(r)}$, deren Ergebnisse in Tab. A9.5 im Anhang[1] dargestellt sind, ist nur in 53 Fällen möglich. Hiervon ergeben sich 15 nicht invertierbare Modelle, so daß schließlich nur 38 Schätzungen zur Interpretation zur Verfügung stehen. Eine solch geringe Anzahl macht einen Vergleich des viel engeren Intervalls $\hat{d} \in [-0{,}21;\ 1{,}58]$ mit der Schätzung auf Basis der zweiten Differenzen schwierig. Trotz dieses Vorbehaltes läßt Abb. 9.6 jedoch erkennen, daß mit ca. 74% der erheblich größte Teil der Punktschätzungen zwischen null und eins liegt, und, da ca. 53% der Schätzungen in das relativ enge Intervall von $\hat{d} \in [0{,}31;\ 0{,}66]$ fallen, bei mehr als der Hälfte der Spezifikationen der Wert von $\hat{d}$ kaum schwankt. Da die Schätzungen in diesem Intervall auch recht präzise sind und die Konfidenzbänder i. d. R. weder null noch eins einschließen, liegen deutliche Anzeichen für fraktionelle Integration vor, auch wenn wohl nicht von einer Unabhängigkeit des Schätzers $\hat{d}$ von der Spezifikation gesprochen werden kann.

Die Überlegenheit dieser Schätzungen gegenüber denjenigen, die auf der zweiten Differenz beruhen, zeigt sich jedoch besonders bei Betrachtung der Informationskriterien. Da hier niedrige AIC-Werte mit ebensolchen SBC-Werten einhergehen und die Schätzungen für $\hat{d}$ in den aufgrund der Kriterien favorisierten Modellen eine ähnliche Größenordnung aufweisen, ist ein robuster Rückschluß über

---

[1] Vgl. Anhang 9.1. Um Vergleichbarkeit herzustellen, wird im folgenden der Wert 2 zu den dort ausgewiesenen Schätzergebnissen von $\hat{d}$ addiert.

die Höhe von $\hat{d}$ möglich. Der fraktionelle Integrationsparameter liegt in allen drei Modellen nahe an dem Wert von $\hat{d} = 0{,}5$, so daß die dreifache Differenzbildung gerechtfertigt ist.

Abb. 9.6: ML-Schätzung von $\hat{d}$ auf Basis der Differenzen dritter Ordnung; reales Defizit

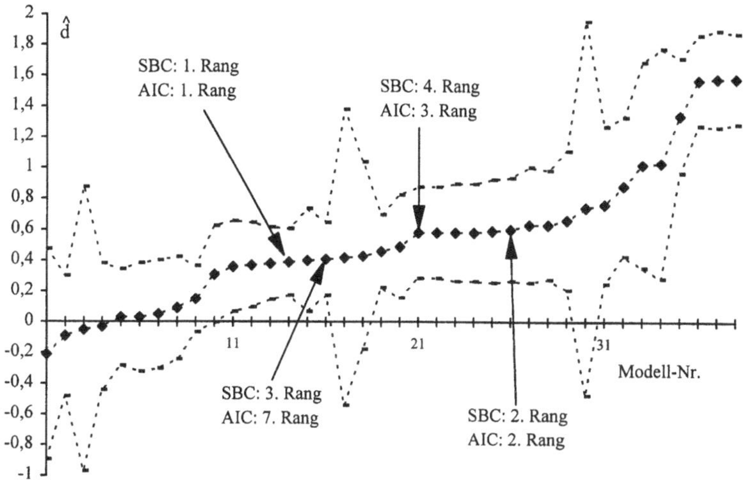


Die Schätzergebnisse von $\hat{d}$ sind der Größe nach angeordnet.

### *9.2.2.3 Vergleich*

Sind die bisher getroffenen Aussagen auch mit einer höheren Unsicherheit behaftet als im Fall der Defizitquote, so spricht doch deutlich für ihre Allgemeingültigkeit, daß sich wiederum die aufgrund des SBC-Wertes ausgewählten Spezifikationen bei der Whittle- und ML-Schätzung gerade entsprechen. Die Gegenüberstellung der Ergebnisse dieser Modelle in Tabelle 9.3 zeigt ferner eine gute Übereinstimmung aller Koeffizienten, so daß nicht nur die Auswahl der Spezifikationen, sondern auch die einzelnen Schätzwerte robust gegenüber der Methode sind.

Tab. 9.3: Vergleich der Schätzergebnisse; reales Defizit

| **Modell** | **Whittle 1. Differenz** | | **ML 3. Differenz** | |
|---|---|---|---|---|
| **ARMA(p,q);($p_s$,$q_s$)** | **Koeffizienten** **(Standardfehler)** | **Rang** | **Koeffizienten** **(Standardfehler)** | **Rang** |
| ARMA(0,0);(1,1) | $\hat{d}$ = 0,435 (0,094)<br>$\hat{\phi}_{1,s}$ = 0,857 (0,055)<br>$\hat{\theta}_{1,s}$ = −0,455 (0,092) | SBC: 1<br>AIC: 2 | $\hat{d}$ = 0,389 (0,114)<br>$\hat{\phi}_{1,s}$ = 0,943 (0,050)<br>$\hat{\theta}_{1,s}$ = −0,605 (0,120) | SBC: 1<br>AIC: 1 |
| ARMA(1,0);(1,1) | $\hat{d}$ = 0,450 (0,101)<br>$\hat{\phi}_1$ = −0,021 (0,047)<br>$\hat{\phi}_{1,s}$ = 0,852 (0,054)<br>$\hat{\theta}_{1,s}$ = −0,457 (0,088) | SBC: 2<br>AIC: 5 | $\hat{d}$ = 0,414 (0,119)<br>$\hat{\phi}_1$ = −0,035 (0,040)<br>$\hat{\phi}_{1,s}$ = 0,931 (0,050)<br>$\hat{\theta}_{1,s}$ = −0,602 (0,116) | SBC: 3<br>AIC: 7 |
| ARMA(0,1);(1,1) | $\hat{d}$ = 0,573 (0,349)<br>$\hat{\theta}_1$ = −0,162 (0,400)<br>$\hat{\phi}_{1,s}$ = 0,868 (0,050)<br>$\hat{\theta}_{1,s}$ = −0,506 (0,110) | SBC: 3<br>AIC: 6 | $\hat{d}$ = 0,594 (0,168)<br>$\hat{\theta}_1$ = −0,262 (0,144)<br>$\hat{\phi}_{1,s}$ = 0,942 (0,053)<br>$\hat{\theta}_{1,s}$ = −0,667 (0,115) | SBC: 2<br>AIC: 2 |

Siehe Anmerkungen zu Tab. 9.2, wobei hier anstelle von $\Delta b_t$ die Reihe $\Delta B_t^{(r)}$ steht.

Wie zuvor zeigt sich nur in einem Fall ein Koeffizient $\hat{d}$, der sich nicht signifikant von null unterscheidet. Alle anderen Schätzungen sprechen deutlich für das Vorliegen von fraktioneller Integration. Der Integrationsparameter ist mit $\hat{d} \in [0{,}389; 0{,}594]$ zu quantifizieren. Es entspricht auch dem Ergebnis der GPH-Schätzungen, daß die Reihe des realen Defizits $\Delta B_t^{(r)}$ einen höheren Integrationsgrad aufweist als die der Quote $\Delta b_t$. Da das Intervall den Wert $\hat{d} = 0{,}5$ einschließt, kann allerdings nicht entschieden werden, ob es sich um einen Prozeß mit langem Gedächtnis handelt.

### 9.2.3 Beurteilung der Spezifikation

Die aus den einstufigen Verfahren gewonnenen Erkenntnisse über die Spezifikation und Höhe des fraktionellen Integrationsparameters werden nach der in 8.5 vorgestellten Methodik benutzt, um die Restwerte zu gewinnen. Da die Schätzung des fraktionellen Integrationsparameters robust gegenüber der Wahl der Schätzmethode ist, ist es für die Differenzbildung unerheblich, ob bei gegebener Spezifikation der Differenzenfilter der Whittle- oder der ML-Schätzung herangezogen wird. Die an das ARMA-Modell angepaßten Koeffizienten und Restwerte entsprechen sich in beiden Fällen praktisch, so daß eine Präsentation der Ergebnisse genügt, die allein auf dem Wert von $\hat{d}$ einer der beiden Methoden beruht. Die Wahl fiel auf die Whittle-Schätzung, da sie mit einer breiten Klasse von Modellen für den Strukturbruch vereinbar ist. Die folgenden Schlußfolgerungen bleiben von dieser Wahl unbeeinflußt. Bei der Schätzung des ARMA-Modells in der zweiten Stufe wird der durch die Wiedervereinigung verursachte Bruch mit einer Impulsdummy in der Periode 90:4 modelliert.

#### *9.2.3.1 Defizitquote*

Die Schätzergebnisse aus der Anpassung eines ARMA-Modells an die fraktionell integrierte Defizitquote sind in Tab. 9.4 wiedergegeben. Die gute Übereinstimmung mit den Koeffizienten der Whittle-Schätzung untermauert die Robustheit der bisherigen Ergebnisse in noch stärkerem Maße. Einzelheiten zu den hier benutzten Tests finden sich in Anhang 8. Für die Eignung der Spezifikationen sprechen die Ergebnisse der LM-Tests. Demnach gibt es keine Anhaltspunkte für Autokorrelation oder ARCH-Effekte. Hingegen kommen die Tests auf Normalverteilung zu widersprüchlichen Aussagen. Während der KS-Test deutlich die Nullhypothese der Normalverteilung stützt, zeigt der DH-Test ein ebenso klares gegenteiliges Ergebnis. Die Eigenschaft des DH-Tests, heftig auf Ausreißerwerte zu reagieren, läßt eine Vermutung über die Ursache dieses Phänomens zu. Ein Blick auf den Verlauf der Restwerte (Abbildungen im Anhang 9.2) bestätigt, daß ein Ausreißerwert in der Periode 92:4 zur Ablehnung der Nullhypothese des DH-Tests geführt haben könnte.

Tab. 9.4: Schätzung 1; Defizitquote

| **Modell** | **ARMA(0,0);(1,0)** | **ARMA(0,0);(0,1)** | **ARMA(0,0);(1,1)** |
|---|---|---|---|
| Differenzenfilter | $\hat{d} = 0{,}255$ | $\hat{d} = 0{,}249$ | $\hat{d} = 0{,}271$ |
| Koeffizienten (Standardfehler) | $\hat{\phi}_{1,s} = 0{,}380$ (0,102)<br>$\hat{\mu}_0 = 5{,}612$ (5,025)<br>$\hat{\mu}_1 = -82{,}474$ (26,641) | $\hat{\theta}_{1,s} = 0{,}273$ (0,110)<br>$\hat{\mu}_0 = 7{,}932$ (3,951)<br>$\hat{\mu}_1 = -71{,}292$ (28,324) | $\hat{\phi}_{1,s} = 0{,}662$ (0,169)<br>$\hat{\theta}_{1,s} = -0{,}313$ (0,215)<br>$\hat{\mu}_0 = 4{,}653$ (6,544)<br>$\hat{\mu}_1 = -95{,}539$ (26,667) |
| $pv(LM_k)$: Überschreitungs-wahrscheinlichkeit LM-Test auf Auto-korrelation k-ter Ordnung | $pv(LM_1) = 0{,}71$<br>$pv(LM_2) = 0{,}90$<br>$pv(LM_3) = 0{,}90$<br>$pv(LM_4) = 0{,}94$<br>$pv(LM_5) = 0{,}93$<br>$pv(LM_6) = 0{,}46$<br>$pv(LM_7) = 0{,}60$<br>$pv(LM_8) = 0{,}43$<br>$pv(LM_{10}) = 0{,}63$<br>$pv(LM_{12}) = 0{,}74$ | $pv(LM_1) = 0{,}59$<br>$pv(LM_2) = 0{,}66$<br>$pv(LM_3) = 0{,}76$<br>$pv(LM_4) = 0{,}85$<br>$pv(LM_5) = 0{,}85$<br>$pv(LM_6) = 0{,}25$<br>$pv(LM_7) = 0{,}39$<br>$pv(LM_8) = 0{,}13$<br>$pv(LM_{10}) = 0{,}23$<br>$pv(LM_{12}) = 0{,}33$ | $pv(LM_1) = 0{,}53$<br>$pv(LM_2) = 0{,}77$<br>$pv(LM_3) = 0{,}85$<br>$pv(LM_4) = 0{,}92$<br>$pv(LM_5) = 0{,}87$<br>$pv(LM_6) = 0{,}66$<br>$pv(LM_7) = 0{,}74$<br>$pv(LM_8) = 0{,}71$<br>$pv(LM_{10}) = 0{,}84$<br>$pv(LM_{12}) = 0{,}88$ |
| $pv(LM_k)$: Überschreitungs-wahrscheinlichkeit LM-Test auf ARCH-Effekte k-ter Ordnung | $pv(LM_1) = 0{,}94$<br>$pv(LM_2) = 0{,}98$<br>$pv(LM_3) = 0{,}97$<br>$pv(LM_4) = 0{,}99$<br>$pv(LM_5) = 0{,}89$<br>$pv(LM_6) = 0{,}94$<br>$pv(LM_7) = 0{,}92$<br>$pv(LM_8) = 0{,}96$<br>$pv(LM_{10}) = 0{,}98$<br>$pv(LM_{12}) = 0{,}98$ | $pv(LM_1) = 0{,}92$<br>$pv(LM_2) = 0{,}96$<br>$pv(LM_3) = 0{,}94$<br>$pv(LM_4) = 0{,}97$<br>$pv(LM_5) = 0{,}85$<br>$pv(LM_6) = 0{,}92$<br>$pv(LM_7) = 0{,}94$<br>$pv(LM_8) = 0{,}96$<br>$pv(LM_{10}) = 0{,}98$<br>$pv(LM_{12}) = 0{,}99$ | $pv(LM_1) = 0{,}89$<br>$pv(LM_2) = 0{,}99$<br>$pv(LM_3) = 1{,}00$<br>$pv(LM_4) = 1{,}00$<br>$pv(LM_5) = 0{,}94$<br>$pv(LM_6) = 0{,}97$<br>$pv(LM_7) = 0{,}94$<br>$pv(LM_8) = 0{,}97$<br>$pv(LM_{10}) = 0{,}98$<br>$pv(LM_{12}) = 0{,}98$ |
| Überschreitungs-wahrscheinlichkeit Test auf Normal-verteilung | DH: pv = 0,00<br>KS: pv = 0,74 | DH: pv = 0,00<br>KS: pv = 0,67 | DH: pv = 0,00<br>KS: pv = 0,83 |

Die Bezeichnungen der Koeffizienten beziehen sich auf das Modell

$$(1-L)^d \Delta b_t = \mu_0 + \sum_{i=1}^{p} \phi_i \Delta b_{t-i} + \sum_{i=0}^{p_s} i\phi_{i,s} \Delta b_{t-4i} + \varepsilon_t + \sum_{i=1}^{q} \theta_i \varepsilon_{t-i} + \sum_{i=0}^{q_s} i\theta_{i,s} \varepsilon_{t-4i} + \mu_1 D_{P1t}$$

mit $Dp_{1t} = 1$ für t = 90:4, sonst 0.

Dieser Wert scheint durch eine der zuvor erwähnten Nachwirkungen der Wiedervereinigung zustande gekommen zu sein, so daß die Annahme eines punktuell in einer Periode auftretenden Bruches nicht adäquat wäre. Die als Schätzung 2 bezeichnete Erweiterung um eine Impulsdummy in 92:4 führt, wie Tab. 9.5 zeigt, zu einer deutlichen Nichtablehnung der Nullhypothese der Normalverteilung in allen Fällen. Allerdings kommt es - besonders im ARMA(0,0);(0,1)-Modell - zu mehr oder weniger starken Zweifeln an der Annahme der Nichtautokorrelation und Homoskedastie. Das Auftreten von Autokorrelation nach Aufnahme zusätzlicher Variablen ist ein ungewöhnliches Phänomen. Eine mögliche Erklärung wäre, daß der bedeutende Ausreißerwert[1] in 92:4, sofern er nicht mit einer Dummyvariable modelliert wird, das Autokorrelationsmuster der Reihe der Restwerte heftig beeinflußt. Dadurch könnten Tests auf Autokorrelation wie für Schätzung 1 Nichtautokorrelation anzeigen, obwohl tatsächlich Autokorrelation vorliegt. Wenn diese Erklärung im konkreten Fall zuträfe, sollte ein Test für den Teilzeitraum vor der Wiedervereinigung, also für 75:1 bis 90:3, deutlich auf Autokorrelation hinweisen. Da dies, wie in Tab. A9.6 im Anhang A9.3 abgebildet, nicht der Fall ist, bestätigt sich die Annahme der Nichtautokorrelation in Schätzung 1.

Können die Ursachen der z. T. einander widersprechenden Ergebnisse nicht geklärt werden,[2] so müssen die Konsequenzen möglicher Annahmeverletzungen in beiden Schätzungen abgewogen werden. Die Wirkungen von autokorrelierten und heteroskedastischen Restwerten für die Whittle- und ML-Schätzung von ARFIMA-Modellen sind unbekannt. Schlußfolgerungen aufgrund von Schätzung 2 sollten daher unterbleiben. Deswegen bietet sich zur weiteren Analyse nur Schätzung 1 an, obwohl die DH-Tests auf Normalverteilung die Nullhypothese deutlich ablehnen. Wie die krassen Unterschiede in den Ergebnissen der LM-Tests von Schätzung 1 und Schätzung 2 zeigen, ist wohl einzig in dem Ausreißerwert 1992:4 die Ursache für die geringe Überschreitungswahrscheinlichkeit bei Schätzung 1 zu sehen. Dieser Ausreißer ist zweifellos auf budgetäre Nachwirkungen der Wiedervereinigung zurückzuführen und liegt daher in einem Ereignis begründet, das sich auch bei einer erheblichen Vergrößerung des Betrachtungszeitraums nicht wiederholen dürfte.[3]

---

[1] Die Bedeutung kann auch an der hohen Signifikanz des Koeffizienten der Impulsvariable erkannt werden.

[2] Anhand verschiedener Kombinationen weiterer Dummyvariablen wurde auch geprüft, ob andere Ausreißer das Phänomen verursachten. Es ergaben sich keine derartigen Hinweise.

[3] Versuche, das außergewöhnlich hohe Defizit im 4. Quartal 1992 zu erklären, finden sich bei Deutsche Bundesbank [1993], S. 36.

Tab. 9.5: Schätzung 2; Defizitquote

| **Modell** | **ARMA(0,0);(1,0)** | **ARMA(0,0);(0,1)** | **ARMA(0,0);(1,1)** |
|---|---|---|---|
| Differenzenfilter | $\hat{d} = 0{,}255$ | $\hat{d} = 0{,}249$ | $\hat{d} = 0{,}271$ |
| Koeffizienten (Standardfehler) | $\hat{\phi}_{1,s} = 0{,}312$ (0,106)<br>$\hat{\mu}_0 = 4{,}232$ (3,914)<br>$\hat{\mu}_1 = -80{,}214$ (23,475)<br>$\hat{\mu}_2 = 126{,}780$ (23,620) | $\hat{\theta}_{1,s} = 0{,}211$ (0,111)<br>$\hat{\mu}_0 = 6{,}367$ (3,280)<br>$\hat{\mu}_1 = -78{,}446$ (24,978)<br>$\hat{\mu}_2 = 135{,}460$ (25,253) | $\hat{\phi}_{1,s} = 0{,}551$ (0,199)<br>$\hat{\theta}_{1,s} = -0{,}243$ (0,238)<br>$\hat{\mu}_0 = 3{,}415$ (4,698)<br>$\hat{\mu}_1 = -82{,}304$ (23,461)<br>$\hat{\mu}_2 = 124{,}553$ (23,461) |
| $pv(LM_k)$: Überschreitungs-wahrscheinlichkeit LM-Test auf Auto-korrelation k-ter Ordnung | $pv(LM_1) = 0{,}18$<br>$pv(LM_2) = 0{,}16$<br>$pv(LM_3) = 0{,}08$<br>$pv(LM_4) = 0{,}15$<br>$pv(LM_6) = 0{,}11$<br>$pv(LM_8) = 0{,}09$<br>$pv(LM_{10}) = 0{,}10$<br>$pv(LM_{12}) = 0{,}07$ | $pv(LM_1) = 0{,}52$<br>$pv(LM_2) = 0{,}13$<br>$pv(LM_3) = 0{,}05$<br>$pv(LM_4) = 0{,}09$<br>$pv(LM_6) = 0{,}06$<br>$pv(LM_8) = 0{,}02$<br>$pv(LM_{10}) = 0{,}02$<br>$pv(LM_{12}) = 0{,}02$ | $pv(LM_1) = 0{,}23$<br>$pv(LM_2) = 0{,}33$<br>$pv(LM_3) = 0{,}08$<br>$pv(LM_4) = 0{,}15$<br>$pv(LM_6) = 0{,}17$<br>$pv(LM_8) = 0{,}19$<br>$pv(LM_{10}) = 0{,}20$<br>$pv(LM_{12}) = 0{,}15$ |
| $pv(LM_k)$: Überschreitungs-wahrscheinlichkeit LM-Test auf ARCH-Effekte k-ter Ordnung | $pv(LM_1) = 0{,}19$<br>$pv(LM_2) = 0{,}37$<br>$pv(LM_3) = 0{,}27$<br>$pv(LM_4) = 0{,}07$<br>$pv(LM_6) = 0{,}13$<br>$pv(LM_8) = 0{,}10$<br>$pv(LM_{10}) = 0{,}13$<br>$pv(LM_{12}) = 0{,}13$ | $pv(LM_1) = 0{,}10$<br>$pv(LM_2) = 0{,}30$<br>$pv(LM_3) = 0{,}22$<br>$pv(LM_4) = 0{,}06$<br>$pv(LM_6) = 0{,}04$<br>$pv(LM_8) = 0{,}04$<br>$pv(LM_{10}) = 0{,}03$<br>$pv(LM_{12}) = 0{,}04$ | $pv(LM_1) = 0{,}42$<br>$pv(LM_2) = 0{,}60$<br>$pv(LM_3) = 0{,}62$<br>$pv(LM_4) = 0{,}20$<br>$pv(LM_6) = 0{,}27$<br>$pv(LM_8) = 0{,}31$<br>$pv(LM_{10}) = 0{,}40$<br>$pv(LM_{12}) = 0{,}36$ |
| Überschreitungs-wahrscheinlichkeit Test auf Normal-verteilung | DH: pv = 0,93<br>KS: pv = 0,96 | DH: pv = 0,79<br>KS: pv = 0,82 | DH: pv = 0,95<br>KS: pv = 0,99 |

Die Bezeichnungen der Koeffizienten beziehen sich auf das Modell

$$(1-L)^d \Delta b_t = \mu_0 + \sum_{i=1}^{p} \phi_i \Delta b_{t-i} + \sum_{i=0}^{p_s} i\phi_{i,s} \Delta b_{t-4i} + \varepsilon_t + \sum_{i=1}^{q} \theta_i \varepsilon_{t-i} + \sum_{i=0}^{q_s} i\theta_{i,s} \varepsilon_{t-4i} + \mu_1 D_{p1t} + \mu_2 D_{p2t}$$

mit $Dp_{1t} = 1$ für t = 90:4, sonst 0

und $Dp_{2t} = 1$ für t = 92:4, sonst 0.

Daher kann trotzdem von einer normalverteilten Grundgesamtheit ausgegangen werden, wobei das ungünstige Verhältnis aus einer relativ kleinen Stichprobe und einem vergleichsweise heftig wirkenden Bruch in Schätzung 1 gegen die Anwendung des auf Ausreißer sensibel reagierenden DH-Tests spricht. Im folgenden werden damit die Ergebnisse aus Tab. 9.4 zur Berechnung des Persistenzmaßes herangezogen. Ein verbleibender Zweifel an diesem Vorgehen kann dadurch ausgeräumt werden, daß die Aufnahme der Impulsdummy für 92:4 nur einen mäßigen Einfluß auf die Koeffizientenschätzungen hat, so daß es letztlich unerheblich ist, welche der beiden Schätzungen weiter betrachtet wird.

*9.2.3.2 Reales Defizit*

Die Ergebnisse der Schätzung allein mit der Impulsdummy für 90:4 (Schätzung 1, Ergebnisse in Tab. 9.6) zeigen wie im Fall der Quote eine bemerkenswerte Übereinstimmung der Koeffizienten mit denen des einstufigen Verfahrens. Es gibt keine Hinweise auf Autokorrelation oder ARCH-Effekte, allerdings kommt es zu einer klaren Ablehnung der Nullhypothese des DH-Tests. Der KS-Test stützt die Annahme der Normalverteilung, wenngleich weniger deutlich als im vorherigen Abschnitt. Die graphische Analyse der Restwerte (vgl. Abbildungen im Anhang 9.4) läßt auch hier den Ausreißerwert in der Periode 92:4 als Verursacher der geringen Überschreitungswahrscheinlichkeit des Normalverteilungstests vermuten. Es wird daher wie zuvor verfahren. Eine erneute Schätzung mit einer zusätzlichen Impulsdummy für diese Periode (Schätzung 2, Ergebnisse in Tab. 9.7) weist wie im Fall der Quote darauf hin, daß das Ergebnis des DH-Tests allein durch einen Ausreißer zustande kam.

Im Unterschied zur Defizitquote hat die Aufnahme dieser Variable allerdings keine Autokorrelation zur Folge, wohl aber gibt es in einigen Fällen Hinweise auf ARCH-Effekte. Die LM-Tests über den Teilzeitraum vor der Wiedervereinigung (vgl. Anhang 9.5) sprechen dafür, daß Ausreißer aufgrund des Bruches nicht das Ergebnis der Tests auf Autokorrelation in Schätzung 1 verfälschen. Auch hier kann der Ausgang des DH-Tests im Fall von Schätzung 1 also allein auf den wiedervereinigungsbedingten Bruch zurückgeführt werden. Somit soll aus Gründen einer einheitlichen Vorgehensweise und wegen des deutlicheren Ergebnisses hinsichtlich der Homoskedastie im weiteren diese Schätzung herangezogen werden.

Tab. 9.6: Schätzung 1; reales Defizit

| **Modell** | **ARMA(0,0);(1,1)** | **ARMA(1,0);(1,1)** | **ARMA(0,1);(1,1)** |
|---|---|---|---|
| Differenzenfilter | $\hat{d} = 0{,}435$ | $\hat{d} = 0{,}450$ | $\hat{d} = 0{,}573$ |
| Koeffizienten<br>(Standardfehler) | $\hat{\phi}_{1,s} = 0{,}904$<br>(0,091)<br>$\hat{\theta}_{1,s} = -0{,}480$<br>(0,158)<br>$\hat{\mu}_0 = -0{,}205$<br>(8,515)<br>$\hat{\mu}_1 = 27{,}983$<br>(11,884) | $\hat{\phi}_1 = -0{,}084$<br>(0,056)<br>$\hat{\phi}_{1,s} = 0{,}900$<br>(0,088)<br>$\hat{\theta}_{1,s} = -0{,}494$<br>(0,156)<br>$\hat{\mu}_0 = -0{,}751$<br>(4,226)<br>$\hat{\mu}_1 = 28{,}534$<br>(11,919) | $\hat{\theta}_1 = -0{,}265$<br>(0,106)<br>$\hat{\phi}_{1,s} = 0{,}871$<br>(0,086)<br>$\hat{\theta}_{1,s} = -0{,}485$<br>(0,131)<br>$\hat{\mu}_0 = -0{,}632$<br>(3,433)<br>$\hat{\mu}_1 = 30{,}611$<br>(12,208) |
| $pv(LM_k)$:<br>Überschreitungs-wahrscheinlichkeit LM-Test auf Auto-korrelation k-ter Ordnung | $pv(LM_1) = 0{,}65$<br>$pv(LM_2) = 0{,}79$<br>$pv(LM_3) = 0{,}88$<br>$pv(LM_4) = 0{,}95$<br>$pv(LM_6) = 0{,}11$<br>$pv(LM_8) = 0{,}15$<br>$pv(LM_{10}) = 0{,}19$<br>$pv(LM_{12}) = 0{,}26$ | $pv(LM_1) = 0{,}97$<br>$pv(LM_2) = 0{,}90$<br>$pv(LM_3) = 0{,}98$<br>$pv(LM_4) = 0{,}99$<br>$pv(LM_6) = 0{,}21$<br>$pv(LM_8) = 0{,}26$<br>$pv(LM_{10}) = 0{,}26$<br>$pv(LM_{12}) = 0{,}31$ | $pv(LM_1) = 0{,}48$<br>$pv(LM_2) = 0{,}83$<br>$pv(LM_3) = 0{,}97$<br>$pv(LM_4) = 0{,}99$<br>$pv(LM_6) = 0{,}34$<br>$pv(LM_8) = 0{,}31$<br>$pv(LM_{10}) = 0{,}35$<br>$pv(LM_{12}) = 0{,}40$ |
| $pv(LM_k)$:<br>Überschreitungs-wahrscheinlichkeit LM-Test auf ARCH-Effekte k-ter Ordnung | $pv(LM_1) = 0{,}63$<br>$pv(LM_2) = 0{,}86$<br>$pv(LM_3) = 0{,}95$<br>$pv(LM_4) = 0{,}98$<br>$pv(LM_6) = 0{,}99$<br>$pv(LM_8) = 1{,}00$<br>$pv(LM_{10}) = 0{,}98$<br>$pv(LM_{12}) = 0{,}96$ | $pv(LM_1) = 0{,}98$<br>$pv(LM_2) = 0{,}96$<br>$pv(LM_3) = 0{,}99$<br>$pv(LM_4) = 1{,}00$<br>$pv(LM_6) = 0{,}98$<br>$pv(LM_8) = 1{,}00$<br>$pv(LM_{10}) = 0{,}99$<br>$pv(LM_{12}) = 1{,}00$ | $pv(LM_1) = 0{,}89$<br>$pv(LM_2) = 0{,}96$<br>$pv(LM_3) = 0{,}99$<br>$pv(LM_4) = 1{,}00$<br>$pv(LM_6) = 0{,}98$<br>$pv(LM_8) = 1{,}00$<br>$pv(LM_{10}) = 0{,}99$<br>$pv(LM_{12}) = 0{,}99$ |
| Überschreitungs-wahrscheinlichkeit Test auf Normal-verteilung | DH: pv = 0,00<br>KS: pv = 0,07 | DH: pv = 0,00<br>KS: pv = 0,09 | DH: pv = 0,00<br>KS: pv = 0,07 |

Siehe Anmerkungen zu Tab. 9.4, wobei hier anstelle von $\Delta b_t$ die Reihe $\Delta B_t^{(r)}$ steht.

Tab. 9.7: Schätzung 2; reales Defizit

| **Modell** | **ARMA(0,0);(1,1)** | **ARMA(1,0);(1,1)** | **ARMA(0,1);(1,1)** |
|---|---|---|---|
| Differenzenfilter | $\hat{d} = 0{,}435$ | $\hat{d} = 0{,}450$ | $\hat{d} = 0{,}573$ |
| Koeffizienten (Standardfehler) | $\hat{\phi}_{1,s} = 0{,}935$ (0,080)<br>$\hat{\theta}_{1,s} = -0{,}496$ (0,147)<br>$\hat{\mu}_0 = -2{,}628$ (10,881)<br>$\hat{\mu}_1 = 35{,}634$ (9,342)<br>$\hat{\mu}_2 = 65{,}409$ (9,322) | $\hat{\phi}_1 = -0{,}078$ (0,053)<br>$\hat{\phi}_{1,s} = 0{,}928$ (0,079)<br>$\hat{\theta}_{1,s} = -0{,}498$ (0,147)<br>$\hat{\mu}_0 = -0{,}574$ (4,225)<br>$\hat{\mu}_1 = 35{,}925$ (9,384)<br>$\hat{\mu}_2 = 64{,}423$ (9,341) | $\hat{\theta}_1 = -0{,}269$ (0,117)<br>$\hat{\phi}_{1,s} = 0{,}879$ (0,082)<br>$\hat{\theta}_{1,s} = -0{,}450$ (0,131)<br>$\hat{\mu}_0 = -1{,}917$ (3,516)<br>$\hat{\mu}_1 = 38{,}125$ (10,133)<br>$\hat{\mu}_2 = 60{,}699$ (9,534) |
| $pv(LM_k)$: Überschreitungs-wahrscheinlichkeit LM-Test auf Auto-korrelation k-ter Ordnung | $pv(LM_1) = 0{,}34$<br>$pv(LM_2) = 0{,}49$<br>$pv(LM_3) = 0{,}39$<br>$pv(LM_4) = 0{,}55$<br>$pv(LM_6) = 0{,}28$<br>$pv(LM_8) = 0{,}45$<br>$pv(LM_{10}) = 0{,}24$<br>$pv(LM_{12}) = 0{,}10$ | $pv(LM_1) = 0{,}58$<br>$pv(LM_2) = 0{,}72$<br>$pv(LM_3) = 0{,}63$<br>$pv(LM_4) = 0{,}77$<br>$pv(LM_6) = 0{,}51$<br>$pv(LM_8) = 0{,}69$<br>$pv(LM_{10}) = 0{,}24$<br>$pv(LM_{12}) = 0{,}12$ | $pv(LM_1) = 0{,}64$<br>$pv(LM_2) = 0{,}94$<br>$pv(LM_3) = 0{,}86$<br>$pv(LM_4) = 0{,}93$<br>$pv(LM_6) = 0{,}75$<br>$pv(LM_8) = 0{,}82$<br>$pv(LM_{10}) = 0{,}41$<br>$pv(LM_{12}) = 0{,}19$ |
| $pv(LM_k)$: Überschreitungs-wahrscheinlichkeit LM-Test auf ARCH-Effekte k-ter Ordnung | $pv(LM_1) = 0{,}59$<br>$pv(LM_2) = 0{,}22$<br>$pv(LM_3) = 0{,}12$<br>$pv(LM_4) = 0{,}13$<br>$pv(LM_6) = 0{,}22$<br>$pv(LM_8) = 0{,}31$<br>$pv(LM_{10}) = 0{,}16$<br>$pv(LM_{12}) = 0{,}14$ | $pv(LM_1) = 0{,}75$<br>$pv(LM_2) = 0{,}30$<br>$pv(LM_3) = 0{,}23$<br>$pv(LM_4) = 0{,}24$<br>$pv(LM_6) = 0{,}17$<br>$pv(LM_8) = 0{,}20$<br>$pv(LM_{10}) = 0{,}24$<br>$pv(LM_{12}) = 0{,}29$ | $pv(LM_1) = 0{,}64$<br>$pv(LM_2) = 0{,}65$<br>$pv(LM_3) = 0{,}23$<br>$pv(LM_4) = 0{,}23$<br>$pv(LM_6) = 0{,}13$<br>$pv(LM_8) = 0{,}07$<br>$pv(LM_{10}) = 0{,}04$<br>$pv(LM_{12}) = 0{,}06$ |
| Überschreitungs-wahrscheinlichkeit Test auf Normal-verteilung | DH: pv = 0,17<br>KS: pv = 0,88 | DH: pv = 0,30<br>KS: pv = 0,97 | DH: pv = 0,11<br>KS: pv = 0,96 |

Siehe Anmerkungen zu Tab. 9.5, wobei hier anstelle von $\Delta b_t$ die Reihe $\Delta B_t^{(r)}$ steht.

### 9.2.4 Modellauswahl

Zu einer abschließenden Modellauswahl seien noch die aufgrund der zweistufigen Schätzung ermittelten Informationskriterien wiedergegeben (Tab. 9.8).

Tab. 9.8: Modellauswahl

| Modell* | SBC | AIC |
|---|---|---|
| | Quote | |
| ARMA(0,0);(1,0) | 5,618 | 11,149 |
| ARMA(0,0);(0,1) | 5,629 | 11,342 |
| ARMA(0,0);(1,1) | 5,639 | 11,162 |
| | Schuldenstand | |
| ARMA(0,0);(1,1) | 4,869 | 9,621 |
| ARMA(1,0);(1,1) | 4,883 | 9,621 |
| ARMA(0,1);(1,1) | 4,890 | 9,636 |

* Die Werte beziehen sich jeweils auf Schätzung 1.

Auch wenn sich im Vergleich zur einstufigen Modellbewertung (ML- und Whittle-Schätzung) im Detail leichte Abweichungen bei der Reihung ergeben, zeigt sich aufgrund des SBC für die Defizitquote durchweg Modell ARMA(0,0);(1,0) und für das reale Defizit stets Modell ARMA(0,0);(1,1) als beste Spezifikation. Da einerseits der AIC-Wert diese Modelle zumindest an die zweite Stelle setzt und andererseits die Werte bei den anderen in Frage kommenden Spezifikationen kaum abweichen, erscheint eine konkrete Festlegung des fraktionellen Integrationsparameters mit $\hat{d} = 0{,}255$ (Defizitquote) und $\hat{d} = 0{,}435$ (reales Defizit) geeignet.

## 9.3 Beurteilung bei unendlichem Zeithorizont

Mit der Schätzung des Parameters d ist das Persistenzmaß c(1) und damit auch das Maß für die Konsolidierungsfähigkeit K bestimmt. So sind für die jeweiligen Defizitgrößen mit $\Delta B_t^{(r)} \sim I(0{,}435)$ bzw. $\Delta b_t \sim I(0{,}255)$ die Werte von $c(1) = 0$ und $K = 100\%$ gegeben. Bei einem unendlichen Zeithorizont liegt damit eine vollständige Konsolidierungsfähigkeit bezüglich des Defizits vor, d. h. Defiziterhöhungen werden stets komplett zurückgeführt.

Für die jeweiligen Niveaugrößen ergibt sich hingegen mit $B_t^{(r)} \sim I(1,435)$ bzw. $b_t \sim I(1,255)$ das Maß $c(1) = \infty$. Ein einmal entstandenes Defizit verbleibt also nicht nur unendlich lange im Schuldenstand, es verursacht sogar ein ständiges Anwachsen der Bestandsgröße. Trotz dieser bei unbegrenztem Betrachtungszeitraum unendlich großen Wirkung kommt es nicht zu einer Explosion von $B_t$. Das langfristige Verhalten der spekulativen Blase (in Differenzen) gestaltet sich aufgrund der Insignifikanz der Absolutglieder (vgl. Tab. 9.4 - 9.7) sowohl für die Schuldenstandsquote als auch für den realen Schuldenstand gemäß Fall a*) aus Abschnitt 7.3. Die Konvergenz erfolgt nach

$$\frac{1}{(1+r)^j} \qquad \text{mit } E_t(\lim_{j\to\infty} \frac{1}{(1+r)^j}) = 0$$

relativ rasch. Einzig im Fall des realen Schuldenstandes $B_t^{(r)}$ gibt es Anzeichen für einen fraktionellen Integrationsparameter $d > 0,5$. Zieht man jedoch die Spezifikation ARMA(0, 1);(1, 1) mit dem höchsten in Frage kommenden fraktionellen Integrationsparameter $\hat{d} = 0,573$ heran, so ergäbe sich mit

$$E_t(\lim_{j\to\infty} \frac{j^{0,073}}{(1+r)^j}) = 0$$

(Fall b*) aus Abschnitt 7.3) eine nur geringfügig langsamere Konvergenz. Daher fällt die Beurteilung der Haushaltspolitik bei einem unendlichen langen Beobachtungszeitraum insgesamt günstig aus.

## 9.4 Beurteilung bei endlichem Zeithorizont

Die günstigen Eigenschaften bei einem unendlichen Zeithorizont können sich möglicherweise als völlig irrelevant erweisen, wenn sie sich erst nach einem sehr langen Zeitraum einstellen. Auskunft über diese Zeitspanne soll die Analyse bei endlichen Zeithorizonten geben. Die Bedeutung der Maße $C_k$ und $K_k$ wird auch dadurch unterstrichen, daß die Reihen, die aufgrund von $c(1)$ und $K$ als gleich eingestuft wurden, hier klare Unterschiede zeigen. Persistenz- bzw. Konsolidierungsmaße bei verschiedenen Zeithorizonten für die im vorigen Abschnitt ausgewählten Modelle[1] sind in Tabellen 9.9 und 9.10 und in Abb. 9.7, 9.8, 9.9 und 9.10 dargestellt. Die Graphiken enthalten Konfidenzbänder, die mit der Annahme der Normalverteilung und näherungsweise berechneten Standardfehlern gebildet wurden.[2] Wie erwartet, zeigen die Berechnungen für die Schuldenstandsquote eine hohe Persistenz (vgl. Tab. 9.9). Defizitäre Schocks ziehen besonders in den ersten Jahren nach ihrem Auftreten starke Erhöhungen der Verschuldung nach sich. Nach 3 Jahren ist der Anstieg dann allerdings sehr viel gemäßigter, so daß sich nach 20 Jahren ein signifikant von null verschiedenes Persistenzmaß von nur $\hat{C}_{80} = 5{,}461$ ergibt. Eine solche Abschwächung der Wirkung zeigt sich nicht bei der Reihe des realen Schuldenstandes. Im gesamten Betrachtungszeitraum hat die Impulse-Response-Funktion (IRF) hier einen annähernd linearen Verlauf, so daß Defizite auch in der langen Frist von 20 Jahren nichts von ihrer anfänglichen Wirkung einbüßen. Es ergibt sich demnach auch ein deutlich höheres Persistenzmaß von $\hat{C}_{80} = 30{,}775$, d. h. ein Schock verdreißigfacht sich nach 20 Jahren.

Abb. 9.7: IRF; Schuldenstandsquote

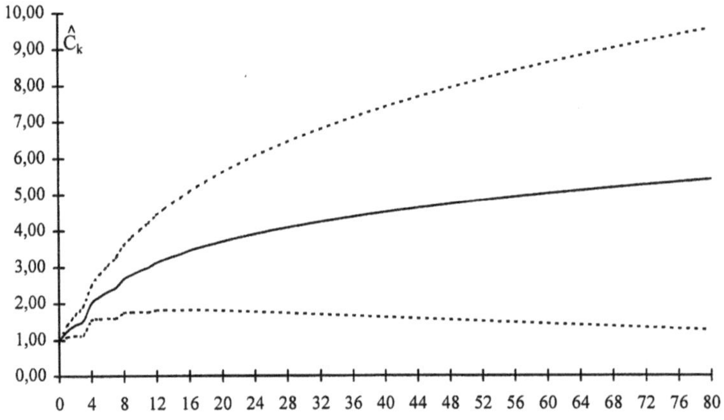


1 Für die anderen, zuvor diskutierten Modelle ergeben sich zwar bei den höheren Zeithorizonten geringe Abweichungen in den einzelnen Zahlenwerten, die Interpretationen werden hiervon aber nicht berührt.

2 Es gilt ein Signifikanzniveau von $\alpha = 5$ %. Hinweise zur Berechnung der Standardfehler finden sich in Anhang 7.3.

Abb. 9.8: IRF; realer Schuldenstand

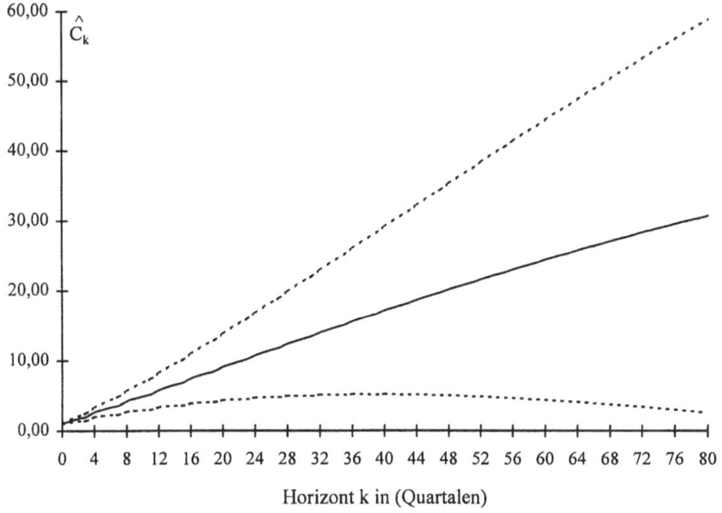


Tab. 9.9: Persistenz der Niveaus $B_t$

| | $b_t$ | $B_t^{(r)}$ |
|---|---|---|
| **Modell** | **ARMA(0,0);(1,0)** | **ARMA(0,0);(1,1)** |
| Horizont | $\hat{d} = 0{,}255$ | $\hat{d} = 0{,}435$ |
| 1 Quartal | $\hat{C}_1 = 1{,}255$ | $\hat{C}_1 = 1{,}435$ |
| 2 Quartale | $\hat{C}_2 = 1{,}415$ | $\hat{C}_2 = 1{,}747$ |
| 3 Quartale | $\hat{C}_3 = 1{,}535$ | $\hat{C}_3 = 2{,}000$ |
| 1 Jahr | $\hat{C}_4 = 2{,}014$ | $\hat{C}_4 = 2{,}641$ |
| 2 Jahre | $\hat{C}_8 = 2{,}439$ | $\hat{C}_8 = 4{,}218$ |
| 3 Jahre | $\hat{C}_{12} = 3{,}128$ | $\hat{C}_{12} = 5{,}834$ |
| 4 Jahre | $\hat{C}_{16} = 3{,}452$ | $\hat{C}_{16} = 7{,}477$ |
| 5 Jahre | $\hat{C}_{20} = 3{,}703$ | $\hat{C}_{20} = 9{,}131$ |
| 10 Jahre | $\hat{C}_{40} = 4{,}507$ | $\hat{C}_{40} = 17{,}184$ |
| 20 Jahre | $\hat{C}_{80} = 5{,}416$ | $\hat{C}_{80} = 30{,}775$ |

Für die Defizitgrößen lassen die Ergebnisse, wie Abb. 9.9 und 9.10 zeigen, ausgeprägte Saisonmuster erkennen, so daß eher die jährlichen Zeithorizonte von

Interesse sind. Im Falle der Defizitquote erfolgt eine rasche Konsolidierung eines Schocks. Anhand der Daten aus Tabelle 9.10 läßt sich eine anfängliche Halbwertzeit von ungefähr einem Jahr erkennen, d. h. innerhalb der ersten vier Jahre werden jährlich jeweils ca. 50% der verbleibenden Wirkung des Schocks zurückgeführt. In den folgenden Perioden erfolgt die Konsolidierung erheblich langsamer, allerdings sind schon nach dieser Zeitspanne Nachwirkungen des Schocks praktisch nicht mehr vorhanden. Auch die Konfidenzbänder sprechen dafür, daß nach einer Zeit von 4 - 5 Jahren Schocks in der Defizitquote vollständig abgebaut werden. Das bei einem unendlichen Zeithorizont ermittelte Ergebnis tritt also schon mittelfristig ein, und der kontinuierliche Anstieg der Schuldenstandsquote vollzieht sich nach 4 Jahren allein aufgrund von nicht signifikant von null verschiedenen Defiziterhöhungen.

Abb. 9.9: IRF; Defizitquote

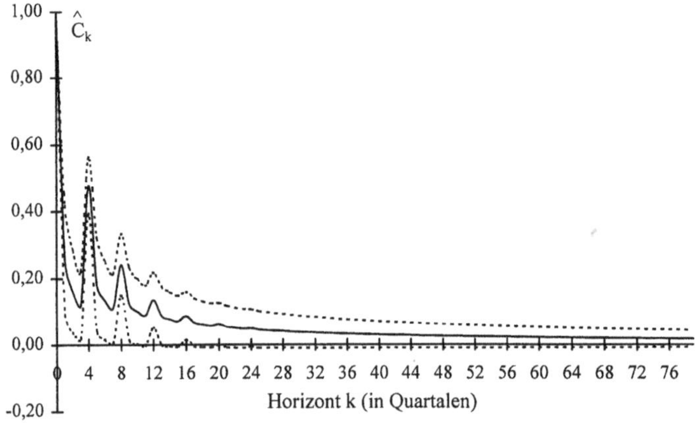


Eine höhere Persistenz zeigt die Reihe des realen Defizits. Nach einer zunächst kräftigen Konsolidierungsfähigkeit $K_4 \approx 40\%$ kommt es in den Folgejahren nur zu einem sehr geringen weiteren Abbau der Defiziterhöhung. So haben Schocks hier noch nach 10 Jahren eine höhere Nachwirkung als nach nur einem Jahr in der Defizitquote. Auch nach 12 Jahren ist die Persistenz mit $\hat{C}_{48} = 0{,}451$ noch vergleichsweise hoch und signifikant von null verschieden. Das langfristige Ergebnis des vorherigen Abschnitts tritt also frühestens nach diesem Zeitraum, womöglich aber erst viel später ein. Denn wenn auch die Konfidenzbänder bei noch längeren Horizonten sehr breit werden, deutet der Vergleich von Abb. 9.9 und Abb. 9.10 auf eine weitaus stärkere Persistenz des Defizits auch nach 20 Jahren hin.

Abb. 9.10: IRF; reales Defizit

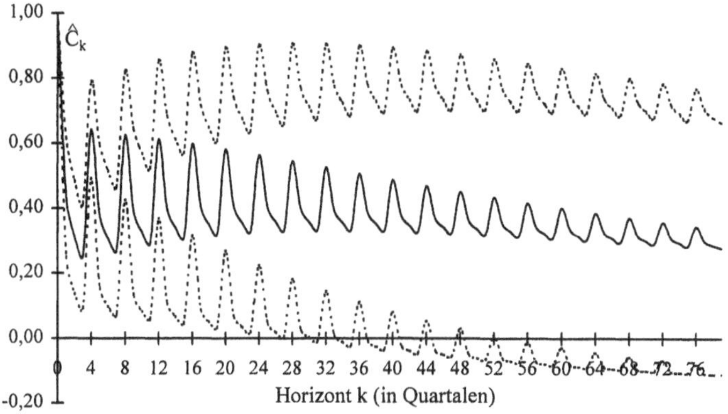


Tab. 9.10 Persistenz der Differenzen $\Delta B_t$

| | $\Delta b_t$ | | $\Delta B_t^{(r)}$ | |
|---|---|---|---|---|
| **Modell** | **ARMA(0,0);(1,0)** | | **ARMA(0,0);(1,1)** | |
| Horizont | $\hat{d} = 0{,}255$ | | $\hat{d} = 0{,}435$ | |
| 1 Quartal | $\hat{C}_1 = 0{,}255$ | $\hat{K}_1 = 74{,}5\%$ | $\hat{C}_1 = 0{,}435$ | $\hat{K}_1 = 56{,}5\%$ |
| 2 Quartale | $\hat{C}_2 = 0{,}160$ | $\hat{K}_2 = 84{,}0\%$ | $\hat{C}_2 = 0{,}312$ | $\hat{K}_2 = 68{,}8\%$ |
| 3 Quartale | $\hat{C}_3 = 0{,}120$ | $\hat{K}_3 = 88{,}0\%$ | $\hat{C}_3 = 0{,}253$ | $\hat{K}_3 = 74{,}7\%$ |
| 1 Jahr | $\hat{C}_4 = 0{,}478$ | $\hat{K}_4 = 52{,}2\%$ | $\hat{C}_4 = 0{,}641$ | $\hat{K}_4 = 35{,}9\%$ |
| 2 Jahre | $\hat{C}_8 = 0{,}241$ | $\hat{K}_8 = 75{,}9\%$ | $\hat{C}_8 = 0{,}624$ | $\hat{K}_8 = 37{,}6\%$ |
| 3 Jahre | $\hat{C}_{12} = 0{,}136$ | $\hat{K}_{12} = 86{,}4\%$ | $\hat{C}_{12} = 0{,}612$ | $\hat{K}_{12} = 38{,}8\%$ |
| 4 Jahre | $\hat{C}_{16} = 0{,}087$ | $\hat{K}_{16} = 91{,}3\%$ | $\hat{C}_{16} = 0{,}597$ | $\hat{K}_{16} = 40{,}3\%$ |
| 5 Jahre | $\hat{C}_{20} = 0{,}063$ | $\hat{K}_{20} = 93{,}7\%$ | $\hat{C}_{20} = 0{,}581$ | $\hat{K}_{20} = 41{,}9\%$ |
| 10 Jahre | $\hat{C}_{40} = 0{,}031$ | $\hat{K}_{40} = 96{,}9\%$ | $\hat{C}_{40} = 0{,}487$ | $\hat{K}_{40} = 51{,}3\%$ |
| 20 Jahre | $\hat{C}_{80} = 0{,}018$ | $\hat{K}_{80} = 98{,}2\%$ | $\hat{C}_{80} = 0{,}278$ | $\hat{K}_{80} = 72{,}2\%$ |

## 9.5 Fazit

Eine im Vergleich zur Quote höhere Persistenz des realen Defizits ist aufgrund der Entwicklung beider Größen in der Vergangenheit kein überraschendes Ergebnis. Die Untersuchung erlaubt jedoch so präzise Aussagen über Ausmaß und Wirkungsdauer von Schocks, daß ein differenziertes Urteil über die Haushaltspolitik vor dem Hintergrund des Ziels der Konsolidierung möglich wird. Dazu dienen besonders die Maßzahlen für endliche Zeithorizonte, mit deren Hilfe sich die deutlichen Unterschiede in beiden Größen überhaupt erst feststellen lassen.

Eine günstige Beurteilung der Haushaltspolitik ergibt sich allein für die Schuldenstands- und Defizitquote. Hier werden Defiziterhöhungen rasch zurückgeführt, so daß keine mittelfristigen Wirkungen mehr auf die Defizitquote ausgehen. Demzufolge ist zwar ein kontinuierlicher Anstieg von $b_t$ aufgrund eines Schocks zu verzeichnen, er vollzieht sich aber nach der mittleren Frist (ca. 4 - 5 Jahre) so langsam und nur aufgrund von nicht signifikant von null verschiedenen Defiziterhöhungen, daß er kaum ins Gewicht fällt.

Im Gegensatz dazu fällt das Urteil bezüglich der realen Größen weniger positiv aus. Trotz Tragbarkeit gestaltet sich die Konsolidierung der Defizite schwierig. Defiziterhöhungen haben ausgeprägte mittel- und langfristige Wirkungen auf das Defizit und damit auch auf den Schuldenstand. Die erst nach 13 Jahren nicht signifikant von null verschiedenen Persistenzmaße von $\Delta B_t^{(r)}$ zeigen, daß in einer erhöhten Kreditaufnahme die Gefahr liegt, daß auch Haushalte vieler künftiger Perioden belastet werden. Die Höhe der Größe $C_k$ zeigt gleichzeitig, daß diese von einer gegenwärtigen Politik ausgehende Einschränkung des zukünftigen Spielraums ein bedeutendes Ausmaß annimmt. So kann eine zusätzliche Defiziterhöhung nach 10 Jahren nur zu ca. 50% wieder zurückgeführt werden.

Die Ursache der Unterschiede in der Bewertung beider Größen ist in der vergangenen Entwicklung des Bruttoinlandsproduktes zu sehen. Eine rein vergangenheitsorientierte Beurteilung der Haushaltspolitik gelangt daher zu dem Schluß, daß die hohe Persistenz in $B_t^{(r)}$ ein Zeichen von Trägheit in den Haushalten darstellt, die sich darin äußerte, daß eine einmal beschlossene Defiziterhöhung für mindestens 12 Jahre weiterhin bedeutend höhere Defizite nach sich zog. Diese Politik wurde jedoch von der Entwicklung des Bruttoinlandsproduktes getragen. Gesteht man größeren

Volkswirtschaften (gemessen an $BIP_t$) eine höhere Verschuldung zu, so kann die Politik der vergangenen Jahre als mittel- und langfristig unproblematisch angesehen werden, auch wenn die kurzfristige Konsolidierung (bis zu 4 Jahren) Probleme bereitet.

Sollen die Ergebnisse auch als Richtschnur für die Zukunft dienen, also Antwort auf die Frage geben, ob die bisherige Politik unter Konsolidierungsaspekten weitergeführt werden kann, ist eine Berücksichtigung der Quoten ungeeignet, da ein weiterhin günstiger Verlauf des realen Bruttoinlandsproduktes unterstellt werden muß. Dies wäre eine zumindest anfechtbare Annahme, denn mittel- bis langfristige Wachstumsprognosen sind mit einem hohen Maß an Unsicherheit behaftet. Wenn Defiziterhöhungen Festlegungen in den Haushalten auch nach 12 Jahren nach sich ziehen, entspricht dies einer Frist, in der wohl kaum präzise Prognosen über die Entwicklung von $BIP_t$ möglich sind. Da keinesfalls ausgeschlossen werden kann, daß es zu einer Abschwächung des Wachstums kommt, zeigen die auf $B_t^{(r)}$ basierenden Maßzahlen deutliche Gefahren bei einer Weiterführung der bisherigen Politik. Bei Berücksichtigung des Ziels der Haushaltskonsolidierung wäre damit ein Politikwandel notwendig.

## 9.6 Kritik und weiteres Vorgehen

Die Ergebnisse fallen also für die Vergangenheit günstig aus, für die Zukunft hängt die Einschätzung vom Wirtschaftswachstum ab. Diese Beurteilung vernachlässigt allerdings jegliche Beziehung zwischen Bruttoinlandsprodukt und Fiskalpolitik.

Mögliche Wirkungen, die von der Schuldenpolitik auf das Bruttoinlandsprodukt ausgehen, können die fiskalische Beurteilung insofern verändern, als daß daraus wiederum Rückwirkungen auf die Budgets denkbar wären, die auch die Persistenzmaße verändern. Die bisherigen Schlußfolgerungen wären aber nur dann in Frage gestellt, wenn defizitmindernde Rückwirkungen erwartet werden. Mit Defiziten werden hingegen oft negative (z. B. „Aggregate Investment Approach“[1]) oder neutrale (vgl. die Debatte um das „Ricardianische Äquivalenztheorem“, die von Barro[2] entzündet wurde) Wachstumswirkungen in Verbindung gebracht, so daß die

[1] Vgl. Modigliani [1961] und Vickrey [1961].
[2] Vgl. Barro [1974].

Beurteilung der Haushaltspolitik für die Zukunft eventuell sogar noch ungünstiger ausfällt. Eine Erweiterung, die mögliche positive Wachstumswirkungen der Verschuldung berücksichtigt, sollte auch die Nutzung der durch die Kreditaufnahmen beschafften Mittel berücksichtigen, weil investiv genutzte Mittel oft mit positiven Wachstumswirkungen in Verbindung gebracht werden. So wurde z. B. die sehr hohe Verschuldung im Zusammenhang mit der Wiedervereinigung damals als Investition rechtfertigt („Aufschwung Ost"), während sie heute kritisch gesehen wird, weil viele Mittel konsumtiv genutzt wurden. Schocks wären in einem solchen Ansatz nach ihrer Verwendung zu differenzieren. Wie in der Einleitung erwähnt, sollen Einflüsse der Schuldenpolitik auf andere ökonomische Größen aber nicht thematisiert werden, so daß diese mögliche Erweiterung nicht weiter betrachtet wird.

Statt dessen sollen im folgenden Wirkungen von $BIP_t$ auf das Defizit berücksichtigt werden und zwar speziell solche, die konjunktureller Natur sind. Konjunkturelle Schwankungen im Defizit werden durch automatische Stabilisatoren oder diskretionäre Maßnahmen, wie z. B. Konjunkturprogramme, in Rezessionsphasen hervorgerufen. Für die bisherigen Interpretationen ist dies relevant, weil für den Teil des Defizits, der konjunkturell bedingt ist (konjunkturelles Defizit), eine Konsolidierung häufig nicht als notwendig erachtet wird. Einerseits unterstellt man ein automatisches Verschwinden des konjunkturellen Defizits im Konjunkturverlauf[1], andererseits gilt es nicht als Ergebnis aktiver staatlicher Politik, sondern als Reaktion des Staates auf wirtschaftliche Gegebenheiten[2]. Das hier gewonnene Ergebnis, daß ein Defizit in künftigen Perioden einen hohen Konsolidierungsdruck verursacht und daher vermieden werden muß, wäre vor diesem Hintergrund zu pauschal. Vermieden werden sollte nicht das gesamte beobachtete Defizit, sondern nur der Konsolidierungsbedarf, der das konjunkturelle Defizit ausschließt. Der SVR sieht das um konjunkturelle Komponenten, die dauerhaft akzeptable Verschuldung und den unerwartet hohen Bundesbankgewinn bereinigte Defizit als Konsolidierungsbedarf an.[3] Die bisherigen Aussagen sollten sich nicht auf das Gesamtdefizit beziehen, sondern nur auf diese Teilkomponente.

---

[1] Vgl. das folgende Kapitel.

[2] Vgl. Alesina/Perotti [1995], S. 211ff. Gleiches gilt auch für Aufschwungphasen, in denen die Stabilisatoren zu einer konjunkturellen Defizitsenkung beitragen. Eine solche Defizitsenkung ist einerseits nicht dauerhaft und andererseits nicht als staatlicher Konsolidierungserfolg zu werten.

[3] Vgl. SVR [1994], S. 151ff., und folgendes Kapitel.

Nach dieser einfachen Modifikation stellt sich die Frage, ob die berechneten Kennzahlen weiterhin ihre Gültigkeit behalten. Denn bislang enthalten die Schocks eine Komponente, die als Reaktion auf konjunkturelle Schwankungen schwer vermeidbar ist und außerdem möglicherweise keine Konsolidierungsprobleme mit sich bringt. Wie für andere Beurteilungskennzahlen (vgl. Abschnitt 3.2) könnte man daher fordern, $C_k$ und $K_k$ auf Basis eines konjunkturbereinigten Defizits zu berechnen. Bei Selbstkonsolidierung schlägt sich das konjunkturelle Defizit aber langfristig nicht in den Persistenzmaßen nieder, denn die Maße sind ja gerade so konzipiert, daß sie von sich konsolidierenden Schocks unbeeinflußt bleiben. Durch ihren dynamischen Charakter erübrigt sich somit eine technisch aufwendige Konjunkturbereinigung. Anders wäre der Fall, wenn das konjunkturelle Defizit nicht, wie allgemein vermutet, im Konjunkturverlauf wieder zurückginge. Denn dann könnte man argumentieren, daß die Persistenzmaße auch bei höheren Zeithorizonten Teile enthielten, die nicht vom Staat zu verantworten wären und eine Konjunkturbereinigung von $C_k$ und $K_k$ verlangen. Somit hängt die Gültigkeit der Maßzahlen entscheidend davon ab, ob sich das konjunkturelle Defizit von selbst konsolidiert oder nicht. Im folgenden Kapitel wird dieser Aspekt empirisch überprüft.

# 10 Persistenz des konjunkturellen Defizits

In der Literatur besteht keine Einigkeit über die genaue Abgrenzung von konjunkturellem und strukturellem Defizit. Ein enger Begriff des konjunkturellen Defizits schließt nur die automatisch durch den Konjunkturverlauf hervorgerufenen Schwankungen ein. Dies wäre bei einer Wirkungsanalyse sinnvoll, wie z. B. im Rahmen des Konzeptes „konjunktureller Impuls" des SVR.[1] Die hier interessierende Frage der Konsolidierung verlangt hingegen einen umfassenderen Begriff, der auch diskretionäre konjunkturell bedingte Defizite einbezieht. In dieser Hinsicht folgt die Terminologie dem SVR im Zusammenhang mit dem „strukturellen Defizit".[2] Anders als der „konjunkturelle Impuls" dient dieses Konzept Konsolidierungszwecken. Das strukturelle Defizit ist nicht nur um den konjunkturellen Teil bereinigt, sondern auch um Teile des Bundesbankgewinns und eine mittelfristig akzeptable Verschuldung, so daß es dem Konsolidierungsbedarf entspricht. Das hier verfolgte Untersuchungsziel erfordert zwar eine Ermittlung des konjunkturellen Defizits, nicht aber des Konsolidierungsbedarfs. Der im folgenden verwendete Begriff „strukturelles Defizit" stellt daher nur das um seinen konjunkturellen Teil bereinigte Gesamtdefizit dar und unterscheidet sich damit möglicherweise vom Konsolidierungsbedarf. Das „konjunkturelle Defizit" umfaßt sowohl diskretionär als auch automatisch hervorgerufene Schwankungen.

Der für diese Zwecke entscheidende Unterschied zwischen den verschiedenen existierenden Abgrenzungen besteht aber vielmehr darin, ob die Nachhaltigkeit der Wirkung oder die Ursache der Entstehung des konjunkturellen Defizits hervorgehoben wird. Ein prominentes Beispiel für die erstgenannte Begriffsbildung wäre wiederum die Dekomposition des SVR bei der Ermittlung des strukturellen Defizits. Denn das strukturelle Defizit ist der Teil des Gesamtdefizits, „der dauerhaften Charakter hat, sich mithin nicht im Laufe eines Konjunkturzyklus selbsttätig abbaut oder durch gesetzlich befristete Maßnahmen begründet ist, und der den mittelfristig als unbedenklich, somit als akzeptabel erscheinenden Umfang staatlicher Kreditfinanzierung überschreitet".[3] Aus dieser Definition wird deutlich, daß für das konjunkturelle Defizit Selbstkonsolidierung unterstellt wird. In einer abweichenden Abgrenzung, formuliert

[1] Vgl. SVR [1994], S. 155.
[2] Zu den grundsätzlichen Überlegungen zu diesem Konzept vgl. ebenda, S. 151ff.
[3] Ebenda, S. 152. Auf das automatische Verschwinden wird auch explizit im methodischen Anhang der Gutachten hingewiesen, vgl. z. B. SVR [1998], S. 291.

etwa von Oberhauser[1] und Scherf[2], wird statt dessen angenommen, daß das konjunkturelle Defizit auch dauerhafte Komponenten enthalten kann.

Die hier benutzten Begriffe folgen dieser letzten Definition, d. h. sie stellen auf die Ursache der Entstehung ab und nicht auf die Nachhaltigkeit. Demnach ist das konjunkturelle Defizit durch den Teil des Defizits definiert, der von konjunkturellen Schwankungen im Bruttoinlandsprodukt hervorgerufen wird, unabhängig davon, ob es vorübergehender oder dauerhafter Natur ist. Denn nur bei dieser Sichtweise kann sinnvoll untersucht werden, ob sich konjunkturelle Defizite von selbst konsolidieren. Ursachen für Persistenzen im konjunkturellen Defizit können u. a. in Irreversibilitäten rezessiv bedingter, schuldenfinanzierter Ausgabenerhöhungen bzw. Einnahmeverringerungen liegen, in einer aus verschiedenen Gründen erfolglosen antizyklischen Fiskalpolitik[3] oder in einem Konjunkturverlauf, bei dem tiefe, lang anhaltende Rezessionen nur von schwachen, kurzen Boomphasen gefolgt werden.[4]

Die Frage, ob auch das konjunkturelle Defizit eine Belastung für künftige Haushalte darstellt, wird wiederum mit Persistenzmaßen untersucht. Dies hat den Vorteil, daß die Aussagen auf einem direkten Vergleich mit den im vorhergehenden Kapitel berechneten Maßzahlen beruhen. Bei Selbstkonsolidierung müßten die Werte von $C_k$ für das konjunkturelle Defizit rasch auf null sinken. Das wesentliche Problem der Untersuchung des konjunkturellen Defizits auf Persistenz ist zunächst die Dekomposition des Gesamtdefizits in seine konjunkturelle Komponente und die Restkomponente (strukturelles Defizit). Theoretische Möglichkeiten dazu werden im nächsten Abschnitt vorgestellt.

---

1 Vgl. Oberhauser [1985], S. 341.

2 Vgl. Scherf [1989], S. 145 und S. 150.

3 Dies wäre etwa der Fall, wenn Rezessionen nicht nachfragebedingt sind und/oder staatliche Nachfrage die private verdrängt.

4 Zu diesen und weiteren Ursachen vgl. Heller [1996], S. 43ff.

## 10.1 Verfahren zur Defizitdekomposition

### 10.1.1 Bestehende Konzepte

Zur Konjunkturbereinigung des Defizits gibt es keine allgemein anerkannte Methode. Die gebräuchlichen Dekompositionsverfahren folgen aber einem ähnlichen Grundschema,[1] das sich durch folgende Schritte charakterisieren läßt:

- Bestimmung des Produktionspotentials;
- Bestimmung der Komponenten des Defizits, die mit der Schwankung im Auslastungsgrad des Produktionspotentials variieren;
- Bestimmung des Ausmaßes der Reaktion auf die Schwankung im Auslastungsgrad (Elastizität) und Quantifizierung des konjunkturellen Anteils für die einzelnen Komponenten;
- Aggregation der konjunkturellen Anteile zum konjunkturellen Defizit;
- Bereinigung des beobachteten Defizits um seinen konjunkturellen Teil.

Trotz dieser Gemeinsamkeiten unterscheiden sich die Methoden in vielen Einzelheiten. Um zu zeigen, welche verschiedenen konkreten Ausgestaltungen der ersten drei Schritte vorgeschlagen werden, sollen beispielhaft die Verfahren des Sachverständigenrates (SVR) und der OECD in ihren Grundzügen dargestellt werden.[2]

Bei der Berechnung des Produktionspotentials unterstellt man, daß lediglich der Unternehmenssektor nicht voll ausgelastet ist. Dessen Produktionspotential bestimmt der SVR als Produkt aus potentieller Kapitalproduktivität und dem jahresdurchschnittlichen Bruttoanlagevermögen. Die potentielle Kapitalproduktivität wiederum errechnet sich in mehreren Schritten. Zunächst wird eine zwischen den Tiefpunkten abgeschlossener Zyklen log-lineare, deterministische Trendfunktion als Spline-Funktion für die beobachteten Kapitalproduktivitäten geschätzt, so daß sich die einzelnen Segmente an den Tiefpunkten jeweils berühren. Die potentielle Kapitalproduktivität

---

1 Einen Überblick über verschiedene Methoden geben Alesina/Perotti [1995], S. 211ff.

2 Da das vom SVR berechnete „strukturelle Defizit" im Gegensatz zum „konjunkturellen Impuls" Konsolidierungszielen dient, wird hier nur auf die Methodik im Rahmen dieses Konzeptes eingegangen. Die OECD ermittelt das „cyclically adjusted budget (cab)". Beide Methoden wurden mehrmals grundlegend geändert. Die Darstellungen hier beziehen sich auf die Verfahren nach den letzten größeren Änderungen 1994 (SVR) und 1995 (OECD). Sie orientieren sich an den methodischen Erläuterungen bei SVR [1994], S. 151ff., bzw. SVR [1998], S. 284ff., und S. 291ff., und für die OECD bei Giorno/Richardson/Roseveare/van den Noord [1995]. In diesen Quellen finden sich auch weitere, hier nicht erwähnte Einzelheiten.

ergibt sich dann, indem diese Funktion in dem Ausmaß parallel nach oben verschoben wird, das durch die größte positive Abweichung der tatsächlichen Kapitalproduktivität von der Trendfunktion gegeben ist. Als Normalauslastungsgrad gilt der Durchschnittswert der Auslastungsgrade vergangener Zyklen. Die OECD hingegen schätzt das Produktionspotential des Unternehmenssektors aufgrund einer Cobb-Douglas-Funktion mit zwei Faktoren, deren Koeffizienten durch die OLS-Schätzung mit den empirisch beobachteten Werten für die Faktoren bestimmt sind. Anschließendes Einsetzen des potentiellen Kapitalstocks, der potentiellen Beschäftigung und der trendmäßigen gesamten Faktorproduktivität[1] ergibt das Potential. Als potentieller Kapitalstock gilt der tatsächlich realisierte, während das Beschäftigungspotential durch die NAIRU-Beschäftigung (die auf besonderem Wege geschätzt werden muß) gegeben ist. Der Trend der gesamten Faktorproduktivität wird durch die mit einem Hodrick-Prescott-Filter[2] geglättete Reihe der Restwerte aus der OLS-Schätzung der Cobb-Douglas-Funktion gebildet.

Als konjunkturabhängige Komponenten bezieht der SVR das gesamte Steueraufkommen der Gebietskörperschaften, den Bundeszuschuß zur Bundesanstalt für Arbeit und Belastungen durch aktive Konjunkturpolitik ein,[3] während die OECD auf der Einnahmenseite vier Steuerkategorien unterscheidet (Körperschaftsteuer, Einkommensteuer, Sozialversicherungsbeiträge und indirekte Steuern), hingegen die Gesamtausgaben ohne Zinszahlungen en bloc mit einbezieht.

Im nächsten Schritt berechnet die OECD für jede einzelne Komponente eine eigene Elastizität, die die Reaktionen auf eine Variation des Auslastungsgrades des Produktionspotentials mißt. Mit der Kenntnis der tatsächlichen Abweichung von der Vollbeschäftigung lassen sich dann die konjunkturellen Anteile der Komponenten bestimmen. Das Vorgehen des SVR hingegen unterscheidet sich für die einzelnen Komponenten. Die konjunkturbedingten Steuereinnahmen gelten als Produkt aus der absoluten Abweichung der Auslastung von der Normalauslastung und der volkswirtschaftlichen Steuerquote. Zur Dekomposition des Zuschusses zur Bundesanstalt für Arbeit hingegen wird ein mehrstufiges Verfahren benutzt. Zunächst

---

[1] Die Faktorproduktivität wird in diesem logarithmischen Ansatz additiv berücksichtigt.

[2] Zum Hodrick-Prescott-Filter vgl. Enders [1995], S. 210.

[3] Eine Bereinigung um die Belastungen durch aktive Konjunkturpolitik erfolgt nicht bei der Berechnung des konjunkturellen Impulses. Der SVR hält außerdem die Bereinigung anderer möglicherweise konjunkturabhängiger Komponenten, wie die Arbeitslosenhilfe oder Sozialhilfe und Wohngeld, zur Zeit nicht für sinnvoll, vgl. SVR [1994], S. 153, und SVR [1998], S. 292.

werden die konjunkturellen Beitragseinnahmen der Bundesanstalt analog zur Vorgehensweise bei den Steuereinnahmen ermittelt. Die konjunkturabhängigen Ausgaben für Arbeitslosengeld ergeben sich als Produkt aus der Anzahl der abhängigen Erwerbspersonen, der Ausgaben für Arbeitslosengeld pro Kopf und der Differenz der Quoten der registrierten Arbeitslosen und der nicht konjunkturbedingten Arbeitslosen (die geschätzt werden muß). Eine Aggregation der konjunkturellen Einnahmen und Ausgaben, zu denen auch das Kurzarbeitergeld in voller Höhe zählt, ergibt das konjunkturelle Defizit der Bundesanstalt für Arbeit, das, sofern es kleiner als dessen tatsächliches Defizit ist, den konjunkturellen Teil des Bundeszuschusses darstellt. Wenn es das tatsächliche Defizit statt dessen übersteigt, wird lediglich der tatsächliche Zuschuß angesetzt. Die Belastungen für Konjunkturprogramme fließen in voller Höhe in das konjunkturelle Defizit ein.

An der Beschreibung wird deutlich, daß viele unabhängige Entscheidungen breite Variationsmöglichkeiten bei der Quantifizierung des konjunkturellen Defizits zulassen. Eine der Ursachen einer sehr unterschiedlichen Ausgestaltung liegt zweifelsohne in verschiedenen Akzenten bei der Zielsetzung. Zwar dienen beide Konzepte „strukturelles Defizit" und „cab" einer Beurteilung der Haushaltspolitik hinsichtlich der Konsolidierung. Allerdings ist die Methode des SVR vor dem Hintergrund der Beurteilung und Beratschlagung der deutschen Wirtschaftspolitik zu sehen, so daß ein möglichst getreues Bild der deutschen Verhältnisse, das auch landestypische Charakteristika berücksichtigt, angestrebt wird. Bei der Verfahrensweise der OECD spielt dagegen die internationale Vergleichbarkeit eine große Rolle. Dem trägt die Anwendung eines einheitlichen Verfahrens für mehrere Länder Rechnung. Ein solches Verfahren kann Individualitäten kaum berücksichtigen, muß aber trotzdem jedem einzelnen Land einen realistischen Rahmen bieten.

Die seitens verschiedener Institutionen publizierten Daten des konjunkturellen Defizits sind aus drei Gründen für die anschließende Untersuchung ungeeignet. Erstens werden ausschließlich Jahresdaten ausgewiesen, so daß zur Persistenzschätzung bei dem hier gegebenen Zeithorizont zu wenig Beobachtungen vorliegen. Zweitens beruhen die Berechnungen auf einer Vielzahl unabhängig voneinander getroffener Einzelentscheidungen, die drittens durch ein hohes Maß an Subjektivität geprägt sind. In ökonometrischen Studien werden in sich geschlossene Ansätze mehrstufigen Einzelentscheidungen vorgezogen, und die Entscheidungen sollten auf statistischer Basis statt auf subjektiver Experteneinschätzung beruhen[1]. Da die Daten für das konjunkturelle Defizit mit Zeitreihenmethoden untersucht werden sollen, ist es vom methodischen Standpunkt wünschenswert, sie im Zuge der Untersuchung mit einem ökonometrischen Verfahren zu gewinnen.

### 10.1.2 Ökonometrische Verfahren

#### *10.1.2.1 Überblick*

Die Zerlegung von Zeitreihen (in der Literatur meist $BIP_t$) in permanente und vorübergehende Komponenten hat eine lange Tradition in der Ökonometrie.[2] Im Mittelpunkt stand dabei zunächst aber nur die Vorstellung deterministischer Trends, die für die Modellierung der Staatsverschuldung ungeeignet sind. Erst seit etwa Anfang der achtziger Jahre stehen auch Verfahren zur Berücksichtigung stochastischer Trends zur Verfügung. In einem univariaten Rahmen schlagen u. a. Beveridge/Nelson[3], Watson[4] und Hodrick/Prescott[5] verschiedene Methoden vor, die sich durch die Annahmen über die Beziehung zwischen permanenten und zyklischen Schocks (meist die Korrelation) unterscheiden. Solche Annahmen sind theoretisch schwer begründbar, und Quah[6] zeigt, daß - je nach ihrer konkreten Formulierung - unendlich viele Möglichkeiten einer Dekomposition existieren.

Auch abgesehen von dieser Willkür käme eine univariate Methode in dem hier vorliegenden Zusammenhang nicht in Betracht. Denn die Verfahren sind so konzipiert, daß im Ergebnis die konjunkturelle Komponente immer stationär ist. Zwar ist dies i. d. R. sonst auch sinnvoll, hier aber bildet das langfristige Verhalten des konjunkturellen Defizits ja gerade das Untersuchungsziel und sollte deshalb nicht restringiert werden. Wäre das konjunkturelle Defizit durch seine Nachhaltigkeit definiert, also a priori eine vorübergehende Komponente, dann wäre die Frage nach seinem langfristigen Verhalten schon vorweg beantwortet. Im Verständnis dieser Arbeit ist es hingegen der Teil des Gesamtdefizits, der von konjunkturellen

---

[1] Eine Ausnahme bildet die Auswahl der zur Identifikation benötigten Restriktionen.
[2] Einen Überblick über die wichtigsten Verfahren gibt Canova [1998], S. 479ff.
[3] Vgl. Beveridge/Nelson [1981].
[4] Vgl. Watson [1986].
[5] Der Hodrick-Prescott-Filter wird, wie bereits erwähnt, z. B. bei Enders [1995], S. 210, beschrieben.
[6] Vgl. Quah [1992].

Schwankungen ausgelöst wird. Diese Schwankungen sind durch ihre Nachhaltigkeit im realen Bruttoinlandsprodukt definiert, d. h. sie beeinflussen $BIP_t$ nur vorübergehend.

Für viele Fragestellungen erfreuen sich multivariate Verfahren in letzter Zeit wachsender Beliebtheit, denn sie erlauben eine modelltheoretische Untermauerung der zur Dekomposition notwendigen Restriktionen. Ein Beispiel hierfür wäre die im folgenden benutzte Strukturelle VAR (SVAR)-Analyse von Blanchard/Quah[1], die in ihrer ursprünglichen Formulierung auf der Vorstellung basiert, Nachfrageschocks wirken nur vorübergehend. Zu erwähnen sind ferner die von Cochrane[2] entwickelte Methode, der die Permanente Einkommenshypothese zugrunde liegt, oder das für Real-Business-Cycle-Modelle konzipierte Verfahren gemeinsamer stochastischer Trends von King u. a.[3]. Die multivariaten Methoden unterliegen allerdings der Kritik, Dekompositionen hervorzubringen, die nur vor dem Hintergrund des spezifisch benutzten Modells gültig sind.

Hier wird ein Verfahren vorgeschlagen, das von dieser Kritik frei ist. Dazu soll der oben erwähnte SVAR-Ansatz von Blanchard/Quah, der sonst eher in keynesianischen Modellen oder zur Untersuchung des Bruttoinlandsproduktes eingesetzt wird[4], auf das Problem der Defizitdekomposition übertragen werden. Diese multivariate Zerlegung bietet sich an, weil sie nicht mit modellspezifischen Restriktionen arbeitet, sondern lediglich mit den bereits angedeuteten und im nächsten Abschnitt präzisierten, sehr allgemeingültigen Definitionen der einzelnen Komponenten. Der SVAR-Ansatz muß zur Berücksichtigung der fraktionellen Integration allerdings geringfügig erweitert werden.

### *10.1.2.2 Defizitdekomposition mit einem SVAR-Ansatz*

Der Einsatz eines SVAR-Modells erfordert zunächst eine Definition verschiedener Begriffe. Das konjunkturelle reale Defizit $\Delta B_t^{(k)}$ bildet im folgenden Zusammenhang den Teil des Defizits, der von Schocks konjunktureller Natur ($\varepsilon_{1t}$) hervorgerufen wird. Diese Schocks sind dadurch gekennzeichnet, daß sie das reale Bruttoinlandsprodukt

1 Vgl. Blanchard/Quah [1989].

2 Vgl. Cochrane [1994].

3 Vgl. King/Plosser/Stock/Watson [1991].

4 Zu verschiedenen Anwendungsbereichen dieser Methode vgl. etwa Dolado/Jimeno [1997], Galí [1992] oder Keating/Nye [1998].

langfristig unbeeinflußt lassen. Demgegenüber haben die restlichen Schocks ($\varepsilon_{2t}$) eine langfristige Wirkung auf $BIP_t$. Sie werden von nun an als strukturell bezeichnet, denn sie rufen das strukturelle reale Defizit $\Delta B_t^{(s)}$ hervor. Die Definition der Schocks basiert damit, wie zuvor gefordert, auf der Fristigkeit ihrer Wirkung auf das Bruttoinlandsprodukt und nicht auf das Defizit. Durch diese Formulierung ist sichergestellt, daß das konjunkturelle Defizit zwar durch vorübergehende Schwankungen in $BIP_t$ hervorgerufen wird, aber keiner Restriktion über seine Persistenz unterliegt. Andererseits wird die Unterscheidung in automatisch oder diskretionär hervorgerufene konjunkturelle Defizite hinfällig.

Zur Ermittlung der Größen $\Delta B_t^{(s)}$ und $\Delta B_t^{(k)}$ benötigt man die Kenntnis der konjunkturellen und der strukturellen Schocks. Da sich die Reihen $\varepsilon_{1t}$ und $\varepsilon_{2t}$ nicht direkt beobachten lassen, müssen sie aus einem SVAR-Ansatz mit den durch die Definition der Komponenten gegebenen Restriktionen berechnet werden. Die Anzahl identifizierbarer Schocks entspricht im allgemeinen der Zahl der Variablen eines SVAR-Modells. Hier gilt es, zwei Kategorien von Schocks zu ermitteln, so daß ein VAR-Modell mit zwei Variablen herangezogen wird. Es umfaßt die Reihe des deutschen realen Bruttoinlandsproduktes $BIP_t$, die vom Grad $d = 1$ integriert ist,[1] sowie diejenige des realen Defizits $\Delta B_t^{(r)}$, deren Integrationsgrad aufgrund der bisherigen Ergebnisse mit $d = 0{,}435$ angenommen wird.

Um die Darstellung zu erleichtern,[2] werden die mittelwertbereinigten differenzierten Reihen mit $y_{1t}$ und $y_{2t}$ bezeichnet, also

$$y_{1t} = (1 - L)BIP_t - \bar{x}_1 \text{ und}$$
$$y_{2t} = (1 - L)^{0,435}\Delta B_t^{(r)} - \bar{x}_2,$$

wobei $\bar{x}_1$ und $\bar{x}_2$ die Mittelwerte jeweils der Reihen $(1 - L)BIP_t$ und $(1-L)^{0,435}\Delta B_t^{(r)}$ sind. Dann läßt sich ein VAR(p)-Modell

$$\mathbf{y}_t = \mathbf{A}(L)\mathbf{y}_t + \mathbf{e}_t \tag{10.1}$$

1 Das Ergebnis ist durch zahlreiche Studien gut abgesichert, so daß hier auf eine erneute Untersuchung verzichtet wird. Bei Cheung/Lai [1992], S. 440, z. B. wird die Nullhypothese keiner fraktionellen Integration akzeptiert.

2 Allgemeine Darstellungen des Verfahrens finden sich u. a. bei Enders [1995], S. 331ff., oder Galí [1992], S. 718ff.

$$\text{mit } \mathbf{A}(L)=\begin{pmatrix} a_{11}(L) & a_{12}(L) \\ a_{21}(L) & a_{22}(L) \end{pmatrix}$$

$a_{ij}(L) = a_{ij,1}L + a_{ij,2}L^2 + a_{ij,3}L^3 + .... + a_{ij,p}L^p$ für i, j = 1, 2

$\mathbf{y_t} = (y_{1t}\, y_{2t})'$

$\mathbf{e_t} = (e_{1t}\, e_{2t})'$ und $\mathbf{e_t} \sim NV(0;\Sigma_\mathbf{e})$ und $Cov(e_{it}, e_{i,t+s}) = 0$ für i = 1,2 und $s \neq 0$

mit OLS schätzen. Anschließend kann es in seine MA-Form

$$\mathbf{y_t} = (\mathbf{I} - \mathbf{A}(L))^{-1}\mathbf{e_t}$$
$$= \mathbf{B}(L)\mathbf{e_t} \qquad (10.2)$$
$$\text{mit } \mathbf{B}(L)=\begin{pmatrix} b_{11}(L) & b_{12}(L) \\ b_{21}(L) & b_{22}(L) \end{pmatrix}$$

**I** = Einheitsmatrix

$b_{ij} = b_{ij,0} + b_{ij,1}L + b_{ij,2}L^2 + b_{ij,3}L^3 + ....$ für i, j = 1, 2

$b_{ij,0} = 1$ für i = j und $b_{ij,0} = 0$ für $i \neq j$, d.h. $\mathbf{B}(0) = \mathbf{I}$

transformiert werden. Da die Matrix $Cov(\mathbf{e_t}) = \Sigma_\mathbf{e}$ im allgemeinen nicht diagonal ist, treten die Restwerte $e_{1t}$ und $e_{2t}$ systematisch gemeinsam auf. Damit entsprechen sie nicht interpretierbaren Größen; sie werden daher auch als Prognosefehler oder Innovationen bezeichnet. An ökonomisch interpretierbare Schocks $\boldsymbol{\varepsilon_t}$ (mit $\boldsymbol{\varepsilon_t} = (\varepsilon_{1t}\, \varepsilon_{2t})'$) hingegen knüpft man die Forderung eines voneinander unabhängigen Auftretens, so daß $Cov(\boldsymbol{\varepsilon_t}) = \mathbf{I}$. [1] Die strukturelle VAR-Analyse macht es sich zum Ziel, eine Umformung von (10.1) oder (10.2) vorzunehmen, aus der

$$\mathbf{y_t} = \mathbf{C}(L)\boldsymbol{\varepsilon_t} \qquad (10.3)$$
$$\text{mit } \mathbf{C}(L)=\begin{pmatrix} c_{11}(L) & c_{12}(L) \\ c_{21}(L) & c_{22}(L) \end{pmatrix}$$

$c_{ij}(L) = c_{ij,0} + c_{ij,1}L + c_{ij,2}L^2 + c_{ij,3}L^3 + ....$ für i, j = 1, 2

$Cov(\boldsymbol{\varepsilon_t}) = \mathbf{I}$

resultiert. Gleichung (10.3) gibt auch die Grundlage zur Dekomposition des Defizits, denn die Komponente

[1] Die Einsen auf der Hauptdiagonale stellen keine einschränkende Restriktion dar, sondern dienen lediglich der Normierung.

$$(1-L)^{0,435}\Delta B_t^{(r)} - \overline{x}_2 = c_{21}(L)\varepsilon_{1t} + c_{22}(L)\varepsilon_{2t} \tag{10.4}$$

aus (10.3) läßt sich mit $\Delta B_t^{(r)} = \Delta B_t^{(k)} + \Delta B_t^{(s)}$ in die Bestandteile

$$\Delta B_t^{(k)} = c_{21}(L)\varepsilon_{1t}(1-L)^{-0,435} \quad \text{und} \tag{10.5}$$

$$\Delta B_t^{(s)} = \left(c_{22}(L)\varepsilon_{2t} + \overline{x}_2\right)(1-L)^{-0,435} \tag{10.6}$$

zerlegen. Dabei ist zu beachten, daß der deterministische Teil des Defizits $\overline{x}_2$ in voller Höhe dem strukturellen Defizit zugerechnet wird, weil er sich wohl kaum konjunkturell erklären läßt.

Weder die Koeffizienten $\mathbf{C}(L)$ noch die Schocks $\varepsilon_t$ sind direkt beobachtbar. Aus (10.2) und (10.3) ergibt sich jedoch für L = 0

$$\varepsilon_t = \mathbf{C}(0)^{-1}\mathbf{e_t} \tag{10.7}$$

eine Beziehung, mit der die konjunkturellen und strukturellen Schocks lediglich aufgrund der Kenntnis der Elemente von $\mathbf{C}(0)$ berechenbar sind. Setzt man diesen Zusammenhang in (10.3) ein und vergleicht die rechte Seite der daraus resultierenden Gleichung mit (10.2), so erhält man mit

$$\begin{aligned}\mathbf{C}(L) &= \mathbf{B}(L)\mathbf{C}(0)\\ &= (\mathbf{I} - \mathbf{A}(L))^{-1}\mathbf{C}(0)\end{aligned} \tag{10.8}$$

einen Zusammenhang, der auch die Bestimmung der Koeffizienten des strukturellen VAR-Modells (10.3) durch $\mathbf{C}(0)$ zuläßt. Da $\mathbf{A}(L)$ und $\mathbf{e_t}$ mit (10.1) schätzbar sind, genügt zur Defizitdekomposition also allein die Kenntnis von $\mathbf{C}(0)$.

Rückschlüsse über die Elemente von $\mathbf{C}(0)$ erfolgen auf der Grundlage der die Schocks kennzeichnenden Informationen. Dabei handelt es sich zunächst um die spezielle Form der Varianz-Kovarianz-Matrix, $Cov(\varepsilon_t) = \mathbf{I}$, die sich durch Anwendung des Kovarianz-Operators auf (10.7) berücksichtigen läßt:

$$\begin{aligned}&Cov(\varepsilon_t) = Cov(\mathbf{C}(0)^{-1}\mathbf{e_t})\\ \Leftrightarrow\quad &\Sigma_{\mathbf{e}} = \mathbf{C}(0)\mathbf{I}\mathbf{C}(0)'.\end{aligned} \tag{10.9}$$

Aufgrund seiner besonderen Struktur ist mit (10.9) ein System aus drei verschiedenen Gleichungen gegeben,[1] das mit den Elementen von **C**(0) vier Unbekannte enthält. Um den Schocks die spezifischen Eigenschaften konjunkturell oder strukturell zuordnen zu können, muß des weiteren die Information, daß $\varepsilon_{1t}$ keine langfristigen Wirkungen auf $BIP_t$ hat, als Gleichung mit Elementen von **C**(0) formuliert werden. Die Wirkung der Schocks $\varepsilon_{1t}$ auf $BIP_t$ geben die Koeffizienten von $c_{11}(L)$ an. Eine Übertragung der Überlegungen zu den Wertebereichen von Persistenzmaßen (vgl. Abschnitt 6.2) verdeutlicht, daß eine fehlende Langzeitwirkung für $c_{11}(1) = 0$ gegeben ist. Die vierte Gleichung des Gleichungssystems in den Unbekannten **C**(0) erhält man daher aus dem (1;1)-Element von Gleichung (10.8), das man für L = 1 betrachtet und gleich null setzt. Damit erlaubt eine Schätzung von (10.1) über (10.9) die Bestimmung der Elemente von **C**(0) und eine Dekomposition gemäß (10.5) und (10.6). Das langfristige Verhalten von konjunkturellen Schocks läßt sich dann aufgrund der MA-Form aus Gleichung (10.4), die das (fraktionell differenzierte) Gesamtdefizit auf konjunkturelle und strukturelle Schocks zurückführt, leicht berechnen. Denn die Koeffizienten $c_{21,k}$ ($k = 0, \ldots \infty$) geben an, wie hoch die Wirkung eines konjunkturellen Schocks nach k Perioden auf das fraktionell differenzierte Gesamtdefizit ist. Dieser Schock ist jedoch kein Einheitsschock, da im allgemeinen $c_{21,0} \neq 1$ gilt. Bei der Berechnung der Persistenzmaße kommt es deswegen zu einer Normierung. Ausgehend von (10.5) gilt für das konjunkturelle Defizit:

$$C_k = \frac{\sum_{p=0}^{k} c_{21,p}}{c_{21,0}}(1-L)^{-0{,}435} \text{ und } c(1) = \frac{c_{21}(1)}{c_{21,0}}(1-L)^{-0{,}435}. \qquad (10.10)$$

Die entsprechenden Werte für den realen Schuldenstand ergeben sich durch anschließende Kumulierung. In dem hier vorgeschlagenen Verfahren stammt die Kenntnis über den Integrationsgrad von $\Delta B_t^{(r)}$ aus einer vorgeschalteten Schätzung. Die dabei relevanten Standardfehler können bei der Schätzung der Persistenzmaße nicht berücksichtigt werden. Daher muß auf eine Angabe der Standardfehler der geschätzten Persistenzmaße verzichtet werden.

[1] Es ergeben sich vier Gleichungen, von denen sich aber zwei entsprechen.

Im Vergleich zu den in Abschnitt 6.1.1 beschriebenen Dekompositionsverfahren weist die Methode einige Vorzüge für die Zwecke einer ökonometrischen Studie auf. So findet nicht nur die Defizitdekomposition selbst in einem geschlossenen Rahmen statt, sondern das Verfahren liefert gleichzeitig auch die gesuchten Persistenzmaße. Damit liegt ein umfassender Ansatz vor, dessen Entscheidungen weitestgehend auf statistischen Grundlagen beruhen. Lediglich die Variablenauswahl und Gestaltung der Restriktionen bilden hiervon eine Ausnahme. Aber die hier gewählte Langfristrestriktion ist nicht - wie sonst häufig bei Anwendungen eines SVAR-Modells - eine modellspezifische Annahme, sondern hat definitorischen Charakter. Die Allgemeingültigkeit dieser Definitionen, verbunden mit der Möglichkeit der Dekomposition und Persistenzschätzung in einem Zuge, machen den Einsatz der Methode von Blanchard und Quah im Vergleich auch zu anderen ökonometrischen Dekompositionsmethoden sehr attraktiv.

Trotzdem sollen einige negative Aspekte nicht unerwähnt bleiben. Die an sich positiv zu bewertende Geschlossenheit des Ansatzes läßt gleichzeitig eine hohe Fehleranfälligkeit vermuten. So können Fehlspezifikationen (z. B. eine falsche Lag-Länge), Ungenauigkeiten aufgrund des Einsatzes der Langfristrestriktion in der endlichen Stichprobe oder unpräzise Schätzer das Ergebnis stark beeinflussen, ohne daß im Zuge der Analyse korrigierende Eingriffe möglich wären. Besonders die begrenzte Stichprobe könnte Ursache eines nicht sehr genauen Ergebnisses sein, da die entscheidende Langfristrestriktion für einen unendlichen Horizont konzipiert ist. Diesem Problem ist mit der Wahl des Beobachtungszeitraumes Rechnung zu tragen. Damit die Annahme im Konjunkturverlauf verschwindender Schocks erfüllt ist, sollten am Anfang und Ende konjunkturell vergleichbare Situationen stehen. Daneben könnte die Hin- und Rücktransformation durch den in endlichen Stichproben nur approximativen fraktionellen Differenzenfilter dazu führen, daß Informationen über die Niveaus der Reihen $\Delta B_t^{(k)}$ und $\Delta B_t^{(s)}$ verloren gingen und beide Komponenten in ihrer absoluten Höhe nicht genau erfaßt würden. Dieser Mangel macht die Methode für die Zwecke unbrauchbar, die eine möglichst genaue Quantifizierung des strukturellen Defizits in einem bestimmten Jahr verlangen. Die zum Abschluß von Kapitel 9 getroffene Aussage etwa, daß der Konsolidierungsbedarf wegen seiner hohen Persistenz problematisch ist, erfordert besonders eine in Niveaus zuverlässige Defizitdekomposition, sofern ein konkretes Haushaltsjahr beurteilt werden soll. Zu solchen Zwecken muß daher auf eine der in 10.1.1 beschriebenen Methoden zurückgegriffen werden. Die Persistenzschätzungen selber führen hingegen zu dynamischen Beurteilungsmaßzahlen, die unabhängig vom Niveau der Reihe sind. Denn für das Schockverhalten ist anstelle der absoluten Höhe eher die zeitliche Entwicklung beider Komponenten von Bedeutung. Der Mangel einer möglicherweise fehlerhaften Wiedergabe der Niveaus fällt daher hier nicht ins Gewicht.

## 10.2 Schätzergebnisse

### 10.2.1 Dekomposition

Der Beobachtungszeitraum der Schätzung sollte möglichst abgeschlossene Konjunkturzyklen umfassen. Die Auswahl konjunkturell vergleichbarer Situationen orientiert sich an den vom SVR[1] ermittelten konjunkturellen Tiefpunkten der Kapitalproduktivität in den Jahren 1963, 1975, 1983 und 1993. Angesichts des gegebenen Beobachtungszeitraumes erstreckt sich die Schätzung damit über die Periode von 1975:1 bis 1993:4.

Da die Entscheidung über die Auswahl der endogenen Variablen bereits getroffen wurde, umfaßt die Spezifikationsphase allein die Festlegung der exogenen oder deterministischen Größen des Modells und der Lag-Ordnung p. Der wiedervereinigungsbedingte Strukturbruch wird - wie bislang auch - mit einer Impulsdummy-Variablen für die Periode 90:4 ($D_{P1t}$) in beiden Gleichungen modelliert. Daneben werden Absolutglieder mit einbezogen, so daß das Modell

$$\begin{pmatrix} (1-L)BIP_t \\ (1-L)^{1,435} B_t^{(r)} \end{pmatrix} = \begin{pmatrix} \alpha_1 & \beta_1 \\ \alpha_2 & \beta_2 \end{pmatrix} \begin{pmatrix} 1 \\ D_{P1t} \end{pmatrix} + \begin{pmatrix} a_{11}(L) & a_{12}(L) \\ a_{21}(L) & a_{22}(L) \end{pmatrix} \begin{pmatrix} (1-L)BIP_t \\ (1-L)^{1,435} B_t^{(r)} \end{pmatrix} + \begin{pmatrix} e_{1t} \\ e_{2t} \end{pmatrix} \tag{10.11}$$

mit $D_{P1t} = 1$ für 90:4, sonst 0

und $a_{ij}(L) = a_{ij,1}L + a_{ij,2}L^2 + a_{ij,3}L^3 + .... + a_{ij,p}L^p$ für $i, j = 1, 2$

mit der Methode der kleinsten Quadrate geschätzt wird. Zur Festlegung der Ordnung p werden zwei Methoden herangezogen. Zum einen werden unterschiedliche Modelle bis zu einer maximalen Verzögerung $p_{max}$ geschätzt. Ausgehend vom VAR($p_{max}$)-Modell wird dann mit Likelihood-Ratio-(LR-)Tests schrittweise getestet, ob die Koeffizienten

[1] Vgl. SVR [1998], S. 284.

des jeweils höchsten Lags signifikant von null verschieden sind. Die Größe p wird mit der Ordnung festgelegt, bei der die Nullhypothese zum ersten mal abgelehnt wird (Signifikanzniveau 5%). Bei dem gegebenen Stichprobenumfang scheint eine Festlegung von $p_{max} = 12$ sinnvoll.[1] Solche Testschemata, bei denen Entscheidungen vom Ausgang vieler vergangener Tests abhängen, weisen den Nachteil auf, daß sich für das gesamte Vorgehen ein nicht quantifizierbares Signifikanzniveau ergibt, das beträchtlich höher als das der individuellen Tests sein kann.[2] Deswegen werden außerdem für alle betrachteten Modelle Informationskriterien berechnet. Wie zuvor ist dasjenige Modell mit den minimalen Werten für AIC und SBC auszuwählen. Details zu den Berechnungen finden sich in Anhang 10.1 .

Die Ergebnisse (vgl. Tab. 10.1) weisen so deutlich auf eine Lag-Länge von p = 8 hin, daß zunächst die Schätzung eines VAR(8)-Modell betrachtet wird.

Tab. 10.1: Bestimmung der Ordnung p eines VAR-Modells gemäß (10.11)

| **Modell** p | **LR-Test*** **Überschreitungs-wahrscheinlichkeit** | **AIC** | **SBC** |
|---|---|---|---|
| 12 | 9,2% | 1832,02 | 1953,22 |
| 11 | 38,3% | 1836,17 | 1948,04 |
| 10 | 92,9% | 1834,26 | 1936,82 |
| 9 | 90,4% | 1827,48 | 1920,71 |
| 8 | 0,0% | 1820,89 | 1904,80 |
| 7 | 3,6% | 1848,96 | 1923,54 |
| 6 | 7,0% | 1853,94 | 1919,20 |
| 5 | 4,9% | 1856,55 | 1912,49 |
| 4 | 0,0% | 1859,88 | 1906,50 |
| 3 | 0,0% | 1934,09 | 1971,38 |
| 2 | 0,0% | 1961,36 | 1989,33 |
| 1 | 0,0% | 1973,71 | 1992,36 |
| 0 | | 2008,00 | 2017,33 |

* $\mathcal{H}_0$: Die Koeffizienten mit der Lag-Ordnung p sind nicht signifikant von null verschieden.

[1] Da sich die Schätzungen trotz Wegfall von Beobachtungen durch unterschiedliche Lag-Längen auf denselben Zeitraum beziehen sollen (vgl. Lütkepohl [1993], S. 126), dienen 12 Werte vor 1975:1 als Vorstichprobe.

[2] Vgl. Lütkepohl [1993], S. 126.

Die OLS-Schätzergebnisse sind hinsichtlich der Höhe und Signifikanz einzelner Koeffizienten wenig interessant, da das Modell in seiner reduzierten Form nicht interpretierbar ist[1]. Sie können aber Indizien dafür geben, ob wichtige Variablen außer acht gelassen wurden. Bei einer derartigen Fehlspezifikation sollte ein niedriger Erklärungswert der einzelnen Gleichungen mit autokorrelierten Restwerten einhergehen.

Tab. 10.2: Beurteilung des VAR(8)-Modells (10.11)

| | **Gleichung** | |
|---|---|---|
| | $(1-L)\,BIP_t$ | $(1-L)^{1{,}435}\,B_t^{(r)}$ |
| $R^2$ | 0,8768 | 0,7556 |
| pv: Überschreitungswahrscheinlichkeit F-Test | pv = 0,000 für $\mathcal{H}_0$: $a_{11,1} = \ldots a_{11,8} = 0$<br>pv = 0,039 für $\mathcal{H}_0$: $a_{12,1} = \ldots a_{12,8} = 0$ | pv = 0,000 für $\mathcal{H}_0$: $a_{21,1} = \ldots a_{21,8} = 0$<br>pv = 0,000 für $\mathcal{H}_0$: $a_{22,1} = \ldots a_{22,8} = 0$ |
| $pv(LM_k)$: Überschreitungswahrscheinlichkeit LM-Test auf Autokorrelation k-ter Ordnung | $pv(LM_1) = 0{,}26$<br>$pv(LM_2) = 0{,}46$<br>$pv(LM_3) = 0{,}68$<br>$pv(LM_4) = 0{,}74$<br>$pv(LM_5) = 0{,}71$<br>$pv(LM_6) = 0{,}70$<br>$pv(LM_7) = 0{,}82$<br>$pv(LM_8) = 0{,}73$<br>$pv(LM_{10}) = 0{,}74$<br>$pv(LM_{12}) = 0{,}88$ | $pv(LM_1) = 0{,}47$<br>$pv(LM_2) = 0{,}58$<br>$pv(LM_3) = 0{,}69$<br>$pv(LM_4) = 0{,}80$<br>$pv(LM_5) = 0{,}70$<br>$pv(LM_6) = 0{,}72$<br>$pv(LM_7) = 0{,}58$<br>$pv(LM_8) = 0{,}54$<br>$pv(LM_{10}) = 0{,}53$<br>$pv(LM_{12}) = 0{,}56$ |
| $pv(LM_k)$: Überschreitungswahrscheinlichkeit LM-Test auf ARCH-Effekte k-ter Ordnung | $pv(LM_1) = 0{,}72$<br>$pv(LM_2) = 0{,}43$<br>$pv(LM_3) = 0{,}66$<br>$pv(LM_4) = 0{,}62$<br>$pv(LM_5) = 0{,}50$<br>$pv(LM_6) = 0{,}28$<br>$pv(LM_7) = 0{,}14$<br>$pv(LM_8) = 0{,}26$<br>$pv(LM_{10}) = 0{,}39$<br>$pv(LM_{12}) = 0{,}42$ | $pv(LM_1) = 0{,}97$<br>$pv(LM_2) = 0{,}64$<br>$pv(LM_3) = 0{,}65$<br>$pv(LM_4) = 0{,}75$<br>$pv(LM_5) = 0{,}29$<br>$pv(LM_6) = 0{,}40$<br>$pv(LM_7) = 0{,}42$<br>$pv(LM_8) = 0{,}51$<br>$pv(LM_{10}) = 0{,}22$<br>$pv(LM_{12}) = 0{,}22$ |
| Überschreitungswahrscheinlichkeit Test auf Normalverteilung | DH: pv = 0,33 | DH: pv = 0,50 |

[1] Vgl. Sims [1980], S. 20f.

Zur Beurteilung der Güte der Anpassung weist Tabelle 10.2 den Determinationskoeffizienten $R^2$ aus. Daneben wird anhand von F-Tests überprüft, ob Variablenblocks signifikant von null verschieden sind. Zur Untersuchung der Autokorrelation der Restwerte werden LM-Tests verschiedener Lag-Ordnungen herangezogen.[1] Alles in allem sprechen die in Tabelle 10.2 dargestellten Ergebnisse gegen eine Fehlspezifikation. Zwar ist der Determinationskoeffizient in der Gleichung für das Defizit nicht übermäßig hoch. Andererseits geben die LM-Tests aber keine Hinweise dafür, daß eine systematische Komponente im Modell fehlt. Tabelle 10.2 zeigt außerdem LM-Tests auf ARCH-Effekte. Die Annahme der Homoskedastie, die besonders für die Gültigkeit der Beziehung (10.9) von Bedeutung ist, kann bei verschiedenen Lag-Ordnungen nicht verworfen werden. Die LM-Tests basieren allerdings auf der Voraussetzung normalverteilter Restwerte. Das Ergebnis des DH-Tests stützt diese Annahme deutlich. Insgesamt liegen somit keinerlei Hinweise auf Fehlspezifikation oder Annahmeverletzungen vor, so daß sich das Modell zu einer Transformation in seine strukturelle MA-Form und einer anschließenden Dekomposition eignet.

Die Dekomposition erfolgt nach (10.5) und (10.6). Im Anschluß wurden die realen Reihen $\Delta B_t^{(s)}$ und $\Delta B_t^{(k)}$ mit dem BIP-Deflator $P_t$ (Basis 1985) in nominale Werte $\Delta B_t^{(n)}$ transformiert und zwecks höherer Anschaulichkeit in Jahreswerte umgerechnet. Die Ergebnisse lassen sich am besten anhand der Graphik (Abb. 10.1) interpretieren.

Zunächst liegt es nahe, konjunkturellen Aufschwungphasen negative konjunkturelle Defizite zuzuordnen, während in Zeiten mit geringer Auslastung mit positiven Werten zu rechnen ist. Da jedoch nicht erwartet werden kann, daß die Niveaus richtig wiedergegeben wurden, sollten eher Phasen eines hohen und eines niedrigen konjunkturellen Defizits unterschieden werden. Demnach lassen sich folgende Zeitabschnitte unterscheiden:

[1] Wie in Kapitel 8 wurden LM-Tests gewählt, weil das Modell aufgrund des Strukturbruchs exogene Variablen enthält. Vgl. Anhang 8.

Tab. 10.3: Verlaufsphasen des konjunkturellen Defizits

| | |
|---|---|
| hohes konjunkturelles Defizit | 1975 - 1977<br>1980 - 1984<br>1991 - 1992 |
| niedriges konjunkturelles Defizit | 1978 - 1979<br>1985 - 1990<br>1993 |

Abb. 10.1: Dekomposition von $\Delta B_t^{(n)}$ (in Mio DM)

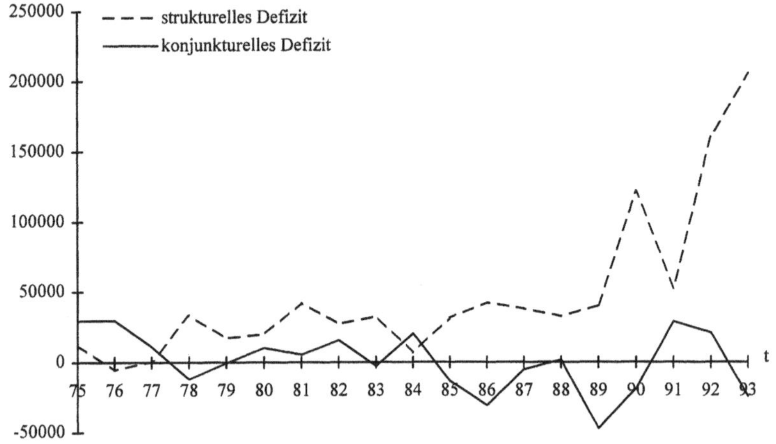


Mit der Ausnahme des Jahres 1993 stimmen die Phasen ungefähr mit den allgemeinen Vorstellungen über den konjunkturellen Verlauf im betrachteten Zeitraum überein. So ergeben sich, wie üblicherweise angenommen, zwei vollständige Phasen. Ein hohes konjunkturelles Defizit zeigt sich nach dem ersten und zweiten Ölpreisschock und in der Rezession zu Beginn der 90er Jahre. Die Zeiten der wirtschaftlichen Erholung in den späten 70ern und der zweiten Hälfte der 80er sowie der wiedervereinigungsbedingte Aufschwung 1989/90 schlagen sich hingegen, wie erwartet, in einem niedrigen konjunkturellen Defizit nieder. Zur besseren Vergleichbarkeit werden in Tab. 10.4 die von Oppenländer[1] auf Quartalsbasis, anhand

[1] Vgl. Oppenländer [1995], S.12 ff.

der Potentialauslastung identifizierten Hoch- und Tiefpunkte des Konjunkturverlaufs wiedergegeben.

Tab.: 10.4 Boom- und Rezessionsphasen nach Oppenländer

| | |
|---|---|
| Rezession | 1975:2 - 1975:3<br>1982:3 - 1982:4<br>1993:1 - 1993:3 |
| Boom | 1979:3 - 1980:1<br>1989:3 - 1990:4 |

Quelle: Oppenländer [1995], S. 12ff.

Auch wenn die Schätzergebnisse kein genaues Spiegelbild dieser Phasen sind, gibt es doch einige Übereinstimmungen. So fallen in Rezessionsphasen jeweils Zeitabschnitte hoher konjunktureller Defizite, während in Boomphasen niedrige konjunkturelle Defizite vorliegen. Eine Ausnahme hiervon bildet lediglich die Rezession 1993. Für dieses Jahr ergibt die Schätzung mit einem deutlich negativen Wert kein sinnvoll erklärbares Ergebnis.

Auch der Verlauf des strukturellen Defizits entspricht in etwa den üblichen Vorstellungen.[1] Einem Anwachsen seit Mitte der 70er Jahre folgt eine Phase der Rückführung realer Werte bis zum Ende des nächsten Jahrzehnts, die sich bei den in der Graphik benutzten nominalen Größen in einer annähernden Konstanz zeigt. Deutlich erkennbar ist auch der außerordentliche Anstieg im Zuge der Wiedervereinigung.

Da bislang keine Erfahrungen über Defizitdekompositionen mit der SVAR-Methode vorliegen, soll die Untersuchung der Plausibilität der Ergebnisse hier einen breiten Raum einnehmen und zusätzlich eine Gegenüberstellung mit den Berechnungen des SVR einbeziehen.[2] Allerdings benutzt der SVR mit dem Finanzierungssaldo der Gesamthaushalte ohne ERP-Sondervermögen ($F_t$) eine andere, z. T. sehr unterschiedliche Datenbasis. Um einen Vergleich zu ermöglichen, muß daher ein

[1] Vgl. Kap. 3.1.

[2] Aus den oben genannten Gründen erfolgt der Vergleich auch hier nur anhand der Konjunkturbereinigung für das „strukturelle Defizit“ des SVR und nicht für den „konjunkturellen Impuls“.

strukturelles SVAR-Modell auf Basis der entsprechenden realen Größe $F_t^{(r)}$ anstelle von $\Delta B_t^{(r)}$ geschätzt werden.[1]

Zunächst gilt es, den Integrationsgrad dieser Reihe zu ermitteln. In der Hauptsache machen Schuldübernahmen die Niveauunterschiede in den Reihen $\Delta B_t^{(r)}$ und $F_t^{(r)}$ aus (vgl. Abschnitt 3.4), denn solche in ihrem Ausmaß zwar bedeutsame, aber unsystematisch auftretende Größenveränderungen des Schuldenstandes betreffen die Reihe $F_t^{(r)}$ nicht. Aufgrund ihres zufälligen Charakters sollten sie allerdings auch keinen Einfluß auf das langfristige stochastische Verhalten von $\Delta B_t^{(r)}$ haben. Da $F_t^{(r)}$ und $\Delta B_t^{(r)}$ gleichermaßen von der Haushaltspolitik beeinflußt werden und daher bis auf Zufallsabweichungen demselben ökonomischen Prozeß unterliegen, kann angenommen werden, daß sie auch denselben Integrationsgrad aufweisen. Damit erfolgt eine Festlegung mit $F_t^{(r)} \sim I(0{,}435)$.

Das VAR-Modell wird auf die oben beschriebene Weise ausgewählt: Entsprechungen zu den Tabellen 10.1 und 10.2 sind im Anhang 10.2 wiedergegeben. Demnach führen die LR-Tests und Informationskriterien zu einer Spezifikation $p = 5$. Da allerdings die Tests auf Erfüllung der Modellannahmen im VAR(5)-Ansatz deutliche Hinweise gegen Normalverteilung und Homoskedastie geben und damit auch das Ergebnis der LM-Tests auf Autokorrelation in Frage gestellt wird, muß mit einer Fehlspezifikation gerechnet werden. Besser schneidet etwa ein VAR(11)-Modell hinsichtlich der Modellannahmen ab,[2] auch wenn es aufgrund der Spezifikationskriterien als überparametrisiert gilt. Mögliche negative Auswirkungen auf die Präzision der Punktschätzungen, die aus dieser Überparametrisierung resultieren,[3] sollen aber anstelle einer Verzerrung durch Fehlspezifikation in Kauf genommen werden. Nach Transformation in nominale Jahreswerte ergibt die strukturelle Dekomposition des VAR(11)-Modells das in Abb. 10.2 der entsprechenden Reihe des SVR gegenübergestellte konjunkturelle Defizit.

---

[1] Zur Datenquelle vgl. Anhang 3.

[2] Lediglich in 3 Fällen sprechen die Ergebnisse für ARCH-Effekte in den Residuen der Defizitgleichung. Vgl. Tab. A10.3.

[3] Vgl. Lütkepohl [1993], S. 119f.

Abb. 10.2: Konjunkturelles Defizit in Mio DM

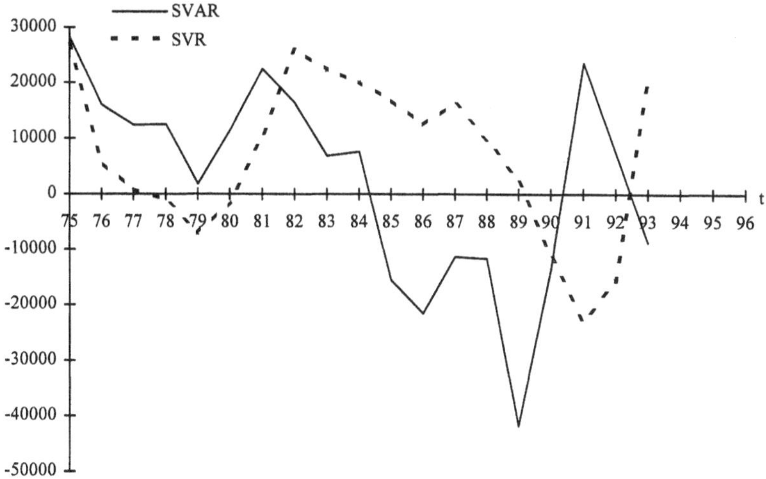


Das konjunkturelle Defizit des SVR wurde mit den Angaben aus SVR [1994] berechnet.[1]

Ein Vergleich der Niveaus zeigt im Durchschnitt höhere Werte für die Reihe des SVR. So übersteigt das mittlere konjunkturelle Defizit des SVR mit ca. 6.947 Mio DM den entsprechenden Wert des SVAR-Ansatzes (ca. 2.237 Mio DM) um mehr als das dreifache. Dabei weisen die Ergebnisse des Zeitreihenansatzes allerdings eine stärkere Schwankung auf, wie die Gegenüberstellung der Variationskoeffizienten von 7,86 (SVAR) und 2,01 (SVR) deutlich macht.

Das Urteil bei einem Vergleich der einzelnen Jahre fällt auf den ersten Blick nicht sehr günstig aus. Zunächst sollen lediglich die Jahre vor der Wiedervereinigung betrachtet werden. In jenem Zeitabschnitt ist das geschätzte Defizit erst ausschließlich höher als sein Vergleichsmaßstab (bis 1981) und danach ausnahmslos geringer. Ein solches Verhalten ist wohl keine zufällige, um den Vergleichsmaßstab schwankende Abweichung, sondern eine systematische Fehleinschätzung der Niveaus, die aus den oben besprochenen Ursachen (Anwendung des unendlichen fraktionellen

[1] Aufgrund laufender Aktualisierungen finden sich in anderen Jahrgängen leichte Abweichungen. Die hier angegebenen Werte entstammen dem spätesten Jahrgang, der den gesamten Zeitraum 1975 - 1993 umfaßt. In die Berechnung wurden der Öffentliche Gesamthaushalt ohne ERP-Sondervermögen, die Konjunkturbereinigungen auf der Einnahmen- und Ausgabenseite und Belastungen durch Konjunkturprogramme einbezogen.

Differenzenfilters auf die endliche Zeitreihe) resultieren könnte. Gerade die ausschließlich negativen Werte in der 2. Hälfte der 80er Jahre, die eher durch einen Aufschwung gekennzeichnet sind, sprechen gegen die Realitätsnähe der absoluten Höhe der Schätzung.

Ungleich wichtiger jedoch als eine Genauigkeit in den Niveaus ist für die Persistenzmessung eine gute Repräsentation des dynamischen Verhaltens. Abb. 10.3 zeigt die Veränderungen (1. Differenzen) der konjunkturellen Defizite für beide Verfahren. Hier läßt sich eine gute Übereinstimmung feststellen, denn positive und negative Werte gehen fast immer miteinander einher.[1] Auch wenn die Veränderungen in ihrem Ausmaß einmal mehr und einmal weniger voneinander abweichen, werden doch Wendepunkte in der Entwicklung des konjunkturellen Defizits i. d. R. in exakt denselben Jahren (1982, 1986 und 1987) oder mit einem Jahr Vorlauf (1982) erkannt (vgl. auch Abb. 10.2).

Ein anderes Bild ergibt sich für die Jahre nach der Wiedervereinigung. In dieser Zeit kommen beide Methoden auch hinsichtlich der Veränderungen zu gerade entgegengesetzten Ergebnissen, denn ab 1990 gehen positive 1. Differenzen der einen Methode mit negativen 1. Differenzen der anderen Methode einher. Trotzdem enthält die Dekomposition aufgrund der SVAR-Methode nützliche Informationen. Abb. 10.3 umfaßt für die Schätzung des SVR auch Werte einiger späterer Jahre. Hier zeigt sich in der Tat eine übereinstimmende Dynamik, die aber nunmehr durch einen Vorlauf der SVAR-Reihe um zwei Jahre gekennzeichnet ist. Die Ursache für diese plötzlich auftretende zeitliche Diskrepanz liegt wohl in dem durch die Wiedervereinigung hervorgerufenen Strukturbruch. Dieser Bruch hat damit zwar Auswirkungen auf das dynamische Verhalten der Reihe, die Auswirkungen lassen aber, da sie eine reine zeitliche Verschiebung sind, einen nur geringen verzerrenden Einfluß auf die Persistenzschätzung erwarten.

[1] Die einzige deutliche Ausnahme hiervon stellt das Jahr 1982 dar. Die Werte von 1978 und 1984 unterschieden sich zwar auch in ihrem Vorzeichen, liegen aber sehr nahe bei null.

Abb. 10.3: Veränderungen des konjunkturellen Defizits in Mio DM

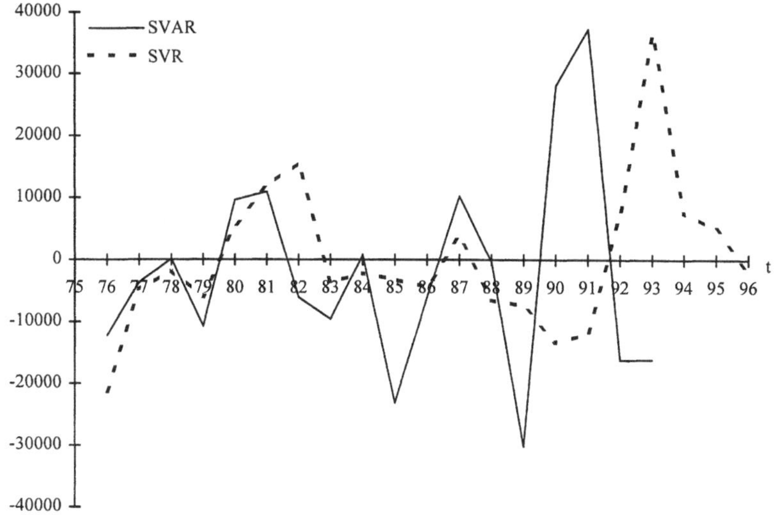


Die Veränderung des konjunkturellen Defizits der Reihe SVR wurden bis zum Wert 1993 mit den Angaben aus SVR [1994], danach aus SVR [1997] berechnet.

Bedenkt man, auf welch unterschiedlicher Grundlage die Dekomposition des SVR und des SVAR-Ansatzes methodisch beruhen, läßt sich die Übereinstimmung des dynamischen Verhaltens als bemerkenswert bezeichnen. Die hier vorgeschlagene Methode weist sich damit nicht nur durch ihre theoretischen Vorzüge aus, sondern liefert auch - zumindest für eine Persistenzschätzung - brauchbare Ergebnisse. Lediglich der Strukturbruch trübt diesen positiven Eindruck. Schwerwiegende Wirkungen, die von einem gerade für die Haushaltspolitik so einschneidenden Ereignis wie der Wiedervereinigung ausgehen, sind bei Zeitreihenstudien allerdings zu erwarten. Der Vergleich mit den SVR-Werten zeigt jedoch, daß im konkreten Fall das Ausmaß der möglichen Verzerrung für die Persistenz gering ist.

### 10.2.2 Persistenz

Zur Bestimmung der Persistenz des konjunkturellen Defizits wird nun wieder die Reihe $\Delta B_t^{(r)}$ und damit auch das in Tab. 10.2 dokumentierte Schätzergebnis herangezogen. Die Persistenzmaße berechnen sich aufgrund von Gleichung (10.10). Dabei soll die unmittelbare Reaktion des realen Bruttoinlandsproduktes auf einen Einheitsschock negativ sein.[1] Da das Ergebnis stark von saisonalen Einflüssen beeinflußt wird, werden Jahresdurchschnitte aus den Persistenzmaßen $C_k$ gebildet.[2]

Abb. 10.4 IRF; reales Defizit; konjunktureller Schock

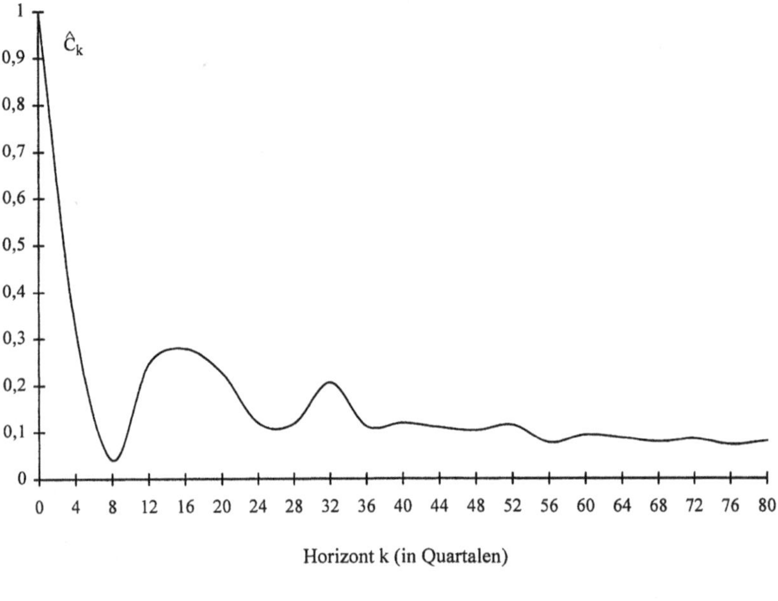


[1] Die Richtungswirkung der Schocks auf das Bruttoinlandsprodukt ist unbestimmt, d. h. sie muß neben den identifizierenden Restriktionen vorgegeben werden. Denn das zur Identifikation zu lösende Gleichungssystem ist quadratisch, so daß sich mehrere Lösungen ergeben. Die Wahl der Lösung hat allerdings keine Auswirkung auf die Dekompositionen.

[2] Für eine bessere Vergleichbarkeit mit den entsprechenden Abbildungen des vorhergehenden Kapitels basieren Abb. 10.4 und 10.5 auf den Quartalshorizonten k.

Abb. 10.5: IRF; realer Schuldenstand; konjunktureller Schock

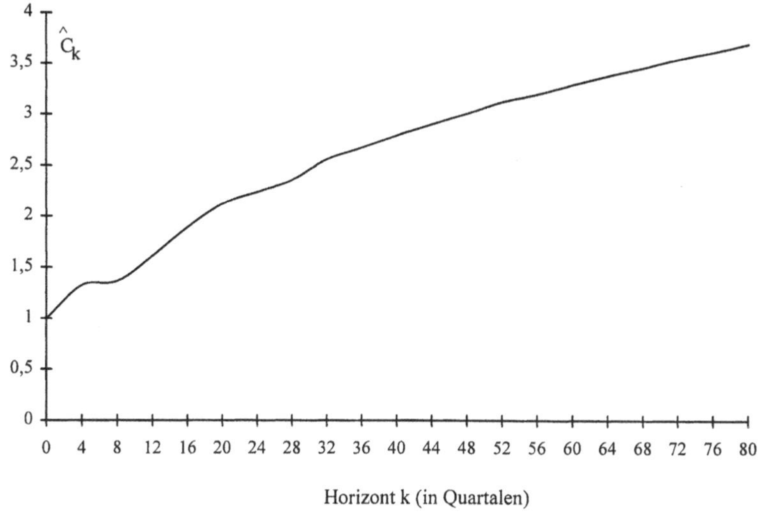


Die graphische Darstellung der IRF für das Defizit (Abb. 10.4) und den Schuldenstand (Abb. 10.5) zeigen zunächst, daß, wie erwartet, Schocks mit negativer Wirkung auf das Bruttoinlandsprodukt defiziterhöhend sind. Die weiteren Interpretationen leiden unter dem Mangel, daß Standardfehler nicht berechenbar sind. Trotzdem deuten die Punktschätzungen abgesehen von einigen temporären Gegenläufen auf einen starken Abbau eines konjunkturellen Schocks im Defizit hin. Spiegelbildlich dazu ist auch ein nur mäßiger, im Zeitablauf abnehmender Anstieg im Schuldenstand zu verzeichnen, der sich deutlich vom annähernd linearen Verlauf in Abb. 9.8 unterscheidet.

Die Gegenüberstellung der Schätzwerte mit denen des Gesamtdefizits aus Kapitel 9 in Tab. 10.5 (für das Defizit) und Tab. 10.6 (für den Schuldenstand) geben eine weitere Bestätigung eines unterschiedlichen Verhaltens. Die Konsolidierung im Defizit fällt bei konjunkturellen Schocks schon nach einem Jahr viel stärker aus als bei unspezifizierten Schocks. Nach 4 Jahren entspricht sie etwa einem Ausmaß, das sich sonst erst nach 20 Jahren einstellt. Nach 10 Jahren ist praktisch nichts mehr von dem anfänglichen Einheitsschock enthalten. Auch die langfristige Erhöhung des Schuldenstandes durch konjunkturelle Schocks ist im Vergleich zu strukturellen Schocks vernachlässigbar. Immerhin ist der Effekt eines konjunkturellen Schocks nach 20 Jahren um das ca. 8-fache geringer als derjenige eines Gesamtschocks.

Konjunkturelle Defizite belasten die Haushalte daher langfristig nicht bzw. erheblich weniger als unspezifische Schocks.

Tab. 10.5: Persistenz von $\Delta B_t^{(r)}$ und $\Delta B_t^{(k)}$

| Horizont | $\Delta B_t^{(r)}$ | | $\Delta B_t^{(k)}$ | |
|---|---|---|---|---|
| 1 Jahr | $\hat{C}_4 = 0,641$ | $\hat{K}_4 = 35,9\%$ | $\hat{C}_4 = 0,324$ | $\hat{K}_4 = 67,6\%$ |
| 2 Jahre | $\hat{C}_8 = 0,624$ | $\hat{K}_8 = 37,6\%$ | $\hat{C}_8 = 0,041$ | $\hat{K}_8 = 95,9\%$ |
| 3 Jahre | $\hat{C}_{12} = 0,612$ | $\hat{K}_{12} = 38,8\%$ | $\hat{C}_{12} = 0,245$ | $\hat{K}_{12} = 75,5\%$ |
| 4 Jahre | $\hat{C}_{16} = 0,597$ | $\hat{K}_{16} = 40,3\%$ | $\hat{C}_{16} = 0,279$ | $\hat{K}_{16} = 72,1\%$ |
| 5 Jahre | $\hat{C}_{20} = 0,581$ | $\hat{K}_{20} = 41,9\%$ | $\hat{C}_{20} = 0,227$ | $\hat{K}_{20} = 77,3\%$ |
| 10 Jahre | $\hat{C}_{40} = 0,487$ | $\hat{K}_{40} = 51,3\%$ | $\hat{C}_{40} = 0,119$ | $\hat{K}_{40} = 88,1\%$ |
| 20 Jahre | $\hat{C}_{80} = 0,278$ | $\hat{K}_{80} = 72,2\%$ | $\hat{C}_{80} = 0,081$ | $\hat{K}_{80} = 91,9\%$ |

Tab. 10.6: Persistenz von $B_t^{(r)}$ und $B_t^{(k)}$

| Horizont | $B_t^{(r)}$ | $B_t^{(k)}$ |
|---|---|---|
| 1 Jahr | $\hat{C}_4 = 2,641$ | $\hat{C}_4 = 1,324$ |
| 2 Jahre | $\hat{C}_8 = 4,218$ | $\hat{C}_8 = 1,365$ |
| 3 Jahre | $\hat{C}_{12} = 5,834$ | $\hat{C}_{12} = 1,610$ |
| 4 Jahre | $\hat{C}\,\hat{c}_{16} = 7,477$ | $\hat{C}_{16} = 1,889$ |
| 5 Jahre | $\hat{C}_{20} = 9,131$ | $\hat{C}_{20} = 2,116$ |
| 10 Jahre | $\hat{C}_{40} = 17,184$ | $\hat{C}_{40} = 2,791$ |
| 20 Jahre | $\hat{C}_{80} = 30,775$ | $\hat{C}_{80} = 3,695$ |

Aus der Mitberücksichtigung konjunktureller Phänomene ergeben sich verschiedene Konsequenzen für die bisherigen Schlußfolgerungen. Die in Kapitel 9 vorgefundene, hohe Persistenz für das reale Defizit und den realen Schuldenstand sprechen für eine beträchtliche und anhaltende Haushaltsbelastung durch neue Defizite. Problematisch ist allerdings nur das zusätzliche strukturelle Defizit eines Jahres, denn nur dieser Teil kann der aktiven Haushaltspolitik zugerechnet werden und konsolidiert sich nicht von alleine im Konjunkturverlauf. Das strukturelle Defizit eines Jahres kann wegen der schlechten Leistung zur Schätzung von Niveaus nicht aufgrund eines zeitreihenanalytischen Ansatzes quantifiziert werden. Hier müssen daher die Ergebnisse aus bestehenden Methoden, wie etwa diejenigen des SVR, benutzt werden.

Die Defizitdekomposition mit einem SVAR-Ansatz eignet sich aber zur Persistenzmessung im konjunkturellen Defizit. Es läßt sich langfristig keine Persistenz feststellen, d. h. konjunkturelle Defizite werden rasch konsolidiert. Daher bedarf es keiner Bereinigung der in Kapitel 9 benutzten Maßzahlen für höhere k. Lediglich die Maßzahlen für niedrige Horizonte k weisen den Mangel auf, daß sie z. T. von nicht in der Verantwortung des Staates stehenden Defiziterhöhungen beeinflußt werden.

# 11 Zusammenfassung und abschließende Beurteilung

Zum Abschluß soll zunächst ein Überblick über den Untersuchungsgegenstand mit seiner näheren Eingrenzung und über die Untersuchungsergebnisse gegeben werden. Anschließend sollen einige methodische Aspekte nochmals hervorgehoben werden.

Gegenstand dieser Arbeit ist die fiskalische Beurteilung der bundesdeutschen Schuldenpolitik mit Zeitreihenmethoden. Die Untersuchung beschränkt sich auf die Periode nach 1966/67, da erst seitdem von einer aktiven Schuldenpolitik gesprochen werden kann. Die Kürze des verbleibenden Zeitraumes macht eine Verwendung von Vierteljahresdaten notwendig, die aber erst ab 1968 verfügbar sind. Außerdem fallen in die Zeitspanne von 1968 bis 1997 zwei strukturelle Brüche. Die Schuldenpolitik kann erst seit den auf die erste Ölpreiskrise folgenden Strukturveränderungen sinnvoll als Einheit bewertet werden. Der Bruch der Wiedervereinigung hat hingegen geringere nachhaltige Verhaltensänderungen zur Folge und ist daher mit Dummyvariablen erfaßbar. Zwar ist der Spielraum bei der Modellierung hier groß, die jeweiligen Tests auf Annahmeverletzungen zeigen jedoch (abgesehen von den geringen Zweifeln in Abschnitt 9.2.3), daß der Einsatz einer einzigen Dummyvariablen, die ihren Wert im letzten Quartal 1990 ändert, zu akzeptablen Resultaten führt.

Die Beurteilung beschränkt sich auf fiskalische Probleme, also Probleme aufgrund der Belastungswirkung einer Schuldaufnahme für künftige Budgets. Sämtliche Wirkungen, die von der Schuldenpolitik auf ökonomische Größen ausgehen, werden aus der Untersuchung ausgeklammert. Daher muß auch von möglichen Rückwirkungen dieser Größen auf die Budgets abstrahiert werden. Zunächst wird mit der Frage der Tragbarkeit eine Grundvoraussetzung einer langfristig durchführbaren Haushaltspolitik untersucht. Der empirische Befund deutet darauf hin, daß die bundesdeutsche Schuldenpolitik dieser Anforderung gerecht wird. Bezweifelt man allerdings die hier getroffenen Vermutungen über die Strukturbrüche und betrachtet die Zeit von 1968 an als Einheit, so ist die Entwicklung des Schuldenstandes explosiv, und es droht eine Verletzung der Transversalitätsbedingung.

Bei gegebener Tragbarkeit bietet sich eine weiterführende Beurteilung der Schuldenpolitik an. Zunächst wird für die Bundesrepublik eine vergleichsweise hohe Konvergenzgeschwindigkeit der spekulativen Blase ermittelt. Diese Aussage entbehrt jedoch der Anschaulichkeit, die ein in der finanzpolitischen Debatte einsatzfähiges Maß verlangt. Die Berechnung weiterer Kennzahlen für unendliche und endliche Horizonte ergibt eine anschauliche und umfassende Charakterisierung der Belastungen. Für die mittlere und lange Frist kann dabei das beobachtete Defizit in die Berechnung einfließen, denn konjunkturelle Defizite beeinflussen durch ihre Selbstkonsolidierung die Maße nicht. Da die Belastungen in Form von Defiziten gemessen werden, bietet sich besonders eine Beurteilung vor dem die politische Diskussion dominierenden Ziel der Haushaltskonsolidierung an. Aber auch andere Ziele sind denkbar. Für einen unendlichen Zeithorizont fällt die Beurteilung positiv aus. Defiziterhöhungen werden stets vollständig zurückgeführt, führen aber zu einem fortgesetzten Ansteigen des Schuldenstandes. Der Anstieg ist allerdings so langsam, daß Tragbarkeit gewährleistet ist. Weniger zuversichtlich stimmt die Beurteilung bei endlichen Zeithorizonten. Denn die Defiziterhöhungen belasten künftige Budgets für viele Perioden und in einem beträchtlichen Ausmaß. In der Vergangenheit war diese Politik von einer günstigen Entwicklung des Bruttoinlandsproduktes getragen. Dies ist aber nicht unbedingt auch für die Zukunft zu erwarten. Daher können Defiziterhöhungen, die vom Staat zu verantworten sind und sich nicht im Konjunkturverlauf von selbst konsolidieren (also zusätzliche strukturelle Defizite im Verständnis des SVR), das Ziel der Konsolidierung in den folgenden Perioden konterkarieren.

Die Beurteilung vollzieht sich allein mit Hilfe ökonometrischer Methoden. Hauptsächlich drei Instrumente kommen zum Einsatz: Einheitswurzeltests, auf ARFIMA-Modellen basierende Persistenzmaße und SVAR-Modelle. Die Einheitswurzeltests sind allerdings nur nach Erweiterung zu einer zweiseitigen Betrachtung brauchbar, da die gängige Einbeziehung nur der linksseitigen Alternative kein explosives Verhalten aufdecken kann und nur bei einem sich explosiv entwickelnden Schuldenstand die Tragbarkeit der Haushaltspolitik gefährdet ist. Nachteilig ist, daß die Entscheidung über die Explosivität i. d. R. nicht mit wünschenswerten Irrtumswahrscheinlichkeiten zu treffen ist. Dies ist allerdings grundsätzlich nicht der Methode anzulasten, sondern liegt in der Natur der Fragestellung begründet. Eine Verbesserung durch Verlängerung des Beobachtungszeitraumes ist aufgrund von Strukturbrüchen oft keine gangbare Maßnahme. In letzter Zeit werden mit sogenannten Panel-Einheitswurzeltests auch Erweiterungen im Querschnitt vorgeschlagen.[1] Dabei muß stets ein mehr oder weniger

[1] Vgl. beispielsweise O'Connell [1998].

ähnliches Verhalten der Reihen angenommen werden. Da die Schuldenpolitik verschiedener Staaten aber durchaus unterschiedlich zu bewerten ist, bietet sich dieser Weg hier nicht an.

Persistenzmaße sind zur Beurteilung einer tragbaren Haushaltspolitik besonders wegen ihrer guten Interpretationsmöglichkeiten geeignet. Daneben erlauben sie im Gegensatz zu anderen Maßzahlen die korrekte zeitliche Zuordnung der Belastungen und erfordern keine konjunkturelle Bereinigung des Defizits. Allerdings ist das deutsche Defizit fraktionell integriert, so daß die Berechnungen recht aufwendig werden. Der Vorteil des schließlich für die Dekomposition verwendeten SVAR-Modells liegt darin, daß die zur Identifikation benötigten Informationen gerade aus der Definition des konjunkturellen Defizits stammen. Zur Bestimmung der absoluten Höhe der Defizitkomponenten eines Haushaltsjahres ist die Methode aber ungeeignet.

Alles in allem lassen sich die fiskalischen Konsequenzen der Schuldenpolitik adäquat mit ökonometrischen Methoden aufzeigen und in anschaulichen Maßzahlen quantifizieren. Wie die untersuchten Fragestellungen der Tragbarkeit und Konsolidierung stehen außerdem auch die verwendeten Instrumente in einem engen Zusammenhang zueinander. Denn so wie die Beurteilung der Haushaltspolitik mit Maßzahlen erst sinnvoll wird, wenn die Frage der Tragbarkeit geklärt ist, ist auch der Einsatz von ARFIMA- (und SVAR-) Modellen erst dann möglich, wenn explosive Wurzeln für das Defizit ausgeschlossen werden können. Die haushaltspolitische Grundanforderung der Tragbarkeit ist also gleichzeitig eine ökonometrische Voraussetzung. Durch diese Konstellation ergibt die Kombination der Methoden einen geschlossenen Untersuchungsrahmen. Die Allgemeingültigkeit erlaubt eine Übertragung auf andere Länder und internationale Vergleiche. Unter Umständen bereitet dabei aber das Spezifikationsproblem von ARFIMA-Modellen Schwierigkeiten. Denn nur wenn gleichzeitig verschiedene Schätzmethoden für eine breite Modellklasse benutzt werden, sind robuste Aussagen über die Persistenz möglich. Man kann aber nicht unbedingt erwarten, daß sich dann - wie im Fall der Bundesrepublik Deutschland - stets dieselben Ergebnisse zeigen. Der Untersuchungsrahmen bietet also trotz seiner theoretischen Vorzüge keineswegs die Gewähr für aussagefähige Resultate. Es bleibt abzuwarten, ob in der Zukunft befriedigendere Verfahren zur Spezifikation von ARFIMA-Modellen entwickelt werden, so daß dieses Dilemma vermieden wird.

# Anhang

# Anhang 3: Datenquellen und Datenaufbereitung

## Schuldenstand ($B_t^{(n)}$)

*Berechnung*:

Schuldenstand des öffentlichen Gesamthaushaltes
+ Schulden der Treuhandanstalt
+ Schulden der Bundesbahn
– Schulden der Bundesbahn bei den Gebietskörperschaften
= $B_t^{(n)}$

*Quelle*: Deutsche Bundesbank

*Anmerkungen*: Die Daten der Deutschen Bundesbank entsprechen im wesentlichen denen der Finanzstatistik.[1] Die Abgrenzung „Öffentlicher Gesamthaushalt" umfaßt neben den Gebietskörperschaften (Bund, Länder, Gemeinden und Gemeindeverbände) auch die Nebenhaushalte (u. a. ERP-Sondervermögen, Lastenausgleichsfonds, Kreditabwicklungsfonds, Fonds Deutsche Einheit, Erblastentilgungsfonds, Bundeseisenbahnvermögen), nicht aber die Schattenhaushalte (u. a. Treuhandanstalt, Sozialversicherungen, Bahn, Post, ostdeutsche Wohnungswirtschaft). Sofern das Datenmaterial es zuläßt, werden die (Netto-) Schulden der Schattenhaushalte, die der Bund während des Untersuchungszeitraums übernommen hat, von vornherein einbezogen. Im einzelnen sind dies die Schulden der Treuhandanstalt, die seit 1990:4 bis zur Übernahme durch den Erblastentilgungsfonds (Beginn 1995) berücksichtigt wurden, und die Schulden der Bundesbahn, die zu Beginn 1994 in das Bundeseisenbahnvermögen übergingen.

## Schuldenstandsquote ($b_t$)

*Berechnung*: $b_t = B_t^{(n)}/(\text{saisonbereinigtes nominales BIP})_t$

*Quelle (saisonbereinigtes nominales BIP)*:
Statistisches Bundesamt (Fachserie 18)

1 Zu den Unterschieden vgl. Brümmerhoff [1996], S. 31.

*Anmerkungen*: Die Daten für das saisonbereinigte nominale BIP beziehen sich erst ab 1991 auch auf die neuen Bundesländer, obwohl der Strukturbruch von $B_t^{(n)}$ für das letzte Quartal 1990 angenommen wird (vgl. Abschnitt 4.3.2.4). Um den Bruch stärker auf eine Periode zu konzentrieren, wurde, da BIP-Daten für die neuen Bundesländer für 1990:4 nicht vorliegen, der Wert für das saisonbereinigte BIP dieser Länder des 1. Quartals 1991 auch dem 4. Quartal 1990 zugerechnet.

**Deflator ($P_t$)**

*Berechnung*: $P_t = \frac{(\text{saisonbereinigtes nominales BIP})_t}{(\text{saisonbereinigtes BIP in Preisen von 1985})_t}$

*Quelle (saisonbereinigtes BIP in Preisen von 1985):*
Statistisches Bundesamt (Fachserie 18) und eigene Berechnungen

*Anmerkungen*: Die in die Berechnung einfließenden Werte für das BIP umfassen auch im 4. Quartal 1990 die Werte für die neuen Bundesländer. Das Verfahren zur Korrektur entspricht dem für das saisonbereinigte nominale BIP.

**Realer Schuldenstand ($B_t^{(r)}$)**

*Berechnung*: $B_t^{(r)} = \frac{B_t^{(n)}}{P_t}$

**Reales Bruttoinlandsprodukt ($BIP_t$)**

*Quelle*: Statistisches Bundesamt, Fachserie 18

*Anmerkungen*: Das Basisjahr ist 1985. Auch hier umfassen die Werte für das 4. Quartal 1990 auch die neuen Bundesländer. Das Verfahren zur Korrektur entspricht dem für das saisonbereinigte BIP. Während das saisonbereinigte BIP ausschließlich der Konstruktion von $P_t$ und $b_t$ dient, kommt das saisonbehaftete reale BIP in Kapitel 10 im Zusammenhang mit dem SVAR-Ansatz zum Einsatz.

**Realer Finanzierungssaldo ( $F_t^{(r)}$ )**

*Berechnung:*

$$F_t^{(r)} = \frac{\text{FS(öffentlichen Gesamthaushalte)} - \text{FS (ERP - Sondervermögen)}}{P_t}$$

FS = Finanzierungssaldo

*Quelle*: Deutsche Bundesbank

# Anhang 4.1: Experimente 6a und 6b

**Experiment 6a**
Simulation: $y_t = y_{t-1} + \mu_1 D_{L1t} + v_t$

**Experiment 6b**
Simulation: $y_t = y_{t-1} + \mu_1 D_{L2t} + \mu_1 D_{L3t} + v_t$

Wie in den anderen Experimenten wurden auch hier jeweils 10.000 Datenreihen $y_t$ mit einem Umfang von T = 117 aufgrund von Zufallsvariablen $v_t \sim NV(0,1)$ simuliert und geschätzt. Die Dummyvariablen wurden folgendermaßen konstruiert:

$D_{L1t} = 1$ für $t > 58$, sonst 0
$D_{L2t} = 1$ für $t > 28$ (entspricht 1974:4), sonst 0
$D_{L3t} = 1$ für $t > 91$ (entspricht 1990:3), sonst 0.

Da sich die Untersuchung auf den Fehler konzentrieren soll, der aus einer Betrachtung der rechtsseitigen Alternative allein resultiert, wird das Testschema aus Tab. 4.1 mit Modell 2 begonnen. Für jede Reihe wird

$$\Delta y_t = \delta y_{t-1} + \mu + \varepsilon_t$$

mit OLS geschätzt. Die Entscheidungen fallen bei einer Berücksichtigung eines Signifikanzniveaus von $\alpha = 5\%$ gemäß Tabelle 4.1 aus. Um die berechnete Fehlerwahrscheinlichkeit nicht zu hoch auszuweisen, wird der Fall „keine Entscheidung" als richtige Entscheidung gewertet. Ergeben sich die Konstellationen A2B1, A3B1 oder A3B2, so wird Modell 3

$$\Delta y_t = \delta y_{t-1} + \varepsilon_t$$

geschätzt. In diesem Modell wird die Entscheidung aus einem einfachen Vergleich des berechneten t-Wertes von $\delta$ mit dem kritischen Wert der DFV ($\hat{\tau} = 1,29$) herbeigeführt.

# Anhang 4.2: Schätzergebnisse von Modell 4 in Differenzen

Tab. A4.1: Linksseitiger ADF-Test mit Strukturbruch über Differenzen $\Delta B_t$

| Reihe | Modell | Lag-Länge | $\lambda°$ | Prüfgröße | Kritische Werte[1] | |
|---|---|---|---|---|---|---|
| | | p | | $\tau$ | $\alpha = 5\%$ | $\alpha = 1\%$ |
| $\Delta B_t^{(r)}$ | 4 | 7 | 0,7 | –3,77 | –4,18 | –4,75 |
| $\Delta b_t$ | 4 | 5 | 0,7 | –3,86 | (für T = 100) | |

[1] Vgl. Perron [1989], S. 1377.

# Anhang 4.3: Kritische Werte für den Testablauf[1]

**Modell 1, $\alpha = 5\%$**

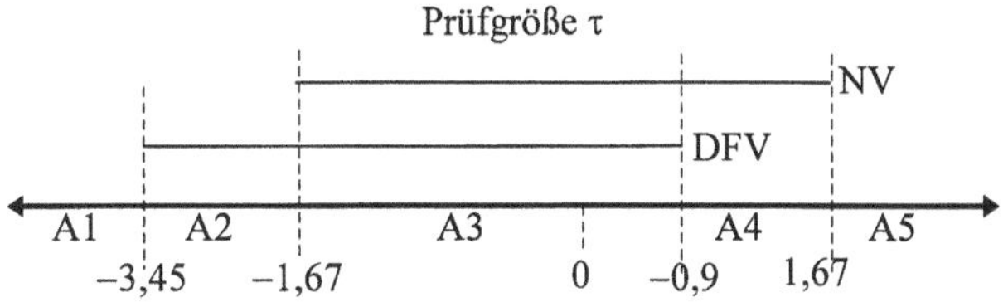


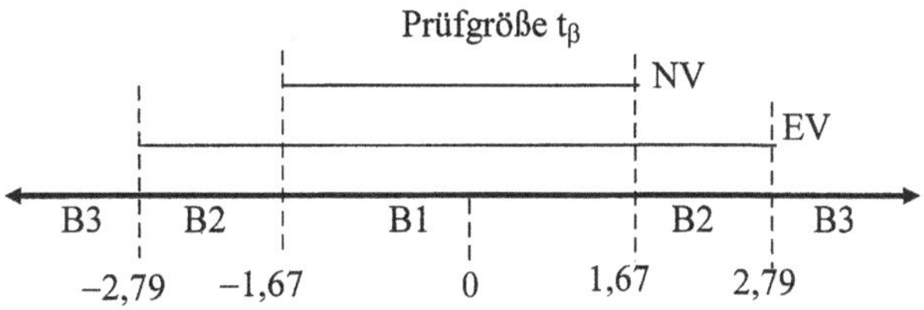


**Modell 1, $\alpha = 1\%$**

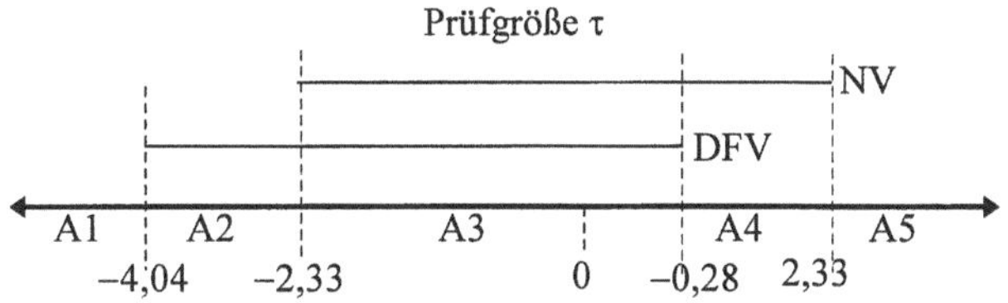


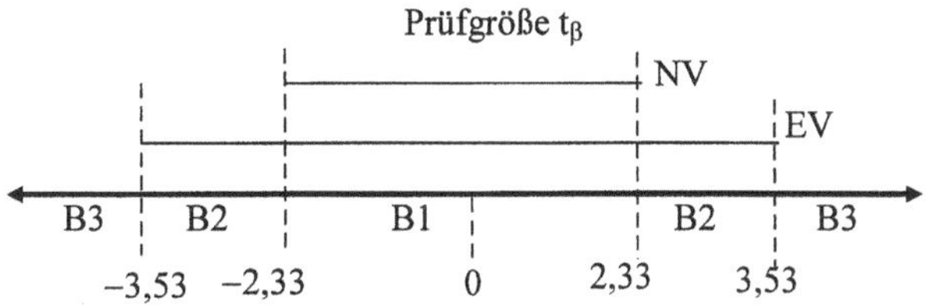


[1] Die kritischen Werte von DFV sind Fuller [1976], S. 373, entnommen, diejenigen der EV Dickey/Fuller [1981], S. 1062.

**Modell 2, α = 5%**

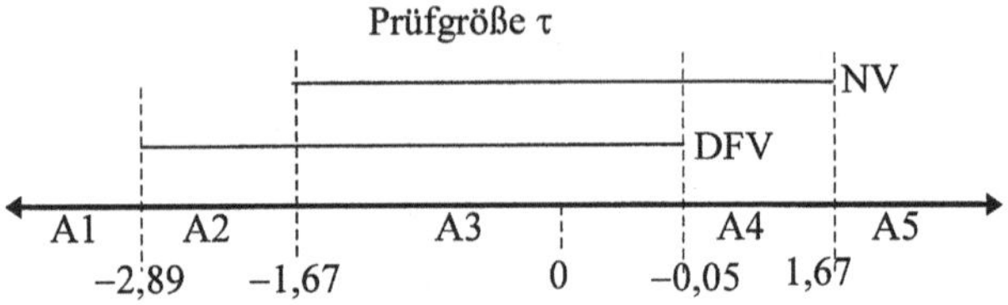


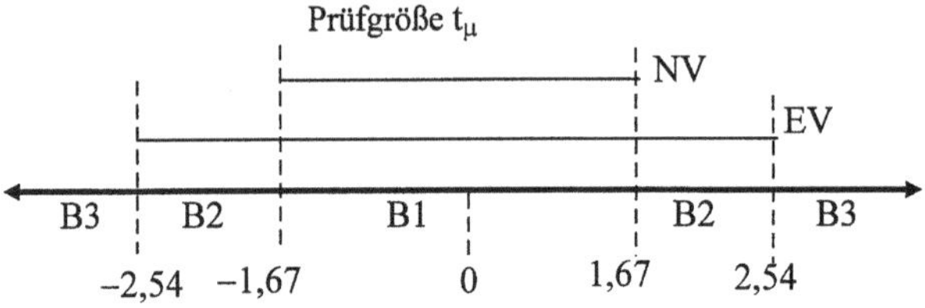


**Modell 2, α = 1%**

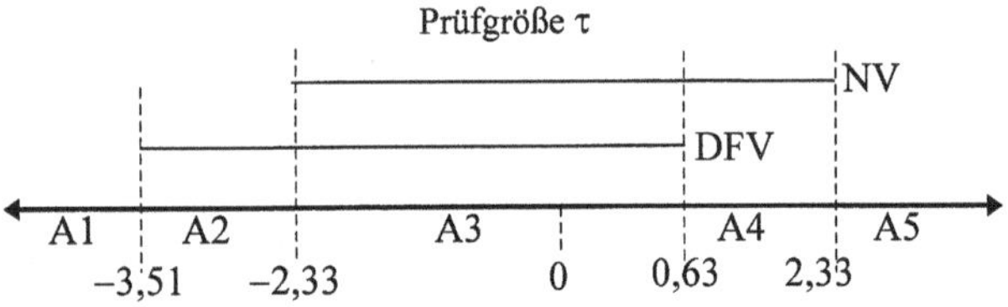


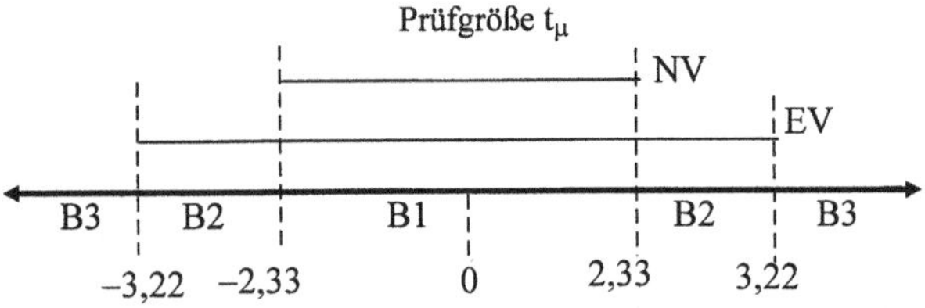

**Modell 3, α = 5%**

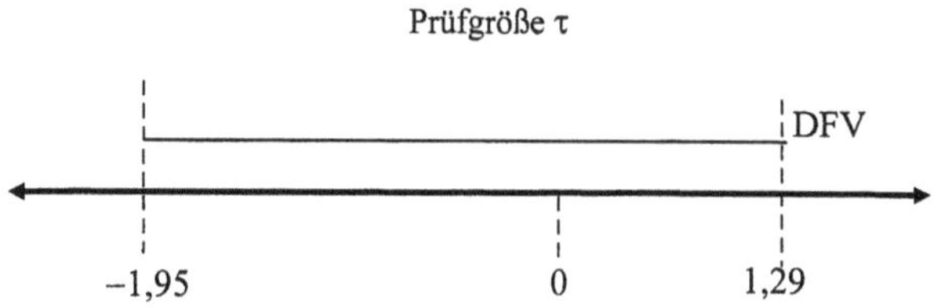


**Modell 3, α = 1%**

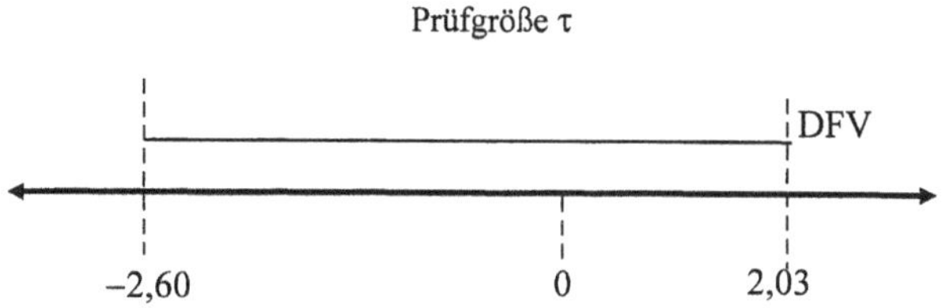

# Anhang 7.1: Schätzung der geglätteten Periodogramme

Die Berechnung der Periodogramme (Abb. 7.1, 7.2, 7.3, A7.1, A7.2, A7.3) beruht auf den um saisonale Effekte und den Strukturbruch bereinigten Reihen. Die Saisonbereinigung gelingt zwar nicht vollständig, führt aber dazu, daß die Graphiken nicht von den für die Interpretationen in Abschnitt 7.2 völlig unerheblichen vierteljährlichen Ausschlägen dominiert werden. Die bereinigten Werte sind die Restwerte $\varepsilon_t$ aus folgenden Regressionen:

Niveau (Schuldenstand bzw. Schuldenstandsquote):

$$B_t = \mu_0 + \mu_1 SD_{1t} + \mu_2 SD_{2t} + \mu_3 SD_{3t} + \mu_4 D_{Lt} + \varepsilon_t$$

1. Differenz (Defizit bzw. Defizitquote):

$$\Delta B_t = \mu_0 + \mu_1 SD_{1t} + \mu_2 SD_{2t} + \mu_3 SD_{3t} + \mu_4 D_{Pt} + \varepsilon_t$$

2. Differenz:

$$\Delta^2 B_t = \mu_0 + \mu_1 SD_{1t} + \mu_2 SD_{2t} + \mu_3 SD_{3t} + \mu_4 D_{Pt} + \varepsilon_t$$

mit $SD_{it} = 1$ im i-ten Quartal (i = 1, 2, 3), sonst 0
$D_{Lt} = 1$ für t > 90:3, sonst 0
$D_{Pt} = 1$ für t = 90:4, sonst 0.

Zur Vermeidung von Sidelobes wird eine Tapermodifikation mit dem Cosinus-Taper vorgenommen.[1] Dazu werden 30% des Datenmaterials modifiziert. Die anschließende Periodogrammschätzung findet mit einem Bartlett-Fenster (Truncation-Point $\tau° = 7$) statt.[2]

---

[1] Die Bezeichnungen orientieren sich auch hier an Schlittgen/Streitberg [1994], vgl. dort S. 392ff.
[2] Zum Bartlett-Fenster vgl. ebenda, S. 403.

## Anhang 7.2: Geglättete Periodogramme für die Schuldenstandsquote $b_t$ und ihre Differenzen

Abb. A7.1: Geglättetes Periodogramm für $b_t$

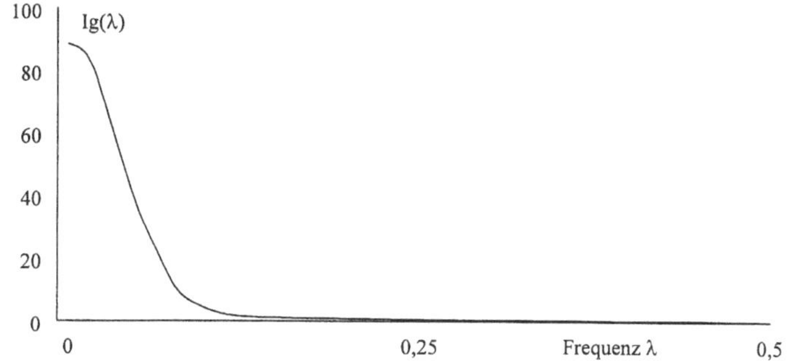


Abb.: A7.2 Geglättetes Periodogramm für $\Delta b_t$

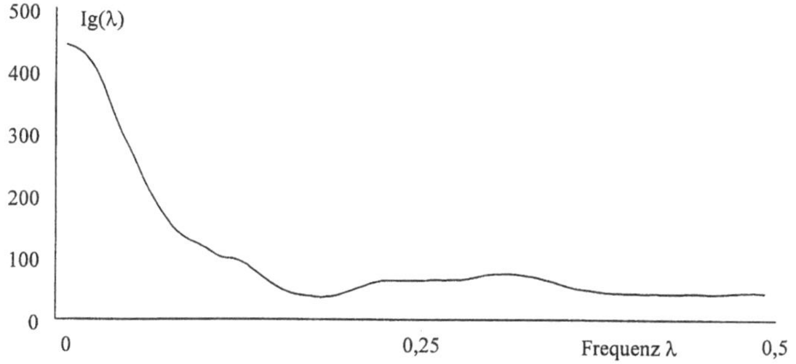


Abb. A7.3: Geglättetes Periodogramm für $\Delta^2 b_t$

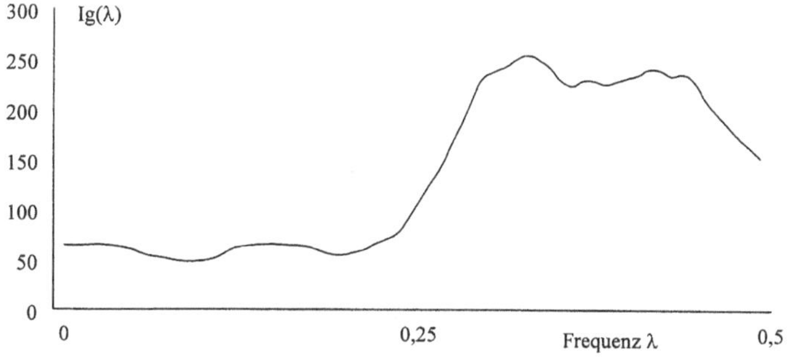

## Anhang 7.3: Berechnung der Standardfehler der IRF in Abschnitt 7.5

Die für die Standardfehler der IRF entwickelten Schätzer[1] sind aufgrund ihrer Komplexität kaum in die Praxis umsetzbar. Daher muß auf eine näherungsweise Berechnung zurückgegriffen werden. Das hier verwendete Verfahren besteht darin, nach einer kleinen Variation des Koeffizienten $\hat{d}$, etwa um $\delta°$, erneut ein ARFIMA-Modell anzupassen.[2] Werden die aus diesem Modell berechneten Persistenzmaße mit $\tilde{C}_k$ bezeichnet, so kann der Standardfehler mit

$$\hat{\sigma}_{C_k} = \left( \frac{\tilde{C}_k - \hat{C}_k}{\delta°} \right) \hat{\sigma}_d$$

approximiert werden. Hier wird ein $\delta°$ von $\delta° = \frac{1}{5}\hat{\sigma}_d$ gewählt.

Die Vorgehensweise orientiert sich eng an der bei Hamilton[3] erwähnten Approximation, wobei aber (wie bei Diebold/Rudebusch[4]) die Koeffizienten des ARMA-Prozesses nicht variiert werden. Durch die damit verbundene Vernachlässigung des Zufallscharakters dieser Koeffizienten werden die Standardfehler etwas zu klein ausgewiesen. Aufgrund der nur sehr geringen Wirkung der Höhe dieser Koeffizienten auf die Persistenzmaße[5] im Vergleich zu d dürfte dieser Unterschied allerdings unbedeutend sein.

[1] Vgl. Hamilton [1994], S. 336f.

[2] Die Anpassung des ARFIMA-Modells geschieht auch hier nach dem in Abschnitt 8.5 beschriebenen zweistufigen Verfahren.

[3] Vgl. Hamilton [1994], S. 337.

[4] Vgl. Diebold/Rudebusch [1989], S. 206. Es ergeben sich lediglich kleine Veränderungen der Schätzparameter in der zweiten Stufe durch den unterschiedlichen Differenzenparameter in der ersten Stufe.

[5] Vgl. Abschnitt 7.1.

# Anhang 8: Tests auf Annahmeverletzungen

Nichtautokorrelation:

Da das Modell aufgrund des Strukturbruches auch exogene Komponenten enthält, bietet sich besonders der LM-Test an.[1] Um auf Autokorrelation k-ter Ordnung zu testen, wird eine OLS-Schätzung mit den Restwerten als abhängige und den bis zur Ordnung k verzögerten Restwerten als erklärende Größen durchgeführt. Die auf dem Determinationskoeffizienten $R^2$ basierende Prüfgröße $TR^2$ ist $\chi^2$-verteilt mit k Freiheitsgraden.

Homoskedastie:

Bei Zeitreihenanalysen bietet sich besonders eine Untersuchung auf autoregressiv bedingte Heteroskedastie (ARCH) an. Der hier durchgeführte LM-Test entspricht dem zuvor beschriebenen Test auf Nichtautokorrelation, mit dem Unterschied, daß die Restwerte im Quadrat betrachtet werden.[2]

Normalverteilung:

Einen Test, der auf dem dritten und vierten Moment beruht und auch in endlichen Stichproben zufriedenstellende Eigenschaften hat, schlagen Doornik und Hansen[3] vor (DH-Test). Da dieser Test aber empfindlich auf Ausreißer reagiert, wird außerdem der Kolmogorov-Smirnov-Test (KS-Test) durchgeführt. Als Prüfgröße dient hier die maximale Abweichung zwischen der theoretischen Verteilungsfunktion und der aufgrund der Stichprobenwerte berechneten Häufigkeitsverteilung.[4] In beiden Tests lautet die Nullhypothese, daß Normalverteilung vorliegt.

---

[1] Vgl. Dezhbaksh [1990].

[2] Vgl. Enders [1995], S. 148.

[3] Vgl. Doornik/Hansen [1994].

[4] Der hier durchgeführte Test ignoriert allerdings, daß die Varianz geschätzt werden muß. Daher sind die hier benutzten kritischen Werte zu niedrig. Die Abweichung ist bei den gegebenen Stichprobenumfängen aber so gering, daß sie praktisch keinen Einfluß hat. Zu einer näheren Beschreibung vgl. Büning/Trenkler [1994], S. 73f.

# Anhang 9.1: Ergebnisse der einstufigen Schätzungen

Die Modelle sind nach der Höhe von SBC angeordnet.

Abkürzungen der Spalte „Probleme“ :

I: mangelnde Invertierbarkeit

S: mangelnde Stationarität

M: keine Maximierung möglich

$\hat{\sigma}_d$ = geschätzter Standardfehler von $\hat{d}$

Tab. A9.1: Whittle-Schätzung; Schuldenstandsquote; 1. Differenz

| SBC | AIC | $p;p_s$ | $q;q_s$ | $\hat{d}$ | $\hat{\sigma}_d$ | Probleme |
|---|---|---|---|---|---|---|
| 7,856 | 15,6446 | 0;1 | 0;0 | 0,26 | 0,08 | |
| 7,8688 | 15,6701 | 0;0 | 0;1 | 0,25 | 0,08 | |
| 7,8854 | 15,6696 | 0;1 | 0;1 | 0,27 | 0,08 | |
| 7,887 | 15,6729 | 0;1 | 1;0 | 0,20 | 0,15 | |
| 7,8876 | 15,674 | 1;1 | 0;0 | 0,21 | 0,14 | |
| 7,9001 | 15,699 | 1;0 | 0;1 | 0,19 | 0,16 | |
| 7,9011 | 15,7011 | 0;0 | 1;1 | 0,24 | 0,12 | |
| 7,9113 | 15,6877 | 2;1 | 0;0 | 0,37 | 0,18 | |
| 7,9169 | 15,6989 | 0;1 | 1;1 | 0,20 | 0,16 | |
| 7,9178 | 15,7006 | 1;1 | 0;1 | 0,26 | 0,12 | |
| 7,9182 | 15,6677 | 0;1 | 3;0 | –0,44 | 0,24 | I |
| 7,9195 | 15,7041 | 0;1 | 2;0 | 0,19 | 0,20 | |
| 7,9195 | 15,704 | 1;1 | 1;0 | 0,19 | 0,16 | |
| 7,9271 | 15,6855 | 2;1 | 0;1 | 0,36 | 0,11 | |
| 7,9297 | 15,8256 | 0;0 | 0;0 | 0,28 | 0,07 | |
| 7,9309 | 15,7268 | 2;0 | 0;1 | 0,32 | 0,25 | |
| 7,9316 | 15,7284 | 1;0 | 1;1 | 0,17 | 0,21 | |
| 7,9332 | 15,7314 | 0;0 | 2;1 | 0,22 | 0,14 | |
| 7,9362 | 15,6701 | 2;1 | 2;0 | 0,34 | 0,11 | |
| 7,9376 | 15,6727 | 2;1 | 1;1 | 0,63 | 0,20 | |
| 7,9399 | 15,6774 | 2;0 | 2;1 | 0,35 | 0,10 | I |
| 7,9409 | 15,7131 | 3;1 | 0;0 | 0,24 | 0,23 | |
| 7,9436 | 15,7185 | 2;0 | 2;0 | 0,57 | 0,05 | |
| 7,9436 | 15,7186 | 2;1 | 1;0 | 0,39 | 0,22 | |
| 7,9447 | 15,687 | 0;1 | 3;1 | –0,38 | 0,23 | I |
| 7,9458 | 15,7229 | 0;1 | 2;1 | 0,28 | 0,00 | |
| 7,9466 | 15,6908 | 1;1 | 3;0 | –0,45 | 0,21 | I |
| 7,9475 | 15,7263 | 3;0 | 0;1 | –0,34 | 0,38 | |
| 7,9478 | 15,7606 | 3;0 | 0;0 | 0,94 | 0,16 | |
| 7,9491 | 15,7296 | 1;1 | 1;1 | 0,20 | 0,16 | |
| 7,9504 | 15,7322 | 0;0 | 3;1 | 0,13 | 0,14 | |

| SBC | AIC | $p;p_s$ | $q;q_s$ | $\hat{d}$ | $\hat{\sigma}_d$ | Probleme |
|---|---|---|---|---|---|---|
| 7,9519 | 15,7352 | 1;1 | 2;0 | 0,18 | 0,21 | |
| 7,9594 | 15,7165 | 3;1 | 0;1 | 0,35 | 0,14 | |
| 7,9606 | 15,6851 | 3;1 | 2;0 | −0,13 | 0,37 | |
| 7,9607 | 15,7527 | 1;0 | 2;1 | 0,05 | 0,30 | |
| 7,9616 | 15,8557 | 0;0 | 1;0 | 0,24 | 0,16 | |
| 7,9619 | 15,8564 | 1;0 | 0;0 | 0,26 | 0,13 | |
| 7,9621 | 15,823 | 2;0 | 0;0 | 0,49 | 0,14 | |
| 7,9633 | 15,758 | 2;0 | 1;1 | 0,31 | 0,28 | |
| 7,9639 | 15,6917 | 3;0 | 2;1 | −0,58 | 0,15 | I |
| 7,9665 | 15,6969 | 2;1 | 3;0 | 0,17 | 0,40 | |
| 7,9687 | 15,7013 | 2;1 | 2;1 | 0,34 | 0,13 | |
| 7,9699 | 15,7037 | 3;1 | 1;1 | 0,62 | 0,21 | |
| 7,9724 | 15,7087 | 2;0 | 3;1 | 0,35 | 0,13 | I |
| 7,9734 | 15,7443 | 3;1 | 1;0 | 0,24 | 0,30 | |
| 7,9741 | 15,7457 | 3;0 | 2;0 | −0,25 | 0,21 | |
| 7,9742 | 15,7459 | 1;0 | 3;1 | −0,07 | 0,25 | |
| 7,977 | 15,7179 | 1;1 | 3;1 | −0,39 | 0,23 | I |
| 7,9795 | 15,8578 | 0;0 | 2;0 | 0,45 | 0,23 | |
| 7,9795 | 15,7566 | 3;0 | 1;1 | −0,31 | 0,421 | |
| 7,9898 | 15,8447 | 2;0 | 1;0 | 0,61 | 0,21 | |
| 7,9911 | 15,8809 | 1;0 | 1;0 | 0,23 | 0,10 | |
| 7,9921 | 15,7143 | 3;1 | 3;0 | −0,23 | 0,39 | |
| 7,9923 | 15,7146 | 3;1 | 2;1 | −0,27 | 0,55 | |
| 7,993 | 15,7162 | 3;0 | 3;1 | −0,34 | 0,49 | I |
| 7,9971 | 15,7243 | 2;1 | 3;1 | −0,05 | 0,18 | I |
| 7,9974 | 15,7925 | 2;0 | 3;0 | 0,25 | 0,18 | I |
| 8,001 | 15,8673 | 0;0 | 3;0 | 0,46 | 0,19 | |
| 8,0066 | 15,8445 | 3;0 | 1;0 | −0,14 | 0,33 | S |
| 8,0078 | 15,8468 | 1;0 | 3;0 | 0,04 | 0,37 | |
| 8,0111 | 15,8872 | 1;0 | 2;0 | 0,46 | 0,21 | |
| 8,0243 | 15,745 | 3;1 | 3;1 | −0,29 | 0,45 | |
| | | 3;0 | 3;0 | | | M |
| | | 1;1 | 2;1 | | | M |

Tab. A9.2: ML-Schätzung; Schuldenstandsquote; 2. Differenz

| SBC | AIC | $p;p_s$ | $q;q_s$ | $\hat{d}$ | $\hat{\sigma}_d$ | Probleme |
|---|---|---|---|---|---|---|
| 4,9856 | 9,8863 | 0;1 | 0;0 | −0,78 | 0,11 | |
| 4,9927 | 9,9003 | 0;0 | 0;1 | −0,80 | 0,10 | |
| 4,9978 | 9,8822 | 0;1 | 0;1 | −0,73 | 0,11 | |
| 5,0113 | 9,9092 | 1;1 | 0;0 | −0,77 | 0,17 | |
| 5,0113 | 9,9092 | 0;1 | 1;0 | −0,78 | 0,21 | |
| 5,0183 | 9,9233 | 0;0 | 1;1 | −0,80 | 0,15 | |

| SBC | AIC | p;p$_s$ | q; q$_s$ | $\hat{d}$ | $\hat{\sigma}_d$ | Probleme |
|---|---|---|---|---|---|---|
| 5,0183 | 9,9232 | 1;0 | 0;1 | –0,82 | 0,20 | |
| 5,0195 | 9,8973 | 0;1 | 1;1 | –0,32 | 0,30 | |
| 5,0215 | 9,9863 | 0;0 | 0;0 | –0,78 | 0,10 | |
| 5,0235 | 9,9052 | 1;1 | 0;1 | –0,73 | 0,11 | |
| 5,0313 | 9,9209 | 2;1 | 0;0 | –0,62 | 0,21 | |
| 5,0324 | 9,8948 | 2;0 | 2;0 | –0,68 | 0,11 | I; S |
| 5,0347 | 9,8993 | 0;1 | 3;0 | –1,48 | 0,25 | I |
| 5,0357 | 9,9014 | 2;1 | 0;1 | –0,69 | 0,11 | |
| 5,0369 | 9,9321 | 1;1 | 1;0 | –0,78 | 0,21 | |
| 5,0369 | 9,9321 | 0;1 | 2;0 | –0,80 | 0,25 | |
| 5,0380 | 9,9059 | 0;1 | 2;1 | –0,56 | 0,51 | |
| 5,0394 | 9,9087 | 3;0 | 0;1 | 0,28 | keine Angabe | I |
| 5,0422 | 9,9427 | 0;0 | 2;1 | –0,85 | 0,17 | |
| 5,0425 | 9,9148 | 1;1 | 1;1 | –0,67 | 0,12 | |
| 5,0431 | 9,9445 | 2;0 | 0;1 | –0,68 | 0,33 | |
| 5,0438 | 9,9459 | 1;0 | 1;1 | –0,83 | 0,22 | |
| 5,0472 | 10,0093 | 0;0 | 1;0 | 0,22 | 0,10 | I |
| 5,0472 | 10,0093 | 1;0 | 0;0 | –0,79 | 0,16 | |
| 5,0495 | 9,9005 | 2;1 | 2;0 | –0,66 | 0,16 | |
| 5,0505 | 9,9309 | 0;0 | 3;1 | –0,94 | 0,15 | |
| 5,0517 | 9,9051 | 3;0 | 2;0 | –0,47 | 0,24 | |
| 5,0526 | 9,9069 | 2;0 | 2;1 | –0,67 | 0,14 | I |
| 5,0532 | 9,9080 | 2;1 | 1;1 | –0,40 | 0,22 | |
| 5,0535 | 9,9086 | 2;0 | 3;0 | –0,48 | 0,29 | I; S |
| 5,0536 | 9,9087 | 0;1 | 3;1 | –1,46 | 0,29 | I |
| 5,0537 | 9,9656 | 3;0 | 0;0 | –0,03 | 0,18 | |
| 5,0547 | 9,9393 | 3;1 | 0;0 | –0,74 | 0,26 | |
| 5,0561 | 9,9988 | 2;0 | 0;0 | –0,54 | 0,17 | |
| 5,0567 | 9,9432 | 2;1 | 1;0 | –0,58 | 0,27 | |
| 5,0582 | 9,9180 | 1;1 | 3;0 | –1,48 | 0,20 | I |
| 5,0613 | 9,9241 | 3;1 | 0;1 | –0,68 | 0,13 | |
| 5,0625 | 9,9550 | 1;1 | 2;0 | –0,79 | 0,26 | |
| 5,0627 | 9,9271 | 1;1 | 2;1 | –0,50 | 0,26 | |
| 5,0651 | 9,9602 | 1;0 | 2;1 | –1,02 | 0,32 | |
| 5,0663 | 10,0192 | 0;0 | 2;0 | –0,63 | 0,26 | |
| 5,0687 | 9,9674 | 2;0 | 1;1 | –0,68 | 0,32 | |
| 5,0689 | 9,9393 | 1;0 | 3;1 | –1,18 | 0,28 | |
| 5,0704 | 9,9140 | 3;1 | 2;0 | –1,17 | 0,49 | |
| 5,0715 | 10,0297 | 1;0 | 1;0 | –0,65 | 0,31 | |
| 5,0746 | 9,9224 | 2;1 | 3;0 | –0,83 | 0,55 | |
| 5,0762 | 9,9256 | 2;0 | 3;1 | –0,51 | 0,30 | I; S |

| SBC | AIC | p;p$_s$ | q;q$_s$ | $\hat{d}$ | $\hat{\sigma}_d$ | Probleme |
|---|---|---|---|---|---|---|
| 5,0769 | 9,9838 | 3;0 | 1;0 | –0,13 | 0,23 | |
| 5,0772 | 9,9277 | 3;0 | 2;1 | –0,51 | 0,33 | |
| 5,0774 | 9,9280 | 3;0 | 3;0 | –0,48 | 0,32 | |
| 5,0778 | 9,9288 | 2;1 | 2;1 | –0,36 | 0,23 | |
| 5,0786 | 9,9305 | 3;1 | 1;1 | –0,42 | 0,23 | |
| 5,0796 | 10,0175 | 0;0 | 3;0 | –0,61 | 0,22 | |
| 5,0797 | 10,0177 | 2;0 | 1;0 | –0,43 | 0,26 | |
| 5,0878 | 10,0055 | 1;0 | 3;0 | –0,99 | 0,33 | |
| 5,0900 | 9,8965 | 3;1 | 3;1 | –0,76 | 0,14 | I |
| 5,0913 | 10,0408 | 1;0 | 2;0 | –0,61 | 0,26 | |
| 5,0930 | 9,9309 | 3;0 | 3;1 | –1,00 | 0,59 | I |
| 5,0956 | 9,9362 | 3;1 | 2;1 | –1,14 | 0,51 | I |
| 5,0960 | 9,9370 | 3;1 | 3;0 | –0,17 | 0,49 | I |
| 5,0967 | 9,9384 | 2;1 | 3;1 | –1,14 | 0,47 | I |
| 5,1036 | 10,0088 | 3;1 | 1;0 | –0,02 | 0,18 | I |
| | | 3;0 | 1;1 | | | M |
| | | 1;1 | 3;1 | | | M |

Tab. A9.3: Whittle-Schätzung; realer Schuldenstand; 1. Differenz

| SBC | AIC | p;p$_s$ | q;q$_s$ | $\hat{d}$ | $\hat{\sigma}_d$ | Probleme |
|---|---|---|---|---|---|---|
| 6,3150 | 12,5289 | 0;1 | 0;1 | 0,43 | 0,09 | |
| 6,3414 | 12,5142 | 0;1 | 3;0 | –0,31 | 0,12 | I |
| 6,3461 | 12,5572 | 1;1 | 0;1 | 0,45 | 0,10 | |
| 6,3467 | 12,5585 | 0;1 | 1;1 | 0,57 | 0,35 | |
| 6,3501 | 12,5315 | 2;1 | 0;1 | 0,51 | 0,09 | |
| 6,3599 | 12,5175 | 3;1 | 0;1 | 0,84 | 0,25 | |
| 6,3657 | 12,5291 | 0;1 | 3;1 | –0,41 | 0,15 | I |
| 6,3733 | 12,5443 | 1;1 | 3;0 | –0,31 | 0,13 | I |
| 6,3737 | 12,5788 | 1;1 | 1;1 | 0,31 | 0,14 | |
| 6,3820 | 12,5616 | 2;1 | 1;1 | 0,58 | 0,27 | |
| 6,3861 | 12,5362 | 3;1 | 1;1 | 1,16 | 0,54 | |
| 6,3928 | 12,5494 | 2;1 | 3;0 | –0,22 | 0,15 | I |
| 6,3959 | 12,5894 | 2;1 | 2;0 | 0,31 | 0,12 | |
| 6,3968 | 12,5576 | 1;1 | 3;1 | –0,44 | 0,17 | I |
| 6,3969 | 12,5576 | 3;0 | 3;0 | 0,63 | 0,12 | I |
| 6,3973 | 12,6934 | 0;1 | 1;0 | 0,15 | 0,12 | |
| 6,4054 | 12,7433 | 0;1 | 0;0 | 0,42 | 0,10 | |
| 6,4057 | 12,6090 | 1;1 | 2;1 | 0,13 | 0,22 | |
| 6,4119 | 12,5786 | 3;0 | 2;1 | 1,68 | 0,10 | S |
| 6,4144 | 12,5927 | 2;1 | 2;1 | 0,25 | 0,16 | |
| 6,4164 | 12,5629 | 3;1 | 3;0 | 0,39 | 0,25 | I |

| SBC | AIC | $p;p_s$ | $q;q_s$ | $\hat{d}$ | $\hat{\sigma}_d$ | Probleme |
|---|---|---|---|---|---|---|
| 6,4181 | 12,5664 | 3;1 | 2;1 | 1,23 | 0,69 | |
| 6,4200 | 12,7051 | 0;1 | 2;0 | 0,05 | 0,14 | |
| 6,4230 | 12,5761 | 3;0 | 3;1 | 0,54 | 0,13 | I |
| 6,4234 | 12,5768 | 2;1 | 3;1 | –0,32 | 0,26 | I |
| 6,4236 | 12,7123 | 1;1 | 1;0 | 0,19 | 0,12 | |
| 6,4245 | 12,6465 | 3;0 | 2;0 | 0,73 | 0,15 | I |
| 6,4251 | 12,6140 | 3;1 | 2;0 | 0,45 | 0,23 | |
| 6,4377 | 12,7743 | 1;1 | 0;0 | 0,41 | 0,13 | |
| 6,4401 | 12,7452 | 2;1 | 0;0 | 0,52 | 0,12 | |
| 6,4489 | 12,5942 | 3;1 | 3;1 | 0,39 | 0,23 | I |
| 6,4503 | 12,7319 | 1;1 | 2;0 | 0,10 | 0,15 | |
| 6,4520 | 12,7354 | 3;1 | 0;0 | 0,71 | 0,19 | |
| 6,4531 | 12,7375 | 2;1 | 1;0 | 0,19 | 0,17 | |
| 6,4725 | 12,7426 | 3;1 | 1;0 | 0,55 | 0,23 | |
| 6,4854 | 12,8021 | 3;0 | 1;0 | 0,91 | 0,14 | |
| 6,4945 | 12,8204 | 2;0 | 2;0 | 0,50 | 0,10 | |
| 6,5080 | 12,8811 | 3;0 | 0;0 | 1,30 | 0,16 | |
| 6,565 | 13,0288 | 0;0 | 1;1 | 0,17 | 0,10 | |
| 6,5708 | 13,0742 | 0;0 | 0;1 | 0,34 | 0,08 | |
| 6,5816 | 13,0284 | 1;0 | 1;1 | 0,24 | 0,10 | |
| 6,5860 | 13,0708 | 1;0 | 0;1 | 0,16 | 0,12 | |
| 6,5931 | 13,0175 | 0;0 | 3;1 | –0,01 | 0,10 | I |
| 6,5959 | 13,0569 | 0;0 | 2;1 | 0,18 | 0,11 | |
| 6,6060 | 13,0770 | 2;0 | 0;1 | 0,31 | 0,16 | |
| 6,6123 | 13,0560 | 1;0 | 2;1 | 0,26 | 0,11 | |
| 6,6123 | 13,0560 | 2;0 | 1;1 | 0,28 | 0,13 | |
| 6,6228 | 13,0432 | 1;0 | 3;1 | 0,05 | 0,13 | I |
| 6,6377 | 13,1067 | 3;0 | 0;1 | 0,42 | 0,53 | |
| 6,6446 | 13,0867 | 2;0 | 2;1 | 0,28 | 0,13 | |
| 6,6458 | 13,0554 | 2;0 | 3;1 | 0,04 | 0,12 | I |
| 6,6491 | 13,1296 | 1;0 | 3;0 | 0,58 | 0,21 | |
| 6,6833 | 13,1642 | 2;0 | 3;0 | 0,62 | 0,22 | |
| 6,7001 | 13,2990 | 2;0 | 0;0 | 0,49 | 0,10 | |
| 6,7132 | 13,2914 | 2;0 | 1;0 | 0,67 | 0,18 | |
| 6,7143 | 13,3949 | 0;0 | 0;0 | 0,31 | 0,07 | |
| 6,7316 | 13,3620 | 0;0 | 2;0 | 0,70 | 0,27 | |
| 6,7327 | 13,3305 | 0;0 | 3;0 | 0,32 | 0,15 | |
| 6,7410 | 13,4145 | 0;0 | 1;0 | 0,22 | 0,06 | |
| 6,7451 | 13,4227 | 1;0 | 0;0 | 0,27 | 0,10 | |
| 6,7641 | 13,3932 | 1;0 | 2;0 | 0,70 | 0,29 | |
| 6,7694 | 13,4375 | 1;0 | 1;0 | 0,25 | 0,09 | |
| | | 3;0 | 1;1 | | | M |
| | | 0;1 | 2;1 | | | M |

Tab. A9.4: ML-Schätzung; realer Schuldenstand; 2. Differenz

| SBC | AIC | $p;p_s$ | $q;q_s$ | $\hat{d}$ | $\hat{\sigma}_d$ | Probleme |
|---|---|---|---|---|---|---|
| 4,1240 | 8,1346 | 0;1 | 0;1 | −0,77 | 0,12 | |
| 4,1325 | 8,1234 | 0;1 | 1;1 | −0,59 | 0,18 | |
| 4,1448 | 8,1196 | 0;1 | 3;0 | −1,60 | 0,16 | I |
| 4,1452 | 8,1204 | 0;1 | 2;1 | −0,59 | 0,15 | |
| 4,1467 | 8,1517 | 1;1 | 0;1 | −0,75 | 0,12 | |
| 4,1486 | 8,0987 | 3;1 | 0;1 | −0,44 | 0,20 | |
| 4,1515 | 8,1046 | 2;0 | 2;1 | −0,94 | 0,14 | I |
| 4,1525 | 8,1349 | 2;1 | 0;1 | −0,70 | 0,13 | |
| 4,1574 | 8,1447 | 1;1 | 1;1 | −0,58 | 0,17 | |
| 4,1587 | 8,0907 | 3;0 | 2;1 | −1,36 | 0,23 | I |
| 4,1592 | 8,0916 | 3;1 | 1;1 | −0,19 | 0,27 | |
| 4,1633 | 8,0998 | 2;0 | 3;1 | −1,11 | 0,17 | I |
| 4,1652 | 8,1321 | 2;1 | 1;1 | −0,51 | 0,22 | |
| 4,1675 | 8,0799 | 3;0 | 3;1 | −1,55 | 0,31 | I |
| 4,1685 | 8,1387 | 1;1 | 3;0 | −1,61 | 0,16 | I |
| 4,1699 | 8,1414 | 1;1 | 2;1 | −0,59 | 0,16 | |
| 4,1705 | 8,1426 | 0;1 | 3;1 | −0,60 | 0,16 | |
| 4,1718 | 8,1169 | 2;1 | 3;0 | −1,44 | 0,23 | I |
| 4,1776 | 8,1568 | 3;0 | 1;1 | 0,40 | 0,17 | |
| 4,1796 | 8,1607 | 2;1 | 2;0 | −0,89 | 0,18 | |
| 4,1800 | 8,1048 | 3;1 | 3;0 | −1,22 | 0,25 | I |
| 4,1828 | 8,1106 | 3;1 | 2;1 | −0,21 | 0,25 | |
| 4,1835 | 8,2537 | 0;1 | 1;0 | −1,14 | 0,16 | |
| 4,1882 | 8,1496 | 2;1 | 2;1 | −0,52 | 0,19 | |
| 4,1920 | 8,2139 | 2;0 | 2;0 | −0,79 | 0,12 | |
| 4,1942 | 8,1617 | 1;1 | 3;1 | −0,61 | 0,16 | |
| 4,1942 | 8,2468 | 0;1 | 2;0 | −1,36 | 0,19 | |
| 4,1954 | 8,3057 | 0;1 | 0;0 | −0,75 | 0,14 | |
| 4,1975 | 8,1399 | 2;1 | 3;1 | −0,44 | 0,23 | |
| 4,1984 | 8,2267 | 0;0 | 3;1 | −1,63 | 0,13 | I |
| 4,2018 | 8,2618 | 1;1 | 1;0 | −1,09 | 0,16 | |
| 4,2043 | 8,1818 | 3;1 | 2;0 | −0,97 | 0,27 | |
| 4,2056 | 8,1278 | 3;1 | 3;1 | −0,22 | 0,25 | |
| 4,2156 | 8,2611 | 1;1 | 2;0 | −1,30 | 0,20 | |
| 4,2176 | 8,2368 | 1;0 | 3;1 | −1,80 | 0,23 | I |
| 4,2210 | 8,3287 | 1;1 | 0;0 | −0,75 | 0,18 | |
| 4,2218 | 8,2453 | 3;0 | 2;0 | −0,64 | 0,30 | I |
| 4,2229 | 8,3041 | 2;1 | 0;0 | −0,67 | 0,18 | |
| 4,2233 | 8,3333 | 0;0 | 1;1 | −1,31 | 0,13 | |
| 4,2271 | 8,2841 | 2;1 | 1;0 | −1,04 | 0,25 | |

| SBC | AIC | $p;p_s$ | $q;q_s$ | $\hat{d}$ | $\hat{\sigma}_d$ | Probleme |
|---|---|---|---|---|---|---|
| 4,2384 | 8,3067 | 3;1 | 0;0 | –0,51 | 0,21 | |
| 4,2429 | 8,2874 | 3;1 | 1;0 | –0,89 | 0,29 | |
| 4,2433 | 8,2882 | 2;0 | 3;0 | –0,11 | 0,12 | I |
| 4,2448 | 8,3479 | 1;0 | 1;1 | –2,11 | 0,41 | |
| 4,2465 | 8,3514 | 0;0 | 2;1 | –1,36 | 0,16 | |
| 4,2475 | 8,2683 | 3;0 | 3;0 | 0,36 | 0,30 | I |
| 4,2478 | 8,3823 | 1;0 | 0;1 | –1,49 | 0,24 | |
| 4,2574 | 8,3732 | 2;0 | 0;1 | –1,87 | 0,51 | |
| 4,2591 | 8,3482 | 3;0 | 1;0 | –0,41 | 0,21 | |
| 4,2625 | 8,4400 | 0;0 | 0;1 | –0,92 | 0,13 | |
| 4,2675 | 8,3649 | 2;0 | 1;1 | –1,77 | 0,55 | |
| 4,2722 | 8,3743 | 1;0 | 2;1 | –1,35 | 0,27 | |
| 4,2831 | 8,3961 | 3;0 | 0;1 | –1,87 | 0,55 | |
| 4,2835 | 8,4253 | 3;0 | 0;0 | 0,08 | 0,20 | |
| 4,2954 | 8,4490 | 0;0 | 3;0 | –1,30 | 0,26 | |
| 4,2962 | 8,5074 | 0;0 | 1;0 | –1,28 | 0,13 | |
| 4,2995 | 8,4290 | 1;0 | 3;0 | –1,18 | 0,30 | I |
| 4,3012 | 8,5457 | 0;0 | 0;0 | –1,03 | 0,11 | |
| 4,3067 | 8,5001 | 2;0 | 0;0 | –0,92 | 0,20 | |
| 4,3087 | 8,5323 | 1;0 | 0;0 | –1,36 | 0,30 | |
| 4,3214 | 8,5294 | 1;0 | 1;0 | –1,32 | 0,21 | |
| 4,3219 | 8,5304 | 0;0 | 2;0 | –0,28 | 0,13 | |
| 4,3324 | 8,5231 | 2;0 | 1;0 | 0,08 | 0,20 | I |
| 4,3470 | 8,5524 | 1;0 | 2;0 | –0,32 | 0,21 | |

Tab. A9.5: ML-Schätzung; realer Schuldenstand; 3. Differenz

| SBC | AIC | $p;p_s$ | $q;q_s$ | $\hat{d}$ | $\hat{\sigma}_d$ | Probleme |
|---|---|---|---|---|---|---|
| 4,2478 | 8,3814 | 0;1 | 0;1 | –1,61 | 0,11 | |
| 4,2544 | 8,3660 | 0;1 | 1;1 | –1,41 | 0,17 | |
| 4,2692 | 8,3956 | 1;1 | 0;1 | –1,59 | 0,12 | |
| 4,2742 | 8,3773 | 0;1 | 2;1 | –1,42 | 0,15 | |
| 4,2791 | 8,3870 | 2;1 | 0;1 | –1,54 | 0,12 | |
| 4,2801 | 8,3890 | 1;1 | 1;1 | –1,40 | 0,17 | |
| 4,2826 | 8,3655 | 2;0 | 2;1 | –1,87 | 0,11 | I |
| 4,2940 | 8,3883 | 2;1 | 1;1 | –1,37 | 0,19 | |
| 4,2994 | 8,3991 | 3;0 | 1;1 | –0,42 | 0,16 | |
| 4,2995 | 8,3992 | 1;1 | 2;1 | –1,42 | 0,15 | |
| 4,3001 | 8,4004 | 0;1 | 3;1 | –1,42 | 0,16 | |
| 4,3154 | 8,5452 | 0;1 | 0;0 | –1,63 | 0,14 | |
| 4,3159 | 8,4321 | 2;1 | 2;0 | –1,69 | 0,16 | |

| SBC | AIC | $p;p_s$ | $q;q_s$ | $\hat{d}$ | $\hat{\sigma}_d$ | Probleme |
|---|---|---|---|---|---|---|
| 4,3188 | 8,4094 | 2;1 | 2;1 | −1,37 | 0,18 | |
| 4,3201 | 8,4120 | 3;0 | 3;0 | −1,43 | 0,15 | I |
| 4,3207 | 8,5272 | 0;1 | 1;0 | −1,95 | 0,18 | |
| 4,3230 | 8,4176 | 3;0 | 2;1 | −0,42 | 0,15 | |
| 4,3254 | 8,4224 | 1;1 | 3;1 | −1,42 | 0,16 | |
| 4,3296 | 8,4024 | 3;1 | 2;1 | −0,97 | 0,38 | |
| 4,3337 | 8,4105 | 2;1 | 3;1 | −2,48 | 0,27 | I |
| 4,3378 | 8,5043 | 2;0 | 2;0 | −1,62 | 0,12 | |
| 4,3390 | 8,5352 | 0;1 | 2;0 | −2,09 | 0,20 | |
| 4,3405 | 8,5383 | 1;1 | 1;0 | −1,91 | 0,17 | |
| 4,3410 | 8,5678 | 1;1 | 0;0 | −1,60 | 0,17 | |
| 4,3418 | 8,4554 | 2;1 | 3;0 | −0,69 | 0,16 | I |
| 4,3460 | 8,4352 | 3;0 | 3;1 | −0,43 | 0,15 | |
| 4,3483 | 8,5539 | 2;1 | 0;0 | −1,51 | 0,17 | |
| 4,3492 | 8,4987 | 3;0 | 2;0 | −1,24 | 0,26 | |
| 4,3542 | 8,4230 | 3;1 | 3;1 | −0,98 | 0,34 | |
| 4,3617 | 8,5521 | 1;1 | 2;0 | −2,03 | 0,21 | |
| 4,3637 | 8,5276 | 2;0 | 3;0 | −0,62 | 0,11 | I |
| 4,3644 | 8,5577 | 3;1 | 0;0 | −1,34 | 0,23 | |
| 4,3742 | 8,5771 | 2;1 | 1;0 | −0,51 | 0,17 | I |
| 4,3831 | 8,5664 | 3;1 | 1;0 | −1,57 | 0,31 | |
| 4,3843 | 8,6259 | 3;0 | 0;0 | −0,66 | 0,19 | |
| 4,3865 | 8,6017 | 3;0 | 1;0 | −1,12 | 0,23 | |
| 4,4130 | 8,7118 | 1;0 | 0;1 | −2,21 | 0,35 | |
| 4,4206 | 8,6984 | 1;0 | 1;1 | −1,97 | 0,16 | |
| 4,4255 | 8,6512 | 1;0 | 3;1 | −2,44 | 0,20 | I |
| 4,4353 | 8,7280 | 2;0 | 0;1 | −2,05 | 0,47 | |
| 4,4630 | 8,8117 | 0;0 | 1;1 | −1,18 | 0,21 | I |
| 4,4650 | 8,8729 | 0;0 | 0;0 | −1,85 | 0,11 | |
| 4,4699 | 8,8257 | 2;0 | 0;0 | −1,64 | 0,15 | |
| 4,4751 | 8,7789 | 1;0 | 2;1 | −0,50 | 0,15 | I |
| 4,4860 | 8,8864 | 1;0 | 0;0 | −1,97 | 0,18 | |
| 4,4953 | 8,8764 | 0;0 | 2;0 | −1,58 | 0,49 | |
| 4,4958 | 8,8490 | 2;0 | 1;0 | −0,64 | 0,15 | I |
| 4,5111 | 8,9080 | 1;0 | 1;0 | −1,26 | 0,62 | |
| 4,5203 | 8,8979 | 0;0 | 2;1 | −0,71 | 0,31 | I |
| 4,5212 | 8,8997 | 0;0 | 3;0 | −0,58 | 0,49 | I |
| 4,5370 | 8,9313 | 1;0 | 2;0 | −0,26 | 0,62 | I |
| 4,5451 | 8,9189 | 0;0 | 3;1 | −0,65 | 0,38 | I |
| 4,5466 | 8,9219 | 1;0 | 3;0 | −0,62 | 0,44 | I |
| | | 0;0 | 0;1 | | | M |

| SBC | AIC | $p;p_s$ | $q;q_s$ | $\hat{d}$ | $\hat{\sigma}_d$ | Probleme |
|---|---|---|---|---|---|---|
| | | 0;0 | 1;0 | | | M |
| | | 2;0 | 1;1 | | | M |
| | | 3;0 | 0;1 | | | M |
| | | 0;1 | 3;0 | | | M |
| | | 3;1 | 0;1 | | | M |
| | | 1;1 | 3;0 | | | M |
| | | 3;1 | 1;1 | | | M |
| | | 2;0 | 3;1 | | | M |
| | | 3;1 | 2;0 | | | M |
| | | 3;1 | 3;0 | | | M |

# Anhang 9.2:
# Restwerte aus Schätzung 1, Tab. 9.4 (Abschnitt 9.2.3.1)

Abb. A9.1: Restwerte, ARMA(0,0);(1,0)-Modell; Defizitquote

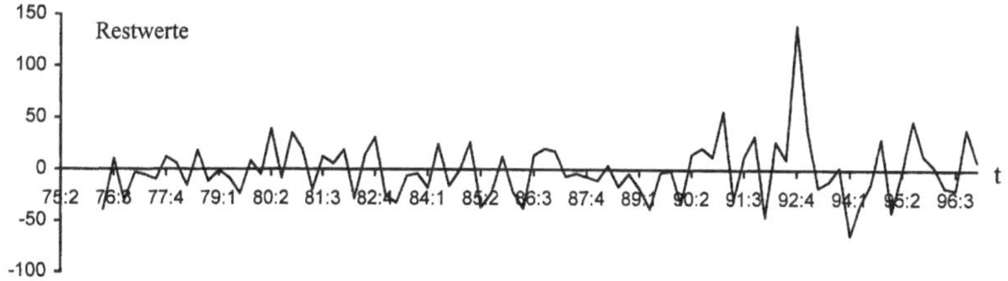


Abb. A9.2: Restwerte, ARMA(0,0);(0,1)-Modell; Defizitquote

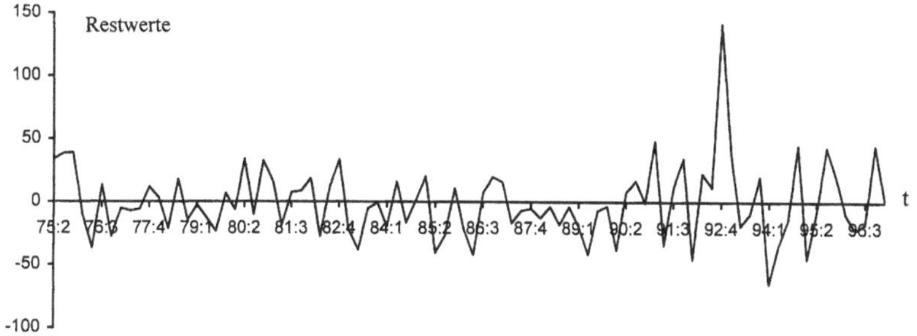


Abb. A9.3: Restwerte, ARMA(0,0);(1,1)-Modell; Defizitquote

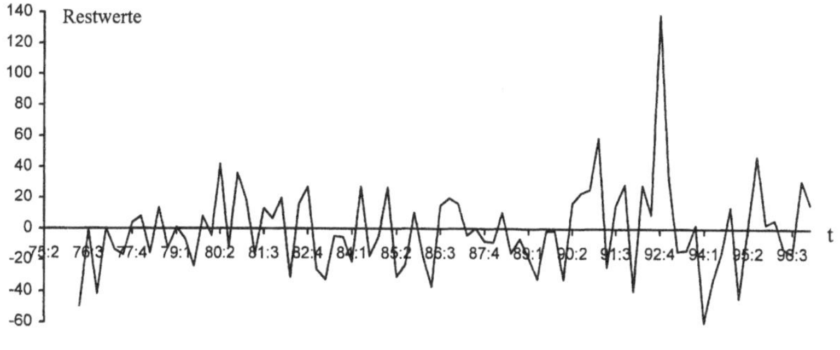

## Anhang 9.3: LM-Test auf Autokorrelation (für Schätzung 1 aus Abschnitt 9.2.3.1; Restwerte bis einschließlich 90:3)

Modell

$$(1-L)^d \Delta b_t = \mu_0 + \sum_{i=1}^{p} \phi_i \Delta b_{t-i} + \sum_{i=0}^{p_s} i\phi_{i,s} \Delta b_{t-4i} + \varepsilon_t + \sum_{i=1}^{q} \theta_i \varepsilon_{t-i} + \sum_{i=0}^{q_s} i\theta_{i,s} \varepsilon_{t-4i} + \mu_1 D_{P1t}$$

mit $D_{P1t} = 1$ für t = 90:4, sonst 0

Schätzzeitraum 1975:1 bis 1997:1

Tab. A9.6: Ergebnisse LM-Test

| **Modell** | **ARMA(0,0);(1,0)** | **ARMA(0,0);(0,1)** | **ARMA(0,0);(1,1)** |
|---|---|---|---|
| Differenzenfilter | $\hat{d} = 0{,}255$ | $\hat{d} = 0{,}249$ | $\hat{d} = 0{,}271$ |
| $pv(LM_k)$: | $pv(LM_1) = 0{,}39$ | $pv(LM_1) = 0{,}61$ | $pv(LM_1) = 0{,}41$ |
| Überschreitungs- | $pv(LM_2) = 0{,}60$ | $pv(LM_2) = 0{,}64$ | $pv(LM_2) = 0{,}71$ |
| wahrscheinlichkeit | $pv(LM_3) = 0{,}20$ | $pv(LM_3) = 0{,}18$ | $pv(LM_3) = 0{,}18$ |
| LM-Test auf Auto- | $pv(LM_4) = 0{,}31$ | $pv(LM_4) = 0{,}30$ | $pv(LM_4) = 0{,}27$ |
| korrelation k-ter | $pv(LM_5) = 0{,}35$ | $pv(LM_5) = 0{,}36$ | $pv(LM_5) = 0{,}28$ |
| Ordnung; | $pv(LM_6) = 0{,}28$ | $pv(LM_6) = 0{,}26$ | $pv(LM_6) = 0{,}30$ |
| Restwerte bis 90:3 | $pv(LM_7) = 0{,}41$ | $pv(LM_7) = 0{,}40$ | $pv(LM_7) = 0{,}39$ |
| ein- | $pv(LM_8) = 0{,}51$ | $pv(LM_8) = 0{,}40$ | $pv(LM_8) = 0{,}48$ |
| schließlich | $pv(LM_{10}) = 0{,}36$ | $pv(LM_{10}) = 0{,}28$ | $pv(LM_{10}) = 0{,}40$ |
| | $pv(LM_{12}) = 0{,}36$ | $pv(LM_{12}) = 0{,}49$ | $pv(LM_{12}) = 0{,}33$ |

# Anhang 9.4:
# Restwerte aus Schätzung 1, Tab. 9.6 (Abschnitt 9.2.3.2)

Abb. A9.4: Restwerte, ARMA(0,0);(1,1)-Modell; reales Defizit

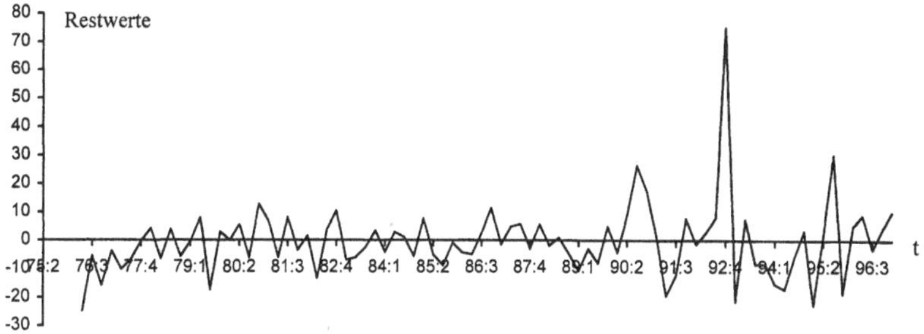


Abb. A9.5: Restwerte, ARMA(1,0);(1,1)-Modell; reales Defizit

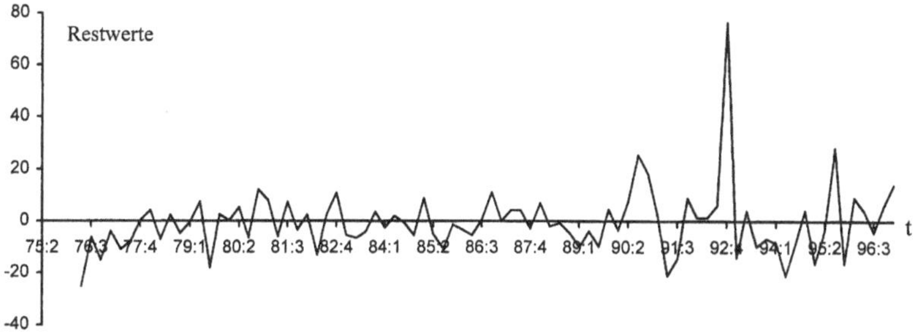


Abb. A9.6: Restwerte, ARMA(0,1);(1,1)-Modell; reales Defizit

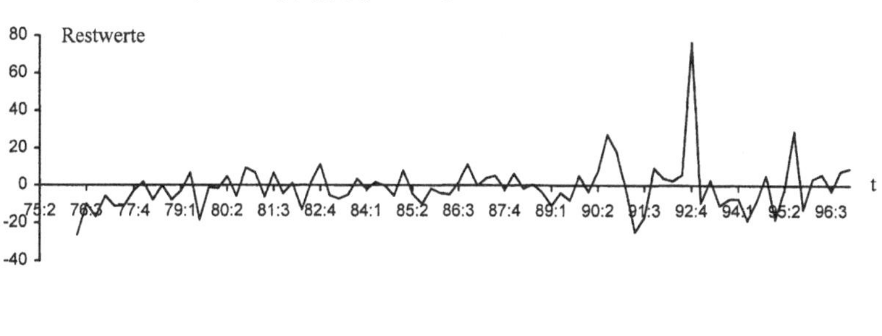

# Anhang 9.5: LM-Test auf Autokorrelation (für Schätzung 1 aus Abschnitt 9.2.3.2; Restwerte bis einschließlich 90:3)

Modell

$$(1-L)^d \Delta B_t^{(r)} = \mu_0 + \sum_{i=1}^{p} \phi_i \Delta B_{t-i}^{(r)} + \sum_{i=0}^{p_s} i\phi_{i,s} \Delta B_{t-4i}^{(r)} + \varepsilon_t + \sum_{i=1}^{q} \theta_i \varepsilon_{t-i} + \sum_{i=0}^{q_s} i\theta_{i,s} \varepsilon_{t-4i} + \mu_1 D_{P1t}$$

mit $D_{P1t} = 1$ für t = 90:4, sonst 0.

Schätzzeitraum 1975:1 bis 1997:1

Tab. A9.7: Ergebnisse LM-Test

| **Modell** | **ARMA(0,0);(1,1)** | **ARMA(1,0);(1,1)** | **ARMA(0,1);(1,1)** |
|---|---|---|---|
| Differenzenfilter | $\hat{d} = 0{,}435$ | $\hat{d} = 0{,}450$ | $\hat{d} = 0{,}573$ |
| $pv(LM_k)$: | $pv(LM_1) = 0{,}91$ | $pv(LM_1) = 0{,}77$ | $pv(LM_1) = 0{,}24$ |
| Überschreitungs- | $pv(LM_2) = 0{,}47$ | $pv(LM_2) = 0{,}51$ | $pv(LM_2) = 0{,}26$ |
| wahrscheinlichkeit | $pv(LM_3) = 0{,}45$ | $pv(LM_3) = 0{,}59$ | $pv(LM_3) = 0{,}38$ |
| LM-Test auf Auto- | $pv(LM_4) = 0{,}66$ | $pv(LM_4) = 0{,}79$ | $pv(LM_4) = 0{,}61$ |
| korrelation k-ter | $pv(LM_5) = 0{,}76$ | $pv(LM_5) = 0{,}89$ | $pv(LM_5) = 0{,}86$ |
| Ordnung; | $pv(LM_6) = 0{,}23$ | $pv(LM_6) = 0{,}32$ | $pv(LM_6) = 0{,}63$ |
| Restwerte bis 90:3 | $pv(LM_7) = 0{,}18$ | $pv(LM_7) = 0{,}28$ | $pv(LM_7) = 0{,}47$ |
| ein- | $pv(LM_8) = 0{,}27$ | $pv(LM_8) = 0{,}38$ | $pv(LM_8) = 0{,}56$ |
| schließlich | $pv(LM_{10}) = 0{,}14$ | $pv(LM_{10}) = 0{,}16$ | $pv(LM_{10}) = 0{,}23$ |
| | $pv(LM_{12}) = 0{,}08$ | $pv(LM_{12}) = 0{,}11$ | $pv(LM_{12}) = 0{,}16$ |

# Anhang 10.1: Festlegung der Ordnung p eines VAR(p)-Modells

Die Schätzung der Varianz-Kovarianz-Matrix der Residuen eines VAR-Modells mit n endogenen Variablen und der Ordnung p sei mit $\hat{\Sigma}_e(p)$ bezeichnet. Dann lautet die Prüfgröße des Likelihood-Ratio-Tests

$$LR = (T - c)\left(\ln|\hat{\Sigma}_e(p-1)| - \ln|\hat{\Sigma}_e(p)|\right).$$

Dabei bezeichnet c eine von Sims[1] vorgeschlagene Korrektur für endliche Stichproben, die die Zahl der Koeffizienten einer der Gleichungen des VAR(p)-Modells angibt. Die Teststatistik LR ist asymptotisch $\chi^2$-verteilt mit $n^2$ Freiheitsgraden.

Die Informationskriterien für multivariate Modelle lassen sich in Erweiterung zu Gleichung (8.7) und (8.8) nach

$$SBC = T\ln|\hat{\Sigma}_e(p)| + (\ln T)N$$
$$AIC = T\ln|\hat{\Sigma}_e(p)| + 2N$$

berechnen.[2] Dabei ist N die Anzahl der Schätzkoeffizienten des gesamten Modells.

---

[1] Vgl. Sims [1980], S. 17.
[2] Vgl. Lütkepohl [1993], S. 132 und S. 139.

# Anhang 10.2: VAR-Spezifikation für das Modell mit Finanzierungssaldo

Tab. A10.1: Bestimmung der Ordnung p eines VAR-Prozesses gemäß (10.11)*

| **Modell** p | **LR-Test**** **Überschreitungs-wahrscheinlichkeit** | **AIC** | **SBC** |
|---|---|---|---|
| 12 | 40,95% | 2706,44 | 2827,64 |
| 11 | 30,77% | 2704,48 | 2816,36 |
| 10 | 29,17% | 2703,51 | 2806,06 |
| 9 | 6,38% | 2702,48 | 2795,71 |
| 8 | 17,08% | 2706,56 | 2790,46 |
| 7 | 14,36% | 2706,95 | 2781,54 |
| 6 | 35,19% | 2707,64 | 2772,90 |
| 5 | 0,01% | 2705,06 | 2761,00 |
| 4 | 0,0% | 2724,86 | 2771,47 |
| 3 | 0,0% | 2782,09 | 2819,39 |
| 2 | 0,04% | 2810,23 | 2838,20 |
| 1 | 0,0% | 2824,76 | 2843,41 |
| 0 | | 2892,95 | 2902,27 |

* Die Angaben beziehen sich auf Gleichung (10.11) mit der Ausnahme, daß hier anstelle von $\Delta B_t^{(r)}$ die Reihe $F_t^{(r)}$ eingesetzt wird.

** $\mathcal{H}_0$: Die Koeffizienten mit der Lag-Ordnung p sind nicht signifikant von null verschieden.

Tab. A10.2: Beurteilung des VAR(5)-Modells (10.11)*

| | **Gleichung** | |
|---|---|---|
| | $(1-L)\,BIP_t$ | $(1-L)^{0,435}\,F_t^{(r)}$ |
| $R^2$ | 0,8724 | 0,6986 |
| pv: Überschreitungs-<br>wahrscheinlichkeit F-Test | pv = 0,000 für<br>$\mathcal{H}_0$: $a_{11,1} = \dots a_{11,5} = 0$<br>pv = 0,000 für<br>$\mathcal{H}_0$: $a_{12,1} = \dots a_{12,5} = 0$ | pv = 0,000 für<br>$\mathcal{H}_0$: $a_{21,1} = \dots a_{21,5} = 0$<br>pv = 0,001 für<br>$\mathcal{H}_0$: $a_{22,1} = \dots a_{22,5} = 0$ |
| $pv(LM_k)$:<br>Überschreitungs-<br>wahrscheinlichkeit<br>LM-Test auf Auto-<br>korrelation k-ter<br>Ordnung | $pv(LM_1) = 0,39$<br>$pv(LM_2) = 0,05$<br>$pv(LM_3) = 0,15$<br>$pv(LM_4) = 0,17$<br>$pv(LM_5) = 0,15$<br>$pv(LM_6) = 0,23$<br>$pv(LM_7) = 0,30$<br>$pv(LM_8) = 0,39$<br>$pv(LM_{10}) = 0,71$<br>$pv(LM_{12}) = 0,88$ | $pv(LM_1) = 0,84$<br>$pv(LM_2) = 0,88$<br>$pv(LM_3) = 0,79$<br>$pv(LM_4) = 0,49$<br>$pv(LM_5) = 0,49$<br>$pv(LM_6) = 0,58$<br>$pv(LM_7) = 0,64$<br>$pv(LM_8) = 0,70$<br>$pv(LM_{10}) = 0,76$<br>$pv(LM_{12}) = 0,87$ |
| $pv(LM_k)$:<br>Überschreitungs-<br>wahrscheinlichkeit<br>LM-Test auf ARCH-Effekte<br>k-ter<br>Ordnung | $pv(LM_1) = 0,26$<br>$pv(LM_2) = 0,09$<br>$pv(LM_3) = 0,19$<br>$pv(LM_4) = 0,17$<br>$pv(LM_5) = 0,24$<br>$pv(LM_6) = 0,32$<br>$pv(LM_7) = 0,41$<br>$pv(LM_8) = 0,45$<br>$pv(LM_{10}) = 0,55$<br>$pv(LM_{12}) = 0,66$ | $pv(LM_1) = 0,00$<br>$pv(LM_2) = 0,01$<br>$pv(LM_3) = 0,00$<br>$pv(LM_4) = 0,00$<br>$pv(LM_5) = 0,00$<br>$pv(LM_6) = 0,00$<br>$pv(LM_7) = 0,00$<br>$pv(LM_8) = 0,00$<br>$pv(LM_{10}) = 0,01$<br>$pv(LM_{12}) = 0,00$ |
| Überschreitungs-<br>wahrscheinlichkeit<br>Test auf Normal-<br>verteilung | DH: pv = 0,03 | DH: pv = 0,02 |

* Die Angaben beziehen sich auf Gleichung (10.11) mit der Ausnahme, daß hier anstelle von $\Delta B_t^{(r)}$ die Reihe $F_t^{(r)}$ eingesetzt wird.

Tab. A10.3: Beurteilung des VAR(11)-Modells (10.11)*

| | **Gleichung** | |
|---|---|---|
| | $(1-L)\,BIP_t$ | $(1-L)0{,}435\,F_t^{(r)}$ |
| $R^2$ | 0,8968 | 0,8001 |
| pv: Überschreitungs-wahrscheinlichkeit F-Test | pv = 0,000 für $\mathcal{H}_0$: $a_{11,1}$ = ... $a_{11,11}$ = 0<br>pv = 0,04für $\mathcal{H}_0$: $a_{12,1}$ = ... $a_{12,11}$ = 0 | pv = 0,000 für $\mathcal{H}_0$: $a_{21,1}$ = ... $a_{21,11}$ = 0<br>pv = 0,006 für $\mathcal{H}_0$: $a_{22,1}$ = ... $a_{22,11}$ = 0 |
| pv($LM_k$): Überschreitungs-wahrscheinlichkeit LM-Test auf Auto-korrelation k-ter Ordnung | pv($LM_1$) = 0,35<br>pv($LM_2$) = 0,08<br>pv($LM_3$) = 0,14<br>pv($LM_4$) = 0,08<br>pv($LM_5$) = 0,13<br>pv($LM_6$) = 0,20<br>pv($LM_7$) = 0,25<br>pv($LM_8$) = 0,33<br>pv($LM_{10}$) = 0,33<br>pv($LM_{12}$) = 0,44 | pv($LM_1$) = 0,92<br>pv($LM_2$) = 0,47<br>pv($LM_3$) = 0,63<br>pv($LM_4$) = 0,78<br>pv($LM_5$) = 0,86<br>pv($LM_6$) = 0,78<br>pv($LM_7$) = 0,69<br>pv($LM_8$) = 0,78<br>pv($LM_{10}$) = 0,84<br>pv($LM_{12}$) = 0,91 |
| pv($LM_k$): Überschreitungs-wahrscheinlichkeit LM-Test auf ARCH-Effekte k-ter Ordnung | pv($LM_1$) = 0,15<br>pv($LM_2$) = 0,21<br>pv($LM_3$) = 0,39<br>pv($LM_4$) = 0,42<br>pv($LM_5$) = 0,40<br>pv($LM_6$) = 0,40<br>pv($LM_7$) = 0,52<br>pv($LM_8$) = 0,66<br>pv($LM_{10}$) = 0,41<br>pv($LM_{12}$) = 0,42 | pv($LM_1$) = 0,00<br>pv($LM_2$) = 0,06<br>pv($LM_3$) = 0,02<br>pv($LM_4$) = 0,04<br>pv($LM_5$) = 0,08<br>pv($LM_6$) = 0,12<br>pv($LM_7$) = 0,20<br>pv($LM_8$) = 0,25<br>pv($LM_{10}$) = 0,39<br>pv($LM_{12}$) = 0,48 |
| Überschreitungs-wahrscheinlichkeit Test auf Normal-verteilung | DH: pv = 0,30 | DH: pv = 0,11 |

* Die Angaben beziehen sich auf Gleichung (10.11) mit der Ausnahme, daß hier anstelle von $\Delta B_t^{(r)}$ die Reihe $F_t^{(r)}$ eingesetzt wird.

# Literaturverzeichnis

Abel, A. B./ Mankiw, G. N./ Summers, L. H./ Zeckhauser, R. J. [1989] „Assessing Dynamic Efficiency: Theory and Evidence", Review of Economic Studies, Vol. 56, S. 1 - 20.

Ahmed, S./ Rogers, J. H. [1995] „Government Budget Deficits and Trade Deficits. Are Present Value Constraints Satisfied in Long-Term Data?", Journal of Monetary Economics, Vol. 36, S. 351 - 374.

Alesina, A./ Perotti, R. [1995] „Fiscal Expansions and Adjustments in OECD Countries", Economic Policy: A European Forum, Vol. 21, S. 205 - 248.

Backus, D. K./ Zin, St. E. [1993] „Long-Memory Inflation Uncertainty: Evidence from the Term Structure of Interest Rates", Journal of Money, Credit, and Banking, Vol. 25, S. 681 - 708.

Banerjee, A./ Dolado, J. J./ Galbraith, J. W./ Hendry, D. F. [1993] „Co-integration, Error Correction, and the Econometric Analysis of Nonstationary Data", Oxford u. a.

Banerjee, A./ Lumsdaine, R. L./ Stock, J. H. [1992] „Recursive and Sequential Tests of the Unit-Root and Trend-Break Hypotheses: Theory and International Evidence", Journal of Business and Economic Statistics, Vol. 10, S. 271 - 287.

Barro, R. J. [1974] „Are Government Bonds Net Wealth?", Journal of Political Economy, Vol. 82, S. 1095 - 1117.

Barth, H. J. [1979] „Potentialorientierte Verschuldung", in: Nowotny, E. (Hrsg.), „Öffentliche Verschuldung", Stuttgart, New York, S. 56 - 64.

Beran, J.[1994] „Statistics for Long-Memory Processes", New York u. a.

Beveridge S./ Nelson, C. [1981] „A New Approach to Decomposition of Economic Time Series into Permanent and Transitory Components with Particular Attention to Measurement of the Business Cycle", Journal of Monetary Economics, Vol. 7, S. 151 - 174.

Bispham, J. A. [1987] „Rising Public-Sector Indebtedness: Some More Unpleasant Arithmetic“, in: Boskin, M. J./ Flemming, J. S./ Gorini, S. (Hrsg.), „Private Saving and Public Debt“, Oxford, New York, S. 40 - 70.

Blanchard, O. [1990] „Suggestions for a New Set of Fiscal Indicators“, Working Paper No. 79, OECD Department of Economics and Statistics, Paris.

Blanchard, O./ Chouraqui, J.-C. /Hagemann, R. P./Sartor, N. [1990] „The Sustainability of Fiscal Policy: New Answers to an Old Question“, OECD Economic Studies, Vol. 15, S. 7 - 36.

Blanchard, O./ Fischer, S. [1989] „Lectures in Macroeconomics“, Cambridge, London.

Blanchard, O./ Quah, D. [1989] „The Dynamic Effects of Aggregate Demand and Supply Disturbances“, American Economic Review, Vol. 79, S. 655 - 673.

Bohn, H. [1995] „The Sustainability of Budget Deficits in a Stochastic Economy“, Journal of Money, Credit, and Banking, Vol. 27, S. 257 - 271.

Bohn, H. [1998] „The Behavior of Public Debt and Deficits“, Quarterly Journal of Economics, Vol. 63, S. 949 - 963.

Boskin, M. J. [1987] „Deficits, Public Debt, Interest Rates and Private Saving: Perspectives and Reflections on Recent Analyses and on US Experience“, in: Boskin, M. J./ Flemming, J. S./ Gorini, S. (Hrsg.), „Private Saving and Public Debt“, Oxford, New York, S. 255 - 286.

Brockwell, P. J./ Davis, R. A. [1996] „Time Series: Theory and Methods“, 2. Aufl., New York u. a.

Brümmerhoff, D. [1996] „Finanzwissenschaft“, 7. Aufl., München, Wien.

Büning, H./ Trenkler, G. [1994] „Nichtparametrische statistische Methoden“, 2. Aufl., Berlin, New York.

Campbell, J. Y./ Mankiw, N. G. [1987a] „Are Output Fluctuations Transitory?“, Quarterly Journal of Economics, Vol. 102, S. 857 - 880.

Campbell, J. Y./ Mankiw, N. G. [1987b] „Permanent and Transitory Components in Macroeconomic Fluctuations“, American Economic Review, Vol. 77, AEA Papers and Proceedings, S. 111 - 117.

Campbell, J. Y./ Perron, P. [1991] „Pitfalls and Opportunities: What Macroeconomists Should Know about Unit Roots“, NBER Macroeconomics Annual, Vol. 6, S. 141 - 201.

Canova, F. [1998] „Detrending and Business Cycle Facts“, Journal of Monetary Economics, Vol. 41, S. 475 - 512.

Caporale, G. M. [1995] „Bubble Finance and Debt Sustainability: A Test of the Government's Intertemporal Budget Constraint“, Applied Economics, Vol. 27, S. 1135 - 1143.

Cassel, D. [1982] „Staatsverschuldung international“, in: Gottfried, B./ Gahlen, B./ Ott, A. E. (Hrsg.), „Möglichkeiten und Grenzen der Staatstätigkeit“, Tübingen, S. 667 - 707.

Cheung, Y. [1993] „Long Memory in Foreign-Exchange Rates“, Journal of Business and Economic Statistics, Vol. 11, S. 93 - 101.

Cheung, Y./ Diebold, F. X. [1994] „On Maximum Likelihood Estimation of the Differencing Parameter of Fractionally-Integrated Noise with Unknown Mean“, Journal of Econometrics, Vol. 62, S. 301 - 316.

Cheung, Y./ Lai, K. S. [1992] „International Evidence on Output Persistence from Postwar Data“, Economics Letters, Vol. 38, S. 435 - 441.

Christiano, L. J./ Eichenbaum, M. [1990] „Unit Roots in Real GNP: Do We Know, and Do We Care?“ in: Meltzer, A. H. (Hrsg.), „Unit Roots, Investment Measures and Other Essays“, Amsterdam, S. 7 - 62.

Cochrane, J. H. [1988] „How Big is the Random Walk in GNP?“, Journal of Political Economy, Vol. 96, S. 893 - 920.

Cochrane, J. H. [1994] „Permanent and Transitory Components of GNP and Stock Prices“, Quarterly Journal of Economics, Vol. 109, S. 241 - 265.

Crato, N./ Rothman, P. [1996] „Measuring Hysteresis in Unemployment Rates with Long Memory Models“, Working Paper, Department of Economics, East Carolina University, Greenville/NC.

Crato, N./ Taylor, H. M. [1996] „Stationary Persistent Time Series Misspecified as Nonstationary ARIMA“, Statistical Papers, Vol. 37, S. 215 - 223.

Croce, G. [1996] „Fluttuazioni del Prodotto e Persistenza: Una Verifica per l'Italia“, Economia Internazionale, Vol. 49, S. 177 - 195.

Deutsche Bundesbank [1993] „Monatsberichte der Deutschen Bundesbank, Februar 1993“, Frankfurt/M.

Dezhbaksh, H. [1990] „The Inappropriate Use of Serial Correlation Tests in Dynamic Linear Models“, Review of Economics and Statistics, Vol. 72, S. 126 - 132.

Dickey, D. A./ Fuller, W. A. [1979] „Distribution of the Estimates for Autoregressive Time Series with a Unit Root“, Journal of the American Statistical Association, Vol. 74, S. 427-431.

Dickey, D. A./ Fuller, W. A. [1981] „Likelihood Ratio Tests for Autoregressive Time Series with a Unit Root“, Econometrica, Vol. 49, S. 1057 - 1072.

Dickey, D. A./ Pantula, S. G. [1987] „Determining the Order of Differencing in Autoregressive Processes“, Journal of Business and Economic Statistics, Vol. 5, S. 455 - 461.

Diebold, F. X./ Rudebusch, G. D. [1989] „Long Memory and Persistence in Aggregate Output“, Journal of Monetary Economics, Vol. 24, S. 189 - 209.

Diebold, F. X./ Rudebusch, G. D. [1991] „On the Power of Dickey-Fuller Tests against Fractional Alternatives“, Economics Letters, Vol. 35, S. 155 - 160.

Doan, T. A. [1992] „RATS User's Manual Version 4.0“, Evanston/IL.

Dolado, J. J./ Jenkinson, T./ Sosvilla-Rivero, S. [1990] „Cointegration and Unit Roots“, Journal of Economic Surveys, Vol. 4, S. 249 - 273.

Dolado, J. J./Jimeno, J. F. [1997] „The Causes of Spanish Unemployment: A Structural VAR-Approach“, European Economic Review, Vol. 41, S. 1281 - 1307.

Domar, E. D. [1944] „The 'Burden of the Debt' and the National Income“, American Economic Review, Vol. 34, S. 798 - 827.

Doornik, J. A. [1996] „Object Oriented Matrix Programming Using Ox“, London, Oxford.

Doornik, J. A./ Hansen, H. [1994] „An Omnibus Test for Univariate and Multivariate Normality“, Working Paper, Nuffield College, Oxford.

Doornik J. A./ Ooms, M. [1996] „A Package for Estimating Forecasting and Simulating ARFIMA Models“, Oxford.

Duwendag, D. [1991] „Zur Frage eines tragfähigen Policy Mix: Sind adäquate Regeln für die Fiskalpolitik unentbehrlich?“, in: Weber, M., „Europa auf dem Weg zur Währungsunion“, Darmstadt, S. 220 - 248.

Enders, W. [1995] „Applied Econometric Time Series“, New York u. a.

Fox, R./ Taqqu, M. [1985] „Large-Sample Properties of Parameter Estimates for Strongly Dependent Stationary Gaussian Time Series“, Annals of Statistics, Vol. 14, S. 517 - 532.

Funke, M./ Hall, S. [1995] „Common Output and Unemployment Persistence in Germany and the UK“, Discussion Paper DP 21-95, London Business School Centre for Economic Forecasting, London.

Fuller, W. A. [1976] „Introduction to Statistical Time Series“, New York u. a.

Galí, J. [1992] „How Well Does the IS-LM Model Fit Postwar U. S. Data?“, Quarterly Journal of Economics, Vol. 107, S. 709 - 738.

Gallegati, M./ Gallegati, M. [1995] „Volatility and Persistence of Fluctuations: Individual Production Series in Italy, 1890 - 1985“, Applied Economics, Vol. 27, S. 677 - 688.

Geweke, J./ Porter-Hudak, S. [1983] „The Estimation and Application of Long Memory Time Series Models“, Journal of Time Series Analysis, Vol. 4, S. 221 - 238.

Ghysels, E. [1990] „Unit-Root Tests and the Statistical Pitfalls of Seasonal Adjustment: The Case of U. S. Postwar Real Gross National Product“, Journal of Business and Economic Statistics, Vol. 8, S. 145 - 152.

Ghysels, E./ Lee, H. S./ Noh, J. [1994] „Testing for Unit Roots in Seasonal Time Series“, Journal of Econometrics, Vol. 62, S. 415 - 442.

Giorno, C./ Richardson, P./ Roseveare, D./ van den Noord, P. [1995] „Estimating Potential Output, Output Gaps and Structural Budget Balances“, Working Paper No. 152, OECD Economics Department, Paris.

Gourieroux, C./ Monfort, A. [1997] „Time Series and Dynamic Models“, Cambridge u. a.

Granger, C. W. J. [1980] „Long Memory Relationships and the Aggregation of Dynamic Models“, Journal of Econometrics, Vol. 14, S. 227 - 238.

Granger, C. W. J./ Joyuex, R. [1980] „An Introduction to Long-Memory Time Series Models and Fractional Differencing“, Journal of Time Series Analysis, Vol. 1, S. 15 - 29.

Hakkio, C. S./ Rush, M. [1991] „Is the Budget Deficit 'Too Large'?“, Economic Inquiry, Vol. 29, S. 429 - 445.

Hamilton, J. D. [1994] „Time Series Analysis“, Princeton.

Hamilton, J. D./ Flavin, M. A. [1986] „On the Limitations of Government Borrowing: A Framework for Empirical Testing“, American Economic Review, Vol. 76, S. 808 - 819.

Hansmeyer, K.-H. [1984] „Der öffentliche Kredit", 3. Aufl., Frankfurt/M.

Harvey, A. C. [1993] „Time Series Models", 2. Aufl., New York u. a.

Harris, R. [1995] „Using Cointegration Analysis in Econometric Modelling", London u. a.

Hassler, U./ Wolters, J. [1994] „On the Power of Unit Root Tests against Fractional Alternatives", Economics Letters, Vol. 45, S. 1 - 5.

Haug, A. A. [1991] „Cointegration and Government Borrowing Constraints: Evidence for the United States", Journal of Business and Economic Statistics,Vol. 9, S. 97 - 101.

Hauser, M. A. [1997] „Semiparametric and Nonparametric Testing for Long Memory: A Monte Carlo Study", Empirical Economics, Vol. 22, S. 247 - 271.

Heller, U. [1996] „Grenzen staatlicher Verschuldung", Frankfurt/M. u. a.

Homburg, S. [1992] „Efficient Economic Growth", Berlin u. a.

Hosking, J. R. M. [1981] „Fractional Differencing", Biometrika, Vol. 68, S. 165 - 176.

Hylleberg, S./ Engle, R. F./ Granger C. W. J./ Yoo, B. S. [1990] „Seasonal Integration and Cointegration", Journal of Econometrics, Vol. 44, S. 215 - 238.

Jäger, A. [1990] „Shock Persistence and the Measurement of Prewar Output Series", Economics Letters, Vol. 34, S. 333 - 337.

Jäger, A./ Kunst, R. M. [1990] „Seasonal Adjustment and Measuring Persistence in Output", Journal of Applied Econometrics, Vol. 5, S. 47 - 58.

Keating, J. W./ Nye, J. V. [1998] „Permanent and Transitory Shocks in Real Output: Estimates from Nineteenth-Century and Postwar Economies", Journal of Money, Credit, and Banking, Vol. 30, S. 231 - 251.

King, R. G./ Plosser, C. I./ Stock, J. H./ Watson, M. W. [1991] „Stochastic Trends and Economic Fluctuations", American Economic Review, Vol. 81, S. 819 - 840.

Krämer, W. [1998] „Fractional Integration and the Augmented Dickey-Fuller Test", Economics Letters, Vol. 61, S. 269 - 272.

Kremers, J. J. M. [1989] „U.S. Federal Indebtedness and the Conduct of Fiscal Policy", Journal of Monetary Economics, Vol. 23, S. 219 - 238.

Lesch, H. [1993] „Konvergenzkriterien einer Europäischen Währungsunion: Zur Logik der Bestimmungen von Maastricht", Institut für Finanzen und Steuern e. V., Nr. 317, Bonn.

Lo, A. W./ MacKinlay A. C. [1989] „The Size and the Power of Variance Ratio-Tests in Finite Samples", Journal of Econometrics, Vol. 40, S. 203 - 238.

Lütkepohl, H. [1993] „Introduction to Multiple Time Series Analysis", 2. Aufl., Berlin u. a.

MacDonald, R. [1992] „Some Tests of the Government's Intertemporal Budget Constraint Using US Data", Applied Economics, Vol. 24, S. 1287 - 1292.

Mandelbrot, B. B./ van Ness, J. W. [1968] „Fractional Brownian Motions, Fractional Noises and Applications", SIAM Review, Vol. 10, S. 423 - 437.

Mayadunne, G./ Evans, M./ Inder, B. [1995] „An Empirical Investigation of Shock Persistence in Economic Time Series", Economic Record, Vol. 71, S. 145 - 156.

Mills, T. C. [1992] „How Robust is the Finding that Innovations to UK Output are Persistent?", Scottish Journal of Political Economy, Vol. 39, S. 154 - 166.

Modigliani, E. [1961] „Long Run Implications of Alternative Fiscal Policies and the Burden of National Debt", Economic Journal, Vol. 71, S. 730 - 755.

Mückl, W. J. [1981] „Ein Beitrag zur Theorie der Staatsverschuldung", Finanzarchiv, Vol. 39, S. 255 - 278.

Musgrave, R. A./ Musgrave, P. G. [1984] „Public Finance in Theory and Practice", 4. Aufl., New York u. a.

Nelson, C. R./ Plosser, C. I. [1982] „Trends and Random Walks in Macroeconomic Time Series“, Journal of Monetary Economics, Vol. 10, S. 139 - 162.

Neudorfer, P./ Pichelmann, K. [1989] „Measuring Shock Persistence in Austrian Unemployment: A Note“, Empirica, Vol. 16, S. 193 - 208.

Ng, S./ Perron, P. [1995] „Unit Root Tests in ARMA Models with Data-Dependent Methods for Selection of the Truncation Lag“, Journal of the American Statistical Association, Vol. 90, S. 268 - 281.

Nunes, J. [1995] „Raízes unitárias, fluctuações econômicas e a ‘persistência’ dos choques“, Revista de Economia Política, Vol. 15, S. 50 - 75.

Oberhauser, A. [1985] „Das Schuldenparadox“, Jahrbuch für Nationalökonomie und Statistik, Vol. 200, S. 333 - 348.

O’Connell, P. G. J. [1998] „The Overvaluation of Purchasing Power Parity“, Journal of International Economics, Vol. 44, S. 1 - 19.

Oppenländer, K. H. [1995] „Konjunkturindikatoren“, München, Wien.

Osborn, D. R. [1990] „A Survey of Seasonality in UK Macroeconomic Variables“, International Journal of Forecasting, Vol. 6, S. 327 - 336.

Patterson, K. D./ Sowell, F. [1996] „Consumption: Innovation Persistence and the Excess Smoothness Debate“, Applied Economics, Vol. 28, S. 1245 - 1255.

Peffekoven, R. [1996] „Einführung in die Grundbegriffe der Finanzwissenschaft“, 3. Aufl., Darmstadt.

Penner, R. G. [1988] „The Consequences of Persistent Large Budget Deficits“, in: Cavanna, H. (Hrsg.), Public Sector Deficits in OECD Countries, London u. a., S. 41 - 75.

Perron, P. [1988] „Trends and Random Walks in Macroeconomic Time Series: Further Evidence from a New Approach“, Journal of Economic Dynamics and Control, Vol. 12, S. 297 - 332.

Perron, P. [1989] „The Great Crash, the Oil Price Shock, and the Unit Root Hypothesis“, Econometrica, Vol. 57, S. 1361 - 1401.

Perron, P. [1990] „Testing for a Unit Root in a Time Series with a Changing Mean“, Journal of Business and Economic Statistics, Vol. 8, S. 153 - 162.

Pesaran, M. H./ Samiei, H. [1991] „Persistence, Seasonality and Trend in the UK Egg Production“, Applied Economics, Vol. 23, S. 479 - 484.

Pierse, R. G./ Snell, A. J. [1995] „Temporal Aggregation and the Power of Tests for a Unit Root“, Journal of Econometrics, Vol. 65, S. 333 - 345.

Priestley, M. B. [1981] „Spectral Analysis and Time Series“, London, New York.

Quah, D. [1992] „The Relative Importance of Permanent and Transitory Components: Identification and Some Theoretical Bounds“, Econometrica, Vol. 60, S. 107 - 118.

Quintos, C. E. [1995] „Sustainability of the Deficit Process with Structural Shifts“, Journal of Business and Economic Statistics, Vol. 13, S. 409 - 417.

Romer, D. [1996] „Advanced Macroeconomics“, New York u. a.

Rürup, B. [1982] „Begrenzungskriterien der staatlichen Kreditaufnahme“, in: Gottfried, B./ Gahlen, B./ Ott, A. E. (Hrsg.), „Möglichkeiten und Grenzen der Staatstätigkeit“, Tübingen, S. 603-666.

Scherf, W. [1989] „Zur Abgrenzung und finanzpolitischen Bedeutung verschiedener Arten der Staatsverschuldung“, Jahrbuch für Nationalökonomie und Statistik, Vol. 206, S. 136 - 151.

Schlesinger, H./ Weber, M./ Ziebarth, G. [1993] „Staatsverschuldung ohne Ende?“, Darmstadt.

Schlittgen, R./ Streitberg, B. H. J. [1994] „Zeitreihenanalyse“, 5. Aufl., München, Wien.

Schmidt, K. [1995] „Auf die Zinslast kommt es an“, Wirtschaftsdienst, Vol. 75, S. 451 - 456.

Serletis, A./ Sondergard, M. A. [1996] „Permanent and Temporary Components of Canadian Stock Prices“, Applied Financial Economics, Vol. 6, S. 259 - 269.

Sims, C. A. [1980] „Macroeconomics and Reality“, Econometrica, Vol. 48, S. 1 - 49.

Smith Jr, A. A./ Sowell, F./ Zin, S. E. [1997] „Fractional Integration with Drift: Estimation in Small Samples“, Empirical Economics, Vol. 22, S. 103 - 116.

Smith, G. W./ Zin, S. E. [1991] „Persistent Deficits and the Market Value of Government Debt“, Journal of Applied Econometrics, Vol. 6, S. 31 - 44.

Sowell, F. [1990] „The Fractional Unit Root Distribution“, Econometrica, Vol. 58, S. 495 - 505.

Sowell, F. [1992a] „Maximum Likelihood Estimation of Stationary Univariate Fractionally Integrated Time Series“, Journal of Econometrics, Vol. 53, S. 165 - 188.

Sowell, F. [1992b] „Modeling Long-Run Behaviour with the Fractional ARIMA Model“, Journal of Monetary Economics, Vol. 29, S. 277 - 302.

Sturm, R. [1993] „Staatsverschuldung“, Opladen.

SVR (Sachverständigenrat zur Begutachtung der gesamtwirtschaftlichen Entwicklung) [1994] „Den Aufschwung sichern - Arbeitsplätze schaffen, Jahresgutachten 1994/95“, Stuttgart.

SVR (Sachverständigenrat zur Begutachtung der gesamtwirtschaftlichen Entwicklung) [1997] „Wachstum, Beschäftigung, Währungsunion - Orientierungen für die Zunkunft, Jahresgutachten 1997/98“, Stuttgart.

SVR (Sachverständigenrat zur Begutachtung der gesamtwirtschaftlichen Entwicklung) [1998] „Vor weitreichenden Entscheidungen, Jahresgutachten 1998/99“, Stuttgart.

Trehan, B./ Walsh, C. E. [1988] „Common Trends, the Government's Budget Constraint, and Revenue Smoothing", Journal of Economic Dynamics and Control, Vol. 12, S. 425 - 444.

Vickrey, W. [1961] „The Burden of Public Debt: Comment", American Economic Review, Vol. 51, S. 132 - 137.

Watson, M. W. [1986] „Univariate Detrending Methods with Stochastic Trends", Journal of Monetary Economics, Vol. 18, S. 49 - 75.

Weltring, S. [1997] „Staatsverschuldung als Finanzierungsinstrument des deutschen Vereinigungsprozesses", Frankfurt/M. u. a.

West, K. D. [1988] „Asymptotic Normalitiy, When Regressors Have a Unit Root", Econometrica, Vol. 56, S. 1397 - 1418.

Yamane, L. [1993] „Unions and the Persistence of Shocks to Employment", Journal of Macroeconomics, Vol. 15, S. 805 - 827.

Ziffzer, S. [1980] „Ökonomische Grenzen der staatlichen Kreditaufnahme", Berlin.

**Schriften zur empirischen Wirtschaftsforschung**

Herausgegeben von Peter M. Schulze

Band 1 Christoph Balz: Multivariate Überprüfung von Hysteresiseffekten. Eine empirische Analyse ausgewählter Arbeitsmärkte. 1999.

Band 2 Daniel Porath: Fiskalische Beurteilung der Staatsverschuldung mit ökonometrischen Methoden. Eine empirische Studie für die Bundesrepublik Deutschland. 1999.

Walter Naggl

# Konjunktur

Frankfurt/M., Berlin, Bern, New York, Paris, Wien, 1999. 221 S., zahlr. Abb.
ISBN 3-631-33969-0 · br. DM 69.–*

Dieses Buch soll einen praxisorientierten Überblick der Verfahren zur Konjunkturanalyse und -prognose liefern. Es beginnt mit dem Verlauf der konjunkturellen Entwicklung in den USA und Deutschland seit den zwanziger Jahren. Danach werden das offizielle amerikanische Verfahren und von der Finanzpresse popularisierte Faustregeln der Datierung von Konjunkturzyklen dargestellt. Es folgt ein Abriß der wichtigsten Konjunkturtheorien und ihrer Aussagekraft bezüglich aktueller konjunktureller Fragestellungen. Die Schilderung typischer Muster des Konjunkturverlaufs bildet ein empirisches Pendant zu den Theorien. Es wird gezeigt, wie die Daten des ifo-Konjunkturtests und der Konsumentenstimmung zu Indizes verdichtet werden und welche Aussagekraft sie haben. Methoden zur Konstruktion von Frühindikatorindizes werden vorgestellt und deren Prognoseleistung diskutiert. Das Buch schließt mit einem Kapitel zur Inflation.

*Aus dem Inhalt*: Konjunkturzyklen in den USA und Deutschland und ihre Messung · Konjunkturtheorie und Muster der Konjunktur · Stimmungen, Erwartungen und Kaufpläne als Einzelindikatoren und ihre Verdichtung in einem Frühindikatorindex · Prognoseleistung von Vorlaufindikatoren · Historischer Überblick und Indikatoren der Inflation